세상에서 가장 오래된 비밀결사체

프리메이슨

FREEMASONS
Copyright 2005 by H. Paul Jeffers
Published by arrangement with KENSINGTON PUBLISHING CORP
All rights reserved.

Korean Translation Copyright by Taurus Books
Korean edition is published by arrangement with
KENSINGTON PUBLISHING CORP
through Imprima Korea Agency.

이 책의 한국어판 저작권은 Imprima Korea Agency를 통해 KENSINGTON PUBLISHING CORP와의 독점 계약으로 황소자리 출판사에 있습니다.
저작권법에 의해 한국 내에서 보호를 받는 저작물이므로
무단전재와 무단복제를 금합니다.

세상에서 가장 오래된 비밀결사체
프리메이슨

FREEMASONS

폴 제퍼스 | 이상원 옮김

황소자리

| 일러두기 |

- 이 책의 외국어 표기는 한글맞춤법 원칙에 따랐다.
- 본문에 수록된 그림 및 사진은 한국어판 편집 과정에서 독자의 이해를 돕기 위해 임의로 찾아 넣었다. 원서에는 그림 및 사진이 수록되지 않았음을 미리 밝혀둔다.
- 프리메이슨 내부에서만 통용되는 여러 용어 및 직제는 국내 독자의 편의를 위해 가능한 한국어로 번역했다. 부득이한 경우, 한글맞춤법 발음 원칙에 따라 표기하되 그 옆에 원어를 병기했다.
- 이 책의 부록에 수록된 프리메이슨 관련 키플링의 시는 원문 그대로 실었다. 여러 방향으로 애썼으나 오래전에 사라진 고어와 축약, 여러 개의 암호로 이루어진 시를 우리말로 옮기는 것이 사실상 가능하지 않다는 판단에 따른 것이다. 향후 믿을 만한 번역 원고가 입수되는 대로 개정판 원고에 수용할 것을 약속드린다.

| 옮긴이의 말 |

프리메이슨이라는 단체 이름을 처음 접한 것은 대학에서 노어노문학을 전공할 때였다. 톨스토이의 《전쟁과 평화》에 등장하는 인물 피에르가 프리메이슨 사상에 심취해 활동하는 모습으로 그려졌던 것이다. 이게 대체 무얼까 싶었지만 진리, 평화, 박애를 구현하고자 하는 돈 많은 신사들의 사교 모임 정도 되려니 넘겨버렸다.

최근 《다빈치 코드》라는 소설과 영화가 인기를 누리면서 다시금 프리메이슨이라는 존재가 부각되었다. 그리고 한국 기독교계에서는 프리메이슨에 대한 총체적 비난이 이어졌다. 이런 상황은 프리메이슨에 대한 궁금증을 낳았다. 하지만 프리메이슨의 정체를 속시원히 알려주는 자료는 찾기 어려웠다. '비밀 결사'라는 특성을 가진 조직인 만큼 자료가 없는 것이 당연한지도 몰랐다.

그러던 차에 우연히 이 책을 번역하게 되었다. 이 책은 프리메이슨이 대체 뭘까 하는 호기심을 가진 이들에게 권할 만한 입문서이다. 지은이 자신부터도 프리메이슨에 대해 전혀 모르는 상태에서 출발해 정보를 수집하고 정리한 것이기 때문이다.

내용을 보면 한편으로는 솔로몬 신전에서부터 십자군 전쟁, 중세 석공 조합, 프랑스 혁명, 미국 독립, 오늘날의 미국 정치계까지 이어지는 역사적 흐름을 훑어내리고 다른 한편으로는 프리메이슨의 회원 등급 구조, 각종 의식의 내용, 규약을 망라한다. 또한 모차르트의 죽음, 영국의 창부 연쇄 살인범 잭 등 프리메이슨과 관련해 의혹을 샀던 사건들도 소개되어 있다.

음악가 하이든과 모차르트, 작가 괴테, 철학자 루소와 볼테르, 초대 대통령 워싱턴을 포함해 역대 미국 대통령의 삼분의 일이 프리메이슨 회원이었다고 한다. 이렇게 유명한 이들이 공감하고 참여했던 단체라는 점만으로도 진지하게 접근해 알아볼 필요는 충분하다고 여겨진다.

다양한 시대와 장소, 언어를 넘나드는 책이었던 탓에 옮기는 과정이 쉽지 않았다. 특히 프리메이슨의 고유 용어에 대해서는 한국어로 정착된 표현이 있는지, 있다면 무엇인지 알 수 없었기 때문에 고민을 거듭했다. 오류가 있다면 독자 여러분의 질책을 달게 받겠다. 마지막으로 독일어 번역에 도움을 주신 장혜경, 유영미 선배께 감사드린다.

2007년 1월, 이상원

CONTENTS

서문 8

- 1장 주춧돌이 놓이다 15
- 2장 그토록 강한 돌로 27
- 3장 프리메이슨과 성전 기사단 35
- 4장 프리메이슨과 프로테스탄트 개혁 47
- 5장 제임스 앤더슨의 규약 61
- 6장 프리메이슨, 미국에 뿌리를 내리다 77
- 7장 형제들, 갈라지다 103
- 8장 프랑스인, 교황 그리고 프린스 홀 123
- 9장 〈마술피리〉의 수수께끼 135
- 10장 윌리엄 모건에게 무슨 일이 일어났을까? 157
- 11장 통나무 오두막에서 프리메이슨 전당까지 173
- 12장 전장의 형제들 185
- 13장 살인마 잭은 프리메이슨이었나? 205
- 14장 프리메이슨 지부 219
- 15장 형제 조직으로의 가입 231
- 16장 숙련공 241
- 17장 장인 251
- 18장 스코틀랜드 의식과 요크 의식 263
- 19장 세상을 통치했던 이들 285
- 20장 프리메이슨의 미래 309

부록 319
더 읽어볼 책 351
찾아보기 354

| 서문 |

수수께끼에 싸인 프리메이슨

이 책의 목적은 프리메이슨이라는 조직을 탐색하는 것이다. 이를 위해 끊임없이 논란에 휩싸여온 그 복잡한 역사를 알아보고 독특한 관습과 의식儀式을 소개하며 수백 년 넘게 이어져온 비밀과 의혹의 진실을 밝혀보려 한다.

우선 글쓴이가 프리메이슨 회원이 아니고 또한 과거에도 회원인 적이 없다는 사실부터 밝힌다. 물론 나는 회원이 되기 위한 기본적인 자격 요건을 갖추고 있다. 21세가 넘은 성인으로 범죄를 저지른 적이 없으며 또한 신의 존재를 믿기 때문이다. 하지만 나는 프리메이슨은 물론이고 키와니스Kiwanis, 로터리Rotary, 오드펠로우스Odd Fellows, 엘크스Elks 등 그 어떤 유관 단체에도 가입하지 않았다.

이유는 두 가지이다. 첫째, 가입 요청을 받은 바 없다. 둘째, 나는 직업 때문에 어쩔 수 없이 가입해야 하는 동업인 조합이나 노동조합, 혹은 셜록 홈즈 동호회 같은 취미 모임을 제외하고는 단체 가입을 해본 적이 없다.

그리하여 프리메이슨에 대한 책을 써보면 어떻겠냐는 제안을 받았을 때 나는 이 조직에 대해 아는 것이 거의 없는 상황이었다. 그저 매년 미국 패서디나에서 열리는 장미 퍼레이드에서 프리메이슨 관련 단체인 '슈라이너Shriners' 회원들이 기다란 망토가 달린 색색깔의 기묘한 의상을 차려입는다는 점, 아카데미 영화상 시상식이 로스앤젤레스의 슈라인 회관Shrine Auditorium에서 치러진다는 점, 그리고 슈라이너 조직이 어린이 병원 몇 곳을 운영한다는 점 정도를 알고 있었을 뿐이다. 미국과 해외의 도시들을 다니면서 프리메이슨 지부lodge 앞을 지나기도 했고 프리메이슨 반지를 끼거나 배지를 단 사람들도 보았지만 늘 별 생각 없이 지나치곤 했다.

나는 우선 사전조사를 시작하기로 했다. 그리고 프리메이슨이 국경을 초월하는 형제애 단체임을 알게 되었다. 일부 지부에서 여성의 가입을 허용하기는 하지만 기본적으로는 남성들의 '형제애'가 강조된다. 신이라는 가장 신성한 존재, 그리고 영혼의 불멸을 믿는 성인이면 가입할 수 있다.

프리메이슨은 특정 종교를 표방하지 않지만 그 기본 사상은 18~19세기의 보편구제설Universalism(결국은 만인이 구원받는다는 신앙)과 이신론Deism(理神論 : 신앙을 오로지 이성적인 진리에 한정시킨 합리주의 신학의 종교관)의 영향을 많이 받았다. 비판론자들은 프리메이슨이 신비주의, 반反그리스도주의anti-Christianity, 심지어는 사탄주의의 영향을 받았다고 주장한다. 성스러운 존재에 대한 믿음을 고백하도록 요구하기는 하지만 프리메이슨은 모든 종교, 모든 인종에게

문을 열어두고 있다. 또한 프리메이슨은 전세계에 걸쳐 존재하는 단체이기는 해도 교황이나 사무총장 등 전세계적 권위를 누리는 우두머리 혹은 지휘 조직을 두지 않는다. 한 나라에서 중심이 되는 조직은 지부lodge인데 미국의 경우 프리메이슨 회원이 있는 주마다 지부가 하나씩 존재한다.

세계에서 가장 오래된 비밀 단체인 프리메이슨에는 나름의 의식儀式과 의례가 존재한다. 이는 솔로몬 신전이 지어지고 또한 그 건축을 지휘했던 히람 아비프Hiram Abiff가 살았던 시대까지 거슬러 올라간다고 한다. 프리메이슨의 행사에는 고대 건축 장비들인 흙손, 연추鉛錘, 수준기水準器, 컴퍼스 같은 것이 사용되는데 이는 도덕성 향상, 그리고 '우주의 빛Universal Light'에 대한 회원들의 이해 제고를 상징한다. 프리메이슨들은 이들 의식을 둘러싼 비밀을 공개하지는 않지만 프리메이슨이 해악을 끼치는 조직이라는 주장에는 반박한다. 또한 프리메이슨이 미국, 더 나아가 전세계를 좌지우지하려는 음모를 가졌다는 비판도 일축한다. 자신들은 그저 공통된 도덕적 신념을 연구, 숭배하며 개인적 발전을 이루고자 하는 이상주의자들일 뿐이라는 것이다.

하지만 유럽과 미국의 역사를 통틀어 수많은 위인들이 프리메이슨의 일원이었다는 점에는 아무도 이의를 달지 않는다. 여기에는 왕, 대통령, 정치가에서부터 거물 기업인, 작가, 작곡가, 교육자, 장군, 의사, 언론인, 그외 문화 및 사회 영역 위인들까지 망라된다. 프리메이슨 설립기부터 지금까지 계속 제기되는 의문은 이들 위인들이 프리메이슨 이념을 '새로운 세계 질서'로 삼으려는

많은 사람들이 프리메이슨이 사탄을 숭배하거나 적어도 반그리스도주의를 표방한다고 믿었다. 베일에 가려진 단체이기 때문에 그러한 믿음은 아직도 유효하다.

음모에 가담했는가 여부이다. 일부 비판론자들은 프리메이슨이 이미 세상 모든 것을 좌우하는 단계라고 단언하기까지 한다.

이 형제애 단체의 기원에 대해서는 프리메이슨 내부에서도 논란이 있다. 일부에서는 솔로몬 신전의 건립 시점, 아니면 그보다 더 거슬러올라가 그리스나 이집트를 거론하기도 한다. 정확한 것은 1717년, 몇몇 프리메이슨 구성원들이 런던에 모여 영국 내 모임들을 관리하게 될 영국 총괄 지부를 결성했다는 사실이다.

대영제국이 미국을 식민지로 삼았을 때 프리메이슨도 미국으로 전해졌다. 그리고 미국 건국의 아버지라 불리는 이들 중에도 프리메이슨이 많았다. 그래서 미국 혁명의 중심, 미국 정부의 토대가 곧 프리메이슨이라는 주장도 있다. 조지 워싱턴을 포함한 여러 대통령들, 그리고 의회의 많은 의원들이 프리메이슨이었던 것이다. 미 재무부는 부인하지만 1달러 지폐에 프리메이슨 상징이 담겨 있다는 이야기도 떠돈다. 또 미국 수도 워싱턴의 도시 계획이 프리메이슨 이념에 맞춰 이루어졌다고도 한다. 이렇듯 프리메이슨의 영향력을 추측케 하는 사례들은 헤아릴 수 없이 많다.

프리메이슨에서는 회원들의 비밀서약 등 각종 의식儀式이 비공개로 이루어지고 있다. 사악한 목적을 가진 모임이라든지, 반그리스도 성격을 가졌다든지 하는 의혹이 생기는 것도 이 때문이다. 이 때문에 로마가톨릭교회는 신자들의 프리메이슨 가입을 금지하고 있다.

프리메이슨이 비민주적인 비밀 단체의 전형이라는 비판에 대해 회원들은 모든 것을 비밀에 부치려는 의도는 전혀 없다고 항변한다. 비밀주의의 정도는 지역에 따라 크게 다르다는 것이다. 예를 들어 영어권 국가에서는 대개 프리메이슨 회원들이 공개적으로 교류하는 편이고 소유하는 건물에도 분명한 표시를 하며 모임 시간도 공개된다.

이는 틀림없는 사실이다. 하지만 다른 한편 감춰져 있는 측면들도 엄연히 존재한다. 우선 모임 자체는 공개되지 않는다. 회원들은 모임의 내용과 목적을 비밀로 한다는 약속을 지킨다. 또한 비밀 악수를 포함, 서로를 알아보기 위한 신호체계도 가지고 있다. 이 때문에 프리메이슨 회원들은 은밀히 서로를 배려한다는 의심을 받는다. 이와 관련해 최근 프랑스에서는 검찰이 프리메이슨이 개입된 사건의 담당 판사와 변호사들을 기소하는 사건이 일어나기도 했다. 1990년에는 영국 노동당 정부가 공직에 몸담은 모든 인사는 프리메이슨 가입 여부를 공개해야 한다는 법안 제정을 시도한 바 있다.

프리메이슨의 역사를 살피면서 이 책은 지부의 구성, 의식과 의례, 상징, 여성의 역할, 흑인 프리메이슨Prince Hall Mason, 프리메이슨 문헌, 가입 조건, 가입 방법, 사회활동이나 자선사업, 'hoodwink(남의 눈을 속이다)' 'on the square(직각의, 공정한, 동등한)'처럼 프리메이슨 전통에서 기원했다가 이제는 일상어가 되어버린 언어 표현 등 다양한 측면을 소개하려고 한다. 또한 십자군에서 프리메이슨이 담당한 역할, 로마가톨릭교회가 프리메이슨에 대해 가졌던 반감, 모르몬교Mormonism와의 관계, 모차르트 죽음과의 관계, 세계 최초의 연쇄 토막 살인범 잭Jack The Ripper과의 관계, 19세기에 일어났던 프리메이슨 비판자의 수수께끼 같은 실종과 살해사건에 대해서도 다룰 것이다.

사악한 음모 집단으로 비판받고 두려움의 대상이 되기도 했지만 기본적으로 프리메이슨은 나는 어떤 존재인지, 왜 여기 있는지, 인생의 목적은 무엇인지 등 생각이 깊은 인간이라면 누구나 제기할 의문에 답변을 제공하는 종교적 · 철학적 체계로서 옹호되었다. 프리메이슨 회원이자 탁월한 사학자인 윌름셔스트W. L. Wilmshurst에 따르면 이 비밀 결사는 '인간 삶의 목적과 운명에 진지한 의문을 가진 모든 이들의 필요를 충족' 시켜준다고 한다.

상징주의를 핵심으로 하는 프리메이슨은 모든 '선한 남자'가

'자유, 우정, 그리고 품성'을 연마할 수 있는 연대 조직이라 설명되어왔다. 윌름셔스트는 《프리메이슨의 의미 *The Meaning of Masonry*》라는 저서에서 '프리메이슨과 같은 거대한 단체가 그저 성인 남자에게 간단한 건축 도구의 상징적 의미를 가르치기 위해서 혹은 인내, 정의, 형제애, 박애, 도덕 등 성경에서도 충분히 제시된 기본적인 미덕을 알리기 위해서 만들어졌다고 볼 수는 없지 않은가.'라고 썼다.

프리메이슨에서 활동하는 사람들은 이 단체가 그저 공통된 사회적 가치를 심어주는 데 그치지 않고 더 큰 의미를 가지고 있다고 말한다. 따라서 이 책 또한 프리메이슨의 기원과 발달, 이를 둘러싼 논란과 의혹, 관습과 의례, 상징, 기호뿐 아니라 서구문명의 탄생에 미쳤던 종교적·철학적 영향, 그리고 오늘날까지 이어지는 그 영향력에 이르기까지 다양한 면을 살피고자 한다.

1장

주춧돌이 놓이다

FREEMASONS

FREEMASONS

프리메이슨의 기원을 따질 때에 늘 등장하는 것이 3,000년 전 예루살렘에서 일어났던 살인사건 이야기이다. 이야기는 성경의 〈역대하〉 3장 첫줄에서 시작된다. 예루살렘 솔로몬 왕의 명령에 따라 그의 치세 4년 둘째 달 둘째 날에 모리야 Moriah 산에 성전을 건설하게 되었던 것이다. 성전을 짓기 위해 솔로몬 왕은 '자재를 나를 사람 7만 명, 산을 깎을 사람 8만 명, 그리고 이를 감독할 사람 3,600명을 모았다.' 성전을 건축할 최고의 장인을 구하기 위해 솔로몬 왕은 친구인 두로Tyre의 왕에게 "금, 은, 동, 철로 제조하며 자색, 홍색, 청색실로 직조하며 또 아로새길 줄 아는 뛰어난 명장名匠 한 명을 보내주어 내가 가진 이들과 함께 일하도록 해달라."고 부탁을 했다.

그러자 두로 왕은 히람Hiram을 보냈다. 솔로몬 왕이 원했던 모든 영역과 '석공' 영역에서까지(대하 2:14) '재주와 지혜를 가진' 이 사람의 이름은 히람 아비프였다. 이후 성경은 그가 귀금속을 다루고 성전의 금은 장식을 만들었으며 야긴Jachine과 보아스Boaz라 불리는(대하 3:17) 기둥 한 쌍을 만들었다는 것 정도를 소개하는 데 그친다. 추측컨대 히람 아비프는 신이 솔로몬 왕에게 지시한 신전을 건축하기 위해 모든 것을 총감독하는 위치였던 것 같다. 1세기의 역사가 플라비우스 요세푸스Flavius Josephus가 쓴 《유대고대사Antiquities of Jews》에 따르면 이 신전의 기초는 땅 속 '아주 깊은 곳'에 만들어졌다고 한다. '대단히 강한 돌'로 지어진 토대는 '땅과 하나가 되어' '세월의 힘을 이겨낼' 위대한 건축물의 '탄탄한 토대'가 되었다는 것이다.

거대한 돌을 자르고 깎는 작업을 할당하며 감독할 권한을 지녔던 히람은 도제apprentice, 숙련공fellow craftsman, 장인grand master으로 나누어지는 작업장의 위계에서 승급을 결정하는 역할도 하였다. 다시 말해 이는 더 복잡한 과업을 수행하기 위해 필요한 '수수께끼'에 접근할 수 있는 권리를 부여하는 권한이었다.

프리메이슨의 전설에 따르면 신전 공사가 마무리될 즈음 숙련공 열다섯 명이 히람을 위협하여 장인 급으로 올라가자는 모의를 꾸몄다고 한다. 그러면 다른 나라에서 더 많은 임금을 받고 일할 수 있었던 것이다. 열두 명은 중도에 모의에서 빠졌지만 주벨라Jubela, 주벨로Jubelo, 주벨룸Jubelum이라는 세 사람은 결국 이를 실행했다. 히람이 매일 정오에 신전 지성소로 가 기도를 올린다는 점을 알고 이들은 신전 입구 세 곳(서쪽, 남쪽, 동쪽)을 나누어 맡았

역사가 플라비우스 요세푸스의 초상화.

다. 그리고 기도를 마친 히람이 동쪽 문을 통해 나가려 했을 때 주벨라가 나서서 자신을 장인으로 승급시켜달라고 요구했다. 히람은 솔로몬 왕과 두로 왕이 승인하지 않는 한 주벨라는 '수수께끼'에 접근할 수 없다고 대답했다.

더 기다려야 한다는 말에 격분한 주벨라는 24인치 측량자로 히람의 목을 때렸다. 히람이 남쪽 문을 통해 도망치려 하자 이번에는 주벨로가 직각자로 그의 가슴을 내리쳤다. 히람은 다시 서쪽 문으로 갔지만 그곳에서 주벨룸이 휘두른 나무망치에 맞아 결국 죽고 말았다. 세 장인은 서쪽 문을 통해 히람의 사체를 옮긴 뒤 쓰레기 더미 속에 감추었다. 그리고 자정에 다시 모여 가로 6피트, 세로 6피트, 깊이 6피트의 무덤을 파서 히람을 묻고 예루살렘을 떠나 지중해 해안의 도시 욥바Joppa로 갔다. 다음날 히람이 사라진

1장 주춧돌이 놓이다   19

것을 알아차린 솔로몬 왕이 수소문하기 시작했다. 모의에서 빠졌던 열두 숙련공은 솔로몬을 찾아가 주벨라, 주벨로, 주벨룸을 범인으로 지목했다. 이때 이 숙련공들은 결백의 표시로 흰 앞치마를 두르고 장갑을 끼었다고 한다. 솔로몬은 사방으로 사람을 보내 세 범인의 행방을 추적했다.

서쪽으로 간 추적대가 욥바에 도착한 후, 바위에 앉아 쉬던 사람들은 근처에서 주벨라가 울부짖는 소리를 들었다. "히람 살해에 가담하기보다는 차라리 목이 잘리고 혀가 뽑힌 채 하루 두 차례씩 파도가 들고나는 해안 모래밭에 묻히는 편이 나았을 텐데!"

잠시 후 주벨로가 불쑥 입을 열어 말했다. "히람 살해에 가담하기보다는 차라리 왼쪽 가슴의 심장이 뜯긴 채 독수리 밥이 되는 편이 나았을 텐데!"

주벨람도 탄식했다. "나는 자네들보다 히람을 더 세게 때려서 결국 죽게 만들고 말았네. 아, 히람 살해에 가담하기보다는 차라리 내 몸이 둘로 잘려 한 쪽은 남쪽에, 다른 쪽은 북쪽에 보내져 내장을 태우고 그 재가 바람에 날려 흩어지는 편이 나았을 텐데!"

결국 세 사람은 붙잡혀 예루살렘으로 끌려왔다. 솔로몬 앞에서 죄를 고백한 이들은 더 살기를 바라지 않았다. 솔로몬 왕은 "죽을 결심을 하였으니 각자 원하는 대로 해주어라."라는 판결을 내렸다.

그리하여 주벨라는 끌려나가 목이 잘리고 혀가 뽑혔다. 시체는 파도가 들고나는 해안 모래밭에 묻혔.

주벨로는 왼쪽 가슴의 심장과 다른 장기가 뜯겨나갔고 시체는 독수리 밥으로 던져졌다.

주벨룸의 몸은 두 조각이 나 한 쪽은 남쪽에, 다른 쪽은 북쪽에 보내졌다. 내장을 태운 재는 바람에 날려보냈다.

성경과 요세푸스 역사서를 통해 히람이 솔로몬 신전 건축에 기여했다는 점은 확인된다 해도 프리메이슨의 의식과 의례를 빼고 나면 히람 아비프가 정말로 건축을 총감독했던 것인지, 주벨라, 주벨로, 주벨룸이 정말로 승급의 야심 때문에 명장을 죽이고 처참한 벌을 받았던 것인지 확인할 만한 자료는 없다. 결과적으로 프리메이슨이 유대인 최초의 신전만큼 오랜 역사를 가졌다고 확언할 근거는 없는 셈이다. 설사 히람 아비프 이야기를 증명할 무언가가 솔로몬 신전 안에 있었다 해도 신전이 사라진 지금은 찾을 수 없게 되었다. 요세푸스가 '세월의 힘을 이겨낼' 만큼 탄탄하다고 묘사했던 신전은 기원전 597년, 바빌로니아 군의 공격에 무너지고 말았기 때문이다.

프리메이슨이 어떻게, 그리고 왜 솔로몬 신전과 히람 아비프를 조직의 기원으로 삼게 되었을까 하는 것은 윌름셔스트가 '프리메이슨 영국 총괄 지부의 회원들'을 위해 쓴 일련의 논문에서 설명된다. 〈프리메이슨의 의미〉라는 글을 보면 솔로몬 신전은 '인류 전체를 위한 신전'을 뜻한다고 한다. 히람 아비프, 솔로몬 왕, 그리고 두로 왕은 그리스도교의 신성한 삼위일체에 해당한다. 그러므로 히람 아비프의 비극적 죽음은 한 인간에 대한 잔혹한 살해에 그치지 않는, 우주적인 손실이라는 것이다. 이는 성스러운 조직의 파괴를 의미한다. 다시 말해 이는 동방의 어느 도시 건축 현장에서 일어난 불행한 사건이 아니라 전 인류에 대한 도덕적 재난이 된다.

윌름셔스트는 히람이 살해됨으로써 '계몽된 지혜라는 능력이 우리에게서 잘려나갔다'고 주장한다. 그리고 그 결과로 인간 본성이라는 신전은 미완성으로 남게 되었다.

히람 아비프가 살해되었다. 인류를 인도하고 비추던 지혜와 빛이 사라졌다. 한때 우리의 것이었던 충만한 빛과 완벽한 지식은 스러져버렸다. 신의 섭리는 동방에서 희미하게 깜박이는 불빛만을 남겨두었다. 태양이 사라진 어두운 세계에서 우리는 여전히 다섯 가지 감각과 이성적 판단 능력을 가진다. 이들 감각과 이성은 우리가 진정한 비밀을 되찾기 전에 우리를 파괴하고 말 것이다.

프리메이슨은 '우주와 그 안에 존재하는 인류에 대한 깨달음'을 주는 종교적 철학 체계로 정의된다. 이를 통해 우리는 인류가 '높고 신성한' 중심지에서 떨어져나왔다는 점을 이해할 수 있다. 다시 그곳으로 되돌아가고자 하는 사람이라면 스스로를 들여다보아야 한다.

'다시 태어난 인간, 정해진 의식뿐 아니라 진정한 경험을 통해 프리메이슨의 각 등급을 거친 자만이 장인의 칭호를 받을 수 있다. 바로 그 장인에 의해 인간의 손이 아닌 공정한 영혼에 의해 완성되는 신전이 지어진다.' 라고 윌름셔스트는 적었다.

솔로몬 신전을 프리메이슨의 은유적 토대로 설명한 것은 1858년의 앨버트 파이크Albert Pike도 마찬가지였다. '학문적으로나 예술적으로나 프리메이슨의 최고 천재'로 숭상받고 19세기 미국 프리메이슨의 가장 핵심적인 인물이었던 앨버트 파이크는 1809년, 보스턴에서 출생했다. 그 친척 중에는 미국 최초로 대수학 책을 집필한 니콜라스 파이크Nicholas Pike, 탐험가 제불론 파이크Zebulon Pike 등이 있었다(시인, 언론인, 남부 연방 병사, 법학자, 웅변가로서 변화무쌍하게 전개되었던 앨버트 파이크의 삶이나 그가 미국 프리메이슨에 미친 영향에 대해서는 11장에서 상세히 설명할 것이다). 41세이던 1850년, 아칸소 주에 정착한 후 그는 프리메이슨의 상징에 깊은 관심을 갖게 되었다. 그리고 그 상징을 연구하면서 프리메이슨이 '고대 세계에서 전해진 최고의 지혜가 저장된 곳'으로서 '비밀스럽고 위대한 느낌, 암시, 반쯤 감춰지고 반쯤 공개된 분위기'를 갖게 된 과정을 분석했다.

인류 역사 속에서 비밀 단체나 조직은 '공식적인 교회' 바깥에서 '준비된 영혼에게 인간 삶의 진실을' 알리고 '성스러운 것'에 대해 교육하기 위해 만들어졌다는 점을 지적하면서 파이크는 프리메이슨이 '모든 인종, 주의, 교파의 사람들을 공통적인 원칙의 토대 위에서 통합시키고 조화를 이루게' 하였다고 주장한다. 이 원칙은 에덴동산에서 아담과 이브가 신을 배신한 결과로 인류와 신이 분리된 후 신이 다시 자신에게 돌아오고자 하는 이들에게 알려준 방법, 즉 인간이라는 중재자를 두는 것이다.

'신의 진실이라는 빛'에 휩싸인 이들은 역사 속에서 현자, 예언자, 교사, 철학자, 도덕운동 지도자, 위대한 종교의 창시자 같은 모습으로 나타났다. '빛으로 밝혀진' 이러한 인물 중 한 명인 성 바오로는 자신을 '수수께끼를 지키는 집사執事'라 불렀다. 이들은 소속된 문화, 사회 구조, 살았던 시대의 문명과 종교 등이 서로 달랐지만 인간의 본성, 삶의 목적, 궁극적인 신과의 합치 방법 등에 대한 지식을 공유하고자 했다. 그리하여 공인된 종교의 형식적 의식儀式, 즉 도시 국가나 부족을 대표하여 신에게 호소하는 식의 관행에 만족하지 못하던 사람들을 열성적인 추종자로 확보하였다. 이들은 이교 의식을 통해 구원과 영생으로 가는 길을 추구하였다. 비밀리에 만나 입회식, 정화와 예배 의식을 거행했고 신화를 바탕으로 한 성스러운 연극을 공연하며 수수께끼를 완전히 깨닫기 위해 노력하였다.

기원전 5세기의 그리스에서는 이러한 이교 의식이 삶의 일부가 되다시피 하였다. 로마가 헬레니즘 제국을 무너뜨리면서 이 수수께끼는 더 멀리 퍼져나갔고 이교 의식이 아예 공식 종교로 인식되는 상황에 이르렀다. 제국이 무너지고 콘스탄티누스 황제가 그리스도교를 국교로 받아들일 때까지 이교 전통은 로마 사회의 중심적인 요소로 남았다. "고대 법률에 의해 사제나 성직자, 기타 명칭을 가진 종교인들에게 주어졌던 특권은 이제부터 모두 폐지한다. 어떤 식으로든 국가의 특별한 보호를 받으리라는 기대를 하지 못하도록 하라."라는 서기 399년, 테오도시우스 황제의 선언은 이교 전통에 대한 마지막 일격이었다.

이렇듯 프리메이슨에서 말하는 수수께끼란 일차적으로 고대 그리스 및 로마와 관련되어 있지만 그 기원은 크레타와 이집트에서 번성했던 초기 예배까지 거슬러 올라간다. 프리메이슨 역사가이자 이교 연구가로 천리안을 자처하는 리드비터C. W. Leadbeater는 《프리메이슨과 고대의 신비 의식Freemasonry and Its Ancient Mystic Rites》이라는 책에서 수수께끼 그리고 '내면의 빛이라는 위대한 개념'은 기원전 4만 년 경 이집트인들이 도입한 것이라고 설명한다. 당시 '세계의 교사World-Teacher'가 '모든 이들의 마음속에 존재하는 공통의 빛' 즉 신을 드러내기 위해 '흰 지부White Lodge'에서 왔다는 것이다. 세계의 교사에게서 배운 성직자들은 가르침을 전파하며 '수수께끼 속에 간직된 비밀의 계시를 알렸고 이집트의 지혜를 얻기 위해 세계 각지에서 학생들이 몰려들었으며 이집트 학파의 명성이 모든 땅으로 퍼져나가게 되었다'고 한다. 이집트 수수께끼를 배우고 이를 다른 곳으로 가져간 사람 중에는 모세라는 왕자도 있었다. 역사가 필로Philo가 '음악, 기하학, 산술, 상형문자, 모든 예술과 과학에 능통하다'고 묘사한 모세 왕자는 신에게 감화를 받아 헤브루인들을 노예 상태에서 끌어내어 '젖과 꿀이 흐르는 땅'으로 인도한다. 리드비터에 따르면 그곳에서 '모세 시절에 알려진 수수께끼는 다윗의 뒤를 이어 솔로몬이 왕좌에 오를 때까지 대대로 충실히 전해졌고' 유대교의 중심을 이루었다. 그리고 결국에는 신과 인류의 재합일을 상징하는 신전 건축까지 이루어졌다는 것이다.

프리메이슨 입장에서는 리드비터의 표현대로 '숨겨진 빛을 지니고 있었던 고대의 왕이나 예언자로부터 이어진 계보'를 강조하고 싶겠지만 실제로는 중세 유럽에 지어진 거대한 교회들, 18세기 영국의 예술적, 정신적 후계자들과 프리메이슨 간의 연관관계가 보다 구체적이고 분명하다.

2장

그토록 강한 돌로

FREEMASONS

성서, 그리고 이보다 더 앞선 자료에서 프리메이슨의 토대를 찾으려 했던 헤이우드H. L. Haywood는 다음과 같이 말한다.

기억하기조차 어려울 정도로 오랜 옛날부터 프리메이슨에서는 회원들에게 자신이 어디서 왔으며 어디로 가고 있는지를 묻곤 했다. 모두 최종적인 대답이 나올 수 없는 질문들이었다. 기억이라는 것이 프리메이슨 탄생 당시로 거슬러 올라갈 수 있다면 앞서 사용한 '기억하기조차 어려울 정도로'라는 표현은 잘못된 것이리라. 프리메이슨의 오랜 역사에 대한 가장 좋은 설명은 그 기원이 하나가 아닌, 여럿이라는 것이다. 오늘날의 프리메이슨은 한없이 오랜 동안의 인간 경험과 이교 전통이 합쳐진 저수지라고 하는 편이 가장 정확하다. 가장 먼 산봉우리에서 시작된 물줄기들이 이 위대한 저수지로 흘러든 것이다. 물을 공급하는 샘은 무수히 많다. 하지만 생명수가 어떻게 이곳으로 흐르는지, 어느 대륙을 지나 어떤 경로를 따르는지는 알 수 없다.

많은 이론들이 프리메이슨의 뿌리를 고대에서 찾는다는 데 놀랄 것은 없다. 헤이우드의 설명에 따르면 이는 인간 본성의 어쩔 수 없는 낭만성 때문이다. '이야기를 충분히 화려하게 꾸미고 우아하게 수놓으며 아름다운 곡조를 붙여라. 그러면 별다른 의문을 갖지 않고 쉽사리 믿어버리는 것이 인간의 속성이다.'

솔로몬 왕과 히람 아비프까지 올라가 프리메이슨의 기원을 따지는 것에 의문을 표시하면서 헤이우드는 '고딕 양식 건축가들이 오랜 기간 동안 유럽 전역에 성당을 지었다는 점'을 더욱 중시한다. 역사가들이 '중세'라 부르는 이 시기, 장엄한 그리스도교 건축물이 우후죽순처럼 세워진 이 시기는 312년, 콘스탄티누스 황제가 그리스도교도가 되고 이를 로마 제국의 공식 종교로 선포하면서 시작되었다. 325년, 그의 명령에 따라 로마의 라테란Lateran 성당과 성 베드로 성당 건축이 시작되었다. 이들 성당의 건축가들은 로마의 기술자 모임Collegium Fabrorum 소속으로 고대의 수수께끼에 접근할 수 있었던 존재였다. 콘스탄티누스 황제는 십자가 형태로 교회를 지으라고 명령했지만 실제 설계 과정에서는 그리스도의 십자가 상징뿐 아니라 예루살렘의 솔로몬 신전 설계 초안도 큰 영향을 미쳤다. 걸작 건축물이자 유일신에게 바쳐진 최초의 건물인

이 성당들의 십자가 형태는 그리스도 신앙의 통일성과 삼위일체를 드러내는 것이기도 했다.

문맹이었던 대다수 신자들에게 교회는 상징을 통해 종교적 가르침을 전달하는 수단이었다. 입구에서부터 뻗어가는 긴 통로 세 개는 교회가 자리잡은 대지를 상징한다. 합창단은 대들보들이 교차하는 곳 위쪽에 자리잡았을 뿐 아니라 그나마 장막으로 가려져 있기 때문에 허락받은 교인들만 그저 살짝 엿볼 수 있다. 합창단은 천사와 죽은 영혼들이 있는 신비로운 세계, 참회와 심판이 이루어지는 공간을 상징한다. 지성소는 천국을 대표한다. 축복받은 성찬을 포함한 제대는 신성한 존재(그리스도)가 머무르는 거처이다.

영국에 세워진 성당으로는 캔터베리(600년에 세워졌다), 로체스터(602년), 런던의 성 바오로(605년) 성당이 있었다. 그로부터 300여 년이 흐르고 나자 영국의 모든 대도시에 대성당, 교회, 요새나 성벽, 다리 등의 건설에 종사하는 프리메이슨 조직이 만들어졌다. 고딕 양식이라 불리는 건축 양식은 위로 솟구쳐 올라가는 직선과 곡선, 우아한 외관 등으로 대중의 신앙심을 끌어올린다는 목적을 가지고 있었다. 그리고 이는 동시에 건축가의 재능과 예술성을 칭송하게 만들었다.

영국에서 건축가는 단단한 돌을 다루는 이들 Hard Hewer, Rough Mason과 조금 더 무른 돌을 정교하게 깎아내는 이들 Free Stone로 나뉘었고 이들을 합쳐 '자유 석공 Free Stonemason'이라 불렀다. 그리고 이 말이 줄어든 끝에 결국 프리메이슨 Freemason이라는 단어가 탄생했다. 'maszun(프랑스어에서 온 것으로 '석공 기술자'를 의미한다)'이라는 단어는 이미 1217년부터 영어사전에 포함되었다. 엑시터Exeter 대성당의 1396년 기록을 보면 '프리메이슨'이라는 단어가 등장한다. 그리고 1292년경, 영국의 석공들은 연장을 놓아두고 점심을 먹는 용도의 현장 근처 헛간을 '로지lodge'라 부르고 있었다.

석공들은 성채나 궁전을 지으려는 왕실로부터 일감을 받는 경우도 있었지만 자기 도시에 멋진 성전을 지으려는 주교나 사제에게, 혹은 무역 길드trade guild에게 고용되는 경우가 훨씬 많았다. 런던 석공들은 이미 1220년부터 석공동업조합의 통제를 받았다. 무역 길드는 석공의 최고임금을 정하고(최저임금은 정해져 있지 않았다) 한 공사에 투입되는 인력의 수와 종류를 규제하였으며 행동규범도 정해두었다. '책무Charges'라 불리는 행동규범 속에는 신, 가톨릭교회, 국왕, 고용주, 명장에 대한 복종이 들어 있었다. '책무'가 규정하는 개인의 도덕적 행동규범을 보면 장인의 비밀 준수 의무가 있었고, 불복하는 논쟁, 간통, 여관이나 사창가에서의 떠들썩한 음주, 밤 8시 이후의 외출, 카드놀이 등이 금지되었다. 성탄절 휴일 12일 동안만이 예외 기간으로 정해졌다.

시간당 최고임금 제한 규정은 제대로 지켜지지 못했다. 수요에 비해 석공 수가 부족했기 때문에 석공들은 충분히 더 높은 임금을 요구할 수 있었다. 이를 위해 노동조합trade union이 조직되었다. 하지만 이 조직의 존재 자체가 불법이었으므로 몰래 만나야 했다.

가장 오래된 프리메이슨 관련 문서는 필사본으로 된 시詩이다. 1830년대에 영국 박물관의 킹스 라이브러리King's Library에서 발견되어 1840년, 제임스 핼리웰James O. Halliwell이 출판한 문서이다.

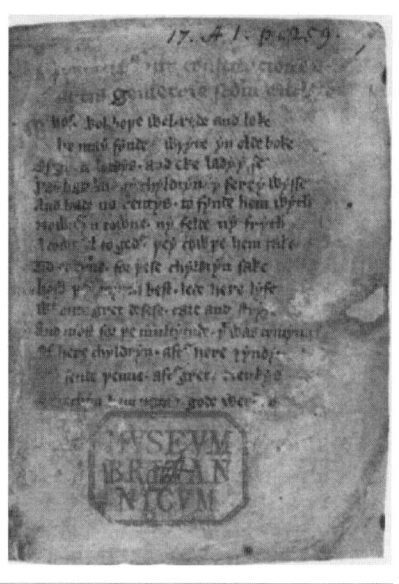

핼리웰 필사본 혹은 '왕의 시'라고 불리는 문서의 첫 페이지.

핼리웰은 프리메이슨 회원은 아니었다. 학자들은 핼리웰 필사본이라고도 하고 '왕의 시Regius poem'라고도 불리는 이 문서의 연대를 다양하게 추정하는데 아마도 1390년에서 1445년 사이일 것으로 여겨진다. 운율을 갖춘 총 794행의 영어 시에는 '여기서 유클리드에 따른 기하학 규정이 시작되다Hic incipiunt constitutiones artis gemetrioe secundum Euclydum'라는 라틴어 제목이 붙어 있다. 첫 86행은 수학자 유클리드가 이집트에서 프리메이슨의 토대를 닦았던 일과 이것이 924년, 애설스탄Athelstan 왕에 의해 영국에 도입되었던 일을 소개한다. 다음으로는 에드윈Edwin 왕자의 보호 육성 아래 프리메이슨들이 큰 무리를 이룬 이야기가 나온다. 열다섯 개 조와 열다섯 개 항으로 이루어진 '사회 통치'를 위한 규범 및 '향후 모임'을 위한 규칙이 나열된 다음에는 로마 황제에게 복종하기를 거부하고 그리스도교 신앙을 지킨 순교자들에 대한 전설이 이어진다. 이 순교자들은 살아 있는 채로 납蠟으로 된 관에 갇혀 강에 던져졌다고 한다.

다음으로 노아의 대홍수와 바벨탑까지 거슬러 올라가는 프리메이슨의 기원이 설명된다. 요크의 프리메이슨 집회에서 926년에 받아들여진 이 시는 '고딕 규약'이라고 알려져 있다.

13세기 영국에서 프리메이슨이 이룬 가장 큰 성과는 웨스트민스터 대성당이다. 1272년에 완성된 이 성당은 요크의 대주교였던 명장 지파드Giffard의 지휘로 세워졌다. 종교적이지 않은 걸작 건축물로는 런던 브리지가 있다. 1176년, 템스 강의 나무다리가 무너진 후 1209년에 세워진 돌다리이다. 다리 건설이 한창일 때 런던 사람들은 일꾼들에게 〈런던 다리가 무너지네London Bridge Is Falling Down〉라는 노래를 불러주었다고 한다. 노래 속에는 '오랫동안 버틸 수 있도록 아주 튼튼한 돌로 다리를 지어라'라는 가사도 있다. 다리는 623년 동안 끄떡없이 서 있었지만 1832년, 규모가 커진 상선이나 영국 군함이 다리 아래를 통과하기 어렵게 되면서 해체되었다.

웨스트민스터 대성당 건설이 한창이었을 무렵 프랑스에서 프리메이슨의 발전에 커다란 영향을 미치게 될 사건이 일어났다. 그리고 이 사건을 통해 솔로몬 신전과 프리메이슨의 또 다른 연결 관계를 제시할 존경받는 인물이 등장하게 된다.

3장
프리메이슨과 성전 기사단

FREEMASONS

FREEMASONS

기원전 486년 바빌로니아인들이 솔로몬 신전을 파괴한 이후 서기 638년까지 예루살렘은 페르시아, 그리스, 로마, 그리고 비잔틴 제국의 통치를 받았다.

638년에는 알라신을 모시는 새로운 종교 세력이 성스러운 도시로 밀려들었다. 칼리프 오마르의 지휘를 받는 이슬람 군대는 636년 8월 20일, 야르무크 전투에서 헤라클리우스 황제의 군대를 물리친 뒤 도시를 포위했고 결국 638년 2월에 무혈 항복을 받아냈다. 이슬람교의 시조인 예언자 무하마드가 신비로운 힘에 의해 하늘로 불려 올라갔던 곳이 바로 예루살렘이라고 되어 있기 때문에 이슬람교도들은 이 도시를 신성시했다. 예언자의 행로를 기억하기 위해 이슬람교도들은 애초에 솔로몬 신전이 있었던 자리, 이후 헤로데 왕이 다시 신전을 세웠지만 서기 70년 로마에 파괴당했던 자리에 돔 사원Dome of the Rock과 알 아크사 사원Al-Aqsa Mosque을 건설하였다.

이슬람의 통치가 이어진 두 세기 동안 이슬람교도와 그리스도교도 사이의 관계는 우호적이었다. 하지만 두 종교 간의 이러한 상호 용인은 800년, 교황 레오 3세에 의해 샤를르 대제가 프랑크족의 왕으로 즉위하면서 사라지고 만다. '신성로마 제국'이라 불리게 된 제국의 수장이 이슬람 통치자인 칼리프 알 하룬 알 라시드al-Harun al-Rashid의 허락을 받아 예루살렘에 성지 순례자 숙소를 지었던 것이다. 바야흐로 그리스도교의 성지 탈환이 시작된 셈이었다. 이슬람교도들이 느끼는 긴장감은 점점 커졌다. 다시 두 세기가 지나 그리스도교 순례자와 성지聖地가 이슬람교도의 압박에 시달린다는 소식이 예루살렘으로부터 유럽 각국 수도로 속속 전해지면서 그리스도교도들은 진군의 명분을 얻게 되었다.

이슬람의 서쪽 진출로 비잔틴 제국이 위협받는 상황에 직면해 있던 교황 우르바누스 2세는 이 같은 소식에 자극을 얻어 1096년의 클레르몽 공의회 연설에서 유럽 국가들 사이의 갈등은 젖혀두고 이교도로부터 성스러운 도시를 해방시키는 성전聖戰에 힘을 합치자고 제안했다. 그리스도의 이름으로 무기를 손에 드는 이들에게는 면죄라는 보상이 주어질 것이었다.

교황이 내세운 이유는 간단했다. 'Deus Vult', 즉 '신께서 원하신다'는 것이다.

이 연설이 있은 바로 다음날, 공의회는 교황이 약속한 특혜와 보호를 허가했다. 붉은 십자가를 상징으로 예루살렘 해방을 위해 싸우는 이들은 '십자군' 이라는 명칭을 얻었다. 1096년 가을, 성스러운 땅을 향해 6만 명의 병사, 처자식을 동반한 농부와 순례자 무리가 출발했다. 일년 간 고난의 행군을 한 끝에 마침내 십자군은 예루살렘 성문에 도달했다. 십자군 지도자 중 한 사람인 아길르의 레몽Raymond of Agiles은 도시에 입성해 성묘 교회The Holy Sepulchre(예수가 십자가형을 받고 부활했던 곳에 지어진 교회)로 들어갔을 때의 감동을 '우리의 땀과 슬픔이 기쁨과 환희로 바뀌는, 대대손손 기억될 순간' 이라고 묘사했다. 그날은 그와 그의 군대에게 '그리스도 신앙을 과시하고 이교도에게 굴욕을 안기며 신심을 새로 세울 수 있는' 계기가 되었다.

1096년에서 1250년 사이, 일곱 차례에 걸친 십자군 원정이 이루어졌다. 그 와중에서도 그리스도교도 수천만 명은 예루살렘을 오갔고 순례의 도상에서 자주 이슬람의 공격을 받곤 했다. 이들을 보호하기 위해 1118년, 프랑스 부르군디의 위그 드 파엥Hugues de Payens과 남 프랑스의 고드프루아 드 생 오메르Godefroid de St. Omer가 수도사 기사단을 조직했다. 이들은 청빈한 삶을 서약하고 '그리스도와 솔로몬 신전의 가난한 기사들' 이라는 이름을 받았다. 1128년의 트로예 공의회에서 교회의 인정을 받고 클래르보의 생 베르나르St. Bernard of Clairvaux로부터 지원까지 얻은 기사단은 용맹함으로 명성을 떨쳤다. 1차 십자군 당시 성스러운 도시로 간 이 기사단은 예루살렘의 왕을 자칭하던 보두앵 1세의 환영을 받으며 솔로몬 성전 근처에서 머물게 되었다. 바로 여기서 '성전 기사단 Knights Templar' 이라는 이름이 생겨났다.

1170년에서 1174년까지 성전 기사단에 대한 기록을 남긴 대주교 윌리엄William of Tyre은 '기사 계급의 귀족들, 또한 신을 섬기고 두려워하는 믿음 깊은 사람들이 교황의 지휘에 따라 그리스도를 위해 살게 되었다. 이들은 재물을 소유하지 않고 순결을 지키고 복종하며 살아가기로 약속하였다'고 썼다.

이들에게는 자기 교회도, 정해진 거처도 없었기 때문에 왕은 솔로몬 성전 근처 궁전의 남쪽 건물에 임시 거처를 마련해주었다. 성전 수도사들은 자신들 소유의 궁전 근처 광장을 훈련장으로 내주었다. 왕과 귀족, 또한 총대주교와 고위 성직자들은 자신들 수입의 일부를 한시적으로 혹은 영구적으로 기사단에 떼어주었고 기사단은 이 돈으로 음식과 의복 비용을 충당했다. 기사단의 주된 책무, 총대주교와 다른 주교들이 죄를 사해주는 대가로 그들에게 부여했던 책무는 길에 강도가 나타나지 않도록 하는 것이었다. 이는 특히 순례자들의 안전을 보장하기 위함이었다.

창설 이후 9년 동안 성전 기사단은 기증받은 세속 의복을 착용하였다. 하지만 1125년, 프랑스에서 열린 공의회에서 흰 옷을 입도록 하라는 결정이 내려졌다. 이때 기사 수는 모두 아홉 명이었다. 대주교 윌리엄은 '그 수는 늘어나기 시작했고 소유물도 많아졌다.'라고 기록했다. 1174년이 되자 기사 명단은 훨씬 더 길어졌다. 윌리엄 대주교가 '흰 옷을 입는 기사단 구성원이 300명을 헤아린다.'라고 쓸 정도였다.

성전 기사단의 복식을 살펴볼 수 있는 그림.

기사단이 보유한 재산도 함께 늘어났다. 윌리엄의 기록을 보자.

기사단은 예루살렘 왕국뿐 아니라 해외에서도 막대한 재산을 가졌다고 한다. 그리스도 세계에서 이 기사단에 재물 일부를 바치지 않는 곳이 없을 정도이다. 그리하여 기사단은 왕과 맞먹을 정도의 부를 누리고 있다. 성전 근처 왕궁에 본부를 두고 있기 때문에 이들은 성전 기사단 형제라 불린다. 오랫동안 이들의 조직은 명예롭게 유지되고 검소하게 소명을 다했지만 최근에는 겸양을 외면하고(겸양은 모든 미덕의 수호자이다. 왜냐하면 겸양은 가장 낮은 자리에 위치해 더이상 낮아질 수 없는 것이기 때문이다) 기사단을 만들었고 최초 후원자였던 예루살렘 총대주교에게 등을 돌린 채 선대 기사들이 바쳤던 복종을 거부했다. 신의 교회에서 나온 십일조 헌금과 수확한 양식을 자신들 몫으로 챙기고 소유권을 따지며 스스로를 갈등과 문제 속에 몰아넣었다.

십자군이 그리스도의 이름으로 성지로 떠난 후 9세기가 흐르고 난 뒤 기사단이 축적한 막대한 부를 주요 소재로 삼은 소설도 등장하였다. 미국인 손으로 씌어진 최고의 추리소설로 평가받는 대실 해미트Dashiell Hammett의 《몰타의 매The Maltese Falcon》를 보면 뚱뚱하고 탐욕스러우며 신뢰할 수 없는 인물 캐스퍼 굿먼Casper Gutman이 등장해 사라져버린 조각상 '검은 새'에 얽힌 이야기를 들려준다. 예루살렘 성 요한병원 십자군 기사단이 스페인의 카를로스 왕에게 선물한 그 조각상은 온갖 보석으로 호화롭게 장식되어 있었다. 굿먼은 기사단이 '주체 못할 정도의 엄청난 전리품 덕분에 호사를 누렸으며' 결국 성스러운 전쟁도 기사단에게는 '전리품 획득의 기회'였을 뿐이라고 설명한다.

1239년, 이슬람이 예루살렘을 되찾은 후 성전 기사단은 사이프러스 섬을 얻어 본부로 사용하게 되었고 막대한 재산을 바탕으로 프랑스에서 국제적인 금융업을 시작한다. '파리 성전 기사단'은 13세기 중반의 세계 금융시장에서 심장부로 떠올랐고 과거의 '가난한 그리스도 기사들'은 그 어떤 국가보다 더 큰 부자가 되었다. 보유한 영지와 성채만 해도 9,000곳이 넘었으며 1만 2,000에서 2만 명 정도의 기사와 성직자를 위해 수천 명의 지주, 하인, 노예들이 재물과 노동력을 바쳤다고 한다.

역사는 십자군이 성지 수호보다는 재물에 관심을 가졌다고 평가한다. 그러니 자크 드 몰레Jacques de Molay라는 젊은이가 성전 기사단에 들어간 것이 순전히 신앙심 때문이었다고 단언하기도 어렵다. 어떻든 1244년 무렵 프랑스 비트레에서 출생한 그는 1265년, 21세의 나이로 성전 기사가 된다. 빠른 승급을 거듭한 후 그는 영국에서 오랜 시간을 보냈고 나중에는 영국 전체를 총괄하는 초빙 장군 겸 성전 기사단 지부장으로 임명되어 22대 그랜드 마스터인 테오볼드 고딘Theobald Gaudin 사후, 조직을 이끌게 되었다. 이후 그는 영국을 떠나 사이프러스로 갔다. 그곳에서 그는 1307년 가을, '공평왕' 필립 4세 및 교황 클레멘트 5세의 명령을 받고 프랑스로 소환되었다. 소환의 이유는 성전 기사단의 권력과 부에 대한 질투심, 그리고 공포심 때문이었던 것으로 보인다. 성전 기사단에 막대한 빚을 진 필립 4세가 결국 기사단을 해체함으로써 빚을 없애려 한 것이라는 설도 있다.

1307년 10월 13일 금요일, 왕실의 집행관들이 파리의 성전 기사단 본부에 들이닥쳐 기사들을 체포했다. 기사들은 온갖 고문을 당하며 이단적인 믿음, 악마 숭배, 성적 타락을 고백하라는 압력을 받았다. 죄를 인정하든지, 죽든지 선택은 둘뿐이었다. 자크 드 몰레는 고문에 못 이겨 죄를 인정했다가 곧 철회하였다. 그리고 1312년, 다른 기사들과 함께 노트르담 성당 아래 센 강의 어느 섬에서 화형당했다. 불길에 휩싸인 후 드 몰레는 왕과 교황이 일년 안에 죽게 되리라 예언했다고 한다. 예언은 그대로 맞아떨어졌다.

자크 드 몰레.

하지만 교황은 생전에 기사단을 완전히 해체했고 기사단에 가입할 마음이라도 품는 자는 모두 파문당하고 이단으로 처벌받도록 하였다.

성전 기사단을 둘러싼 수많은 이야기와 전설 중에는 기사들이 수수께끼의 지식을 가졌다는 주장도 있다. '루반트 문서'라 불리는 고대의 기록을 보면 기사들이 '책에서 얻은 비밀스러운 지식'을 가졌다고 씌어 있다. '그 완벽하고 절대적인 지식'의 비밀은 오로지 '입회자'에게만 공개된다는 것이다. 당시의 법률가였던 라울 드 프레슬이라는 사람은 기사단에는 엄격한 비밀이 존재했으며 그 내용은 발설하느니 머리가 잘리는 편이 나을 정도의 엄청난 비밀이라고 기록하였다. 드 몰레는 죽기 직전에 종교 재판관들을 만난 자리에서 무언가 알려주고 싶지만 재판관들에게는 들을 자격이 없다고 말한 것으로 전해진다.

성전 기사단의 이 수수께끼 같은 면과 관련해 프리메이슨 역사가인 리드비터는 기사단이 '12~13세기 유럽의 숨겨진 지혜를 간직한 곳이었으나 비밀은 극히 일부에게만 전해졌다.'라고 썼다.

자크 드 몰레가 처형되고 강제 해산당한 성전 기사단이 그후 어떻게 되었는지에 대해서는 역사가들의 의견이 분분하다. 가장 유력한 설은 남은 기사들이 스코틀랜드로 가서 로버트 브루스 왕 휘하에 들어갔다는 것이다. 영국에 대항해 싸웠지만 변변한 군대가 없었던 브루스 왕은 어떤 기사든 환영했던 것이다.

1314년 6월 24일, 배넉번Bannockburn에서 영국과 스코틀랜드의 전투가 벌어졌다. 스코틀랜드 군은 창과 활로 무장한 보병으로만 이루어져 있었다. 하루 종일 계속된 전투에서 스코틀랜드의 패배가 확실해졌을 무렵 성전 기사단이 등장했다. 이를 스코틀랜드 군대라 생각한 영국군은 놀라 도망쳐버렸다. 이때 승리한 후 성전 기사들은 스코틀랜드 서부 해안의 섬에 80여 년 동안 숨어 살았다. 14세기 말에 동쪽 해안으로 옮겨가면서 이들은 애버딘Aberdeen에 정착했고 자신들을 프리메이슨이라 부르기 시작했다.

성지 순례자들을 지키던 기사가 프리메이슨으로 바뀌었다는 설명은 기사들의 가르침이 시간이 흐르면서 고대 켈트의 비밀 예배와 뒤섞인 결과로 보인다. 그리고 이를 통해 프리메이슨의 가장 중요한 계파 중 하나인 스코틀랜드 최고 조직Royal Order of Scotland이 생겨나기도 했다. 흔히 스코틀랜드 의식Scottish Rite이라 불리는 이것은 유럽 일부 지역에 퍼졌고 결국 미국에 전해져 번성하게 되었다.

성전 기사들의 운명에 대한 또 다른 시각은 기사들이 프리메이슨의 선조라는 데 의문을 제기한다. 역사가인 재스퍼 리들리Jasper Ridley는 그런 주장이 영국의 석공조합보다는 낭만적인 존재를 찾아내 조직의 뿌리로 삼고 싶어하는 일부 프리메이슨 회원들의 발상이라고 본다.

4장
프리메이슨과 프로테스탄트 개혁

로마 제국의 콘스탄티노플 대제가 그리스도교를 국교로 선포한 후 두 세기가 지났을 무렵, 유스티니아누스 1세는 당시 널리 제도화되어 있다시피 했던 고대 수수께끼 숭배를 갑작스럽게 금지했다. 목적은 제국의 종교를 강화하고 조직과 사상 모두에서 황제가 교회보다 우위에 서겠다는 것이었다. 이를 위해 유스티니아누스 1세는 신앙 포고(544년)를 내리고 콘스탄티노플에서 공의회를 소집했다(533년). 그 결과로 이교 숭배와 배교 행위를 사형으로 다스리는 법령이 제정되었다. 다른 믿음에 대한 관용은 전혀 없었다. 황제는 "이교도가 자신들의 의식을 행할 장소가 아예 없도록, 또한 그 고약한 광신을 드러낼 기회가 아예 없도록 하라. 혹시라도 이런 이들이 누리는 특혜가 있다면 모두 취소된다는 점을 모두에게 알리도록 하라. 이교 단체가 불법 모임을 개최하지 못하도록 하라."고 명령했다.

유스티니아누스 1세는 황제가 종교를 포함해 지구상 모든 것의 왕이요, 최고 권위라고 주장함으로써 교황이 그리스도를 대리한다고 말하는 가톨릭교회와 갈등을 빚게 되었다. 그 결과 가톨릭 백과사전에는 오늘날 로마가톨릭이 '위대한 황제가 실시했던 종교정책에 박수를 보낼 수 없다'고 나와 있다. 제국 내 평화와 통합을 진일보시킨 유스티니아누스의 업적은 인정하지만 그 통합체가 '가장 신성한 가톨릭과 로마 교황의 것'이어야 한다는 점을 분명히 한 것이다. 로마 제국의 쇠락 후 실제로 그리스도 신앙의 최고 권위자로 떠오른 것은 교회와 교황이었고 이는 1,000여 년 동안 변함없이 유지되었다.

유스티니아누스 1세의 통치는 로마 제국 이후 유럽 문명 발전의 모든 영역에 크나큰 영향을 미쳤다. 그가 없었다면 중세 유럽의 모습이 완전히 달라졌을 것이다. 제국의 동쪽과 서쪽 부분을 통합하겠다고 나섰던 무리한 군사 원정, 통치 및 행정의 공식어에서 밀려난 라틴어, 제국의 동쪽이 약화되면서 힘을 떨치기 시작한 페르시아 등 여러 요소가 합쳐져 참혹한 전쟁과 이슬람 세력의 서쪽 확장을 야기하였다. 로마 제국의 문명을 가능한 유지하려 했던 서부 게르만 국가들을 포기함으로써 유스티니아누스 대제는 중세 교회와 교황이 로마 제국을 대신해 유럽 각국에서 확고한 세력으로 부상하는 데 간접적으로 기여했다.

유스티니아누스 1세는 로마 제국 쇠락 후 그리스도교가 유럽의 종교로 떠오르게 했을 뿐 아니라 비잔틴 양식이라 알려진 디자인 둘로 접게 되어 있는 기록판 딥티크Diptych에 새겨진 유스티니아누스 대제. 6세기의 작품이다.

과 건축술이 등장하는 계기 또한 마련했다. 건축을 적극 장려하면서 제국 곳곳을 거대한 기념비와 건축물로 채웠던 것이다. 이는 훗날 동쪽의 이슬람 양식과 서쪽의 고딕 양식에 본보기 역할을 했다.

둥근 천장, 뾰족한 아치 등 혁신적인 건축 기법이 등장한 새로운 건축 양식은 때마침 국가 의식이 형성되어 도시나 교회들 사이에 건축 경쟁이 일어나면서 유럽 전역에 폭발적으로 퍼져나갔다. 각 도시와 교회는 건물 신축을 통해 세력을 과시하고 위신을 높이는 데 골몰했던 것이다.

코테릴H. B. Cotterill은 저서 《예술의 역사History of Art》에서 로마네스크 건축 양식이 '갑자기 새롭고 대중적인, 그리고 시민적인 건축으로 대체되었으며 여기서 기독교 세계는 과거의 낡은 옷을 벗어던지고 새로 지은 화사한 흰 가운으로 갈아입었다'고 썼다.

고딕 양식의 교회 건축은 단순하고 투박한 로마네스크 양식보다 훨씬 장엄한 교회를 지음으로써 문맹인 다수 교인들로 하여금 더욱 굳건한 신앙을 가지게 한다는 목적이 있었다.

중세라고 불리는 이 새로운 종교적 열정의 시대에 신의 영광을 찬양하기 위해 돌을 깎는 작업은 그 일을 통해 자기 신앙을 표현하는 이들의 몫이었다. 종교적 신앙뿐 아니라 이를 돌에 표현할 수 있는 재능까지 갖춘 이들은 여기저기 옮겨다니며 일을 맡았다. 이들은 스스로를 '자유 석공 free masons'라고 부르긴 했지만 고용주의 지시에 따라야 하는 입장이었다. 고용주가 왕이든, 시 당국이든 교회든 간에 석공들의 노동과 삶은 엄격한 규정을 따라야 했다. 임금의 상한선이 동결되어 있던 당시의 상황은 비밀 노동조합이 결성되는 결과를 낳았다.

석공들과 개별적으로 협상하는 부담을 지지 않기 위해 고용주들은 규제를 한층 더 강화하려 했다. 1360년, 석공과 목수들 사이의 비밀 합의 및 비밀 서약을 금지하는 법이 제정되었다. 1425년부터는 영국 석공들이 모임을 가지지 못하게 되었다. 세 살짜리 헨리 6세의 섭정으로 있던 베드포드 Bedford 공작이 제정한 이 법은 개개 조직이나 노동 지부들이 공동의 유대로 연결된 상태임을 지적한 후 이를 불법이라 규정하고 있다. 하지만 채 2년도 지나지 않아 법은 유명무실해졌고 그 효력을 강화시키려는 노력은 실패로 돌아갔다.

영국의 자유 석공들이 경제적인 힘을 누렸던 것과 마찬가지로 프랑스와 독일의 석공들도 성당 건축 시기 동안 직업적 재능 덕분에 특권을 행사했다. 콩파뇽compagnons이라 불렸던 프랑스의 석공 조직도 억압적인 법과 국가에 저항하는 비밀 모임을 가졌다. 독일의 석공들은 슈타인메첸Steinmetzen이라 불렸다. 이들이 남긴 대표적인 걸작 건축물로는 스트라스부르와 콜로뉴의 성당이 있다. 프랑스와 독일의 석공 조직은 상징적 의식을 거쳐 다른 나라의 석공들을 받아들이는 중심 세력으로 자리잡았다.

건축에 종사하는 기술인들이 충분한 대가와 대우를 받기 위해 만든 형제애 모임에 불과하던 프리메이슨이 직종에 상관없는 광범위한 남성 단체로 바뀌게 된 것, 그리고 이를 통해 서구문명의 흐름이 달라진 것은 독일의 어느 자그마한 교회에서 일어난 사건이 야기한 결과였다.

연쇄반응을 거쳐 프리메이슨의 변화를 이끈 사건은 독일의 대학 도시 비텐베르그Wittenberge의 어느 성당 앞 계단에서 일어났다. 1490년에서 1499년에 걸쳐 현자賢者 프레데릭 선제후를 위해 세워진 숄스키르헤Scholsskirche 성당에는 시 공무원이나 대학 직원, 교수와 학생들이 쪽지나 공고문을 붙이는 나무 출입문이 있었다. 1517년 10월 31일, 마틴 루터라고 하는 34세의 수도사가 그 문에 종이 한 장을 붙였다.

신학 박사학위를 받고 마이센Meissen과 튜린지아Thuringia의 아우구스투스 교구 목사로 일하던 그는 1507년에 사제 서품을 받았다. 전기 작가에 따르면 '신경질과 불평이 많으며 이상주의적이고 논쟁적인 성격'이었다고 하는 마틴 루터는 교회 성직자들, 혹은 면죄부를 통해 죄를 용서하는 교회 제도라는 중간 매개자가 신과 인간 사이에 설 자리는 전혀 없다는 결론을 내렸다. 영혼의 구원을 위해 필요한 것은 오직 믿음뿐이라 확신한 그는 교회 제도를 공격하는 글 '95개 논제'를 교회 문에 붙이고 프로테스탄트 개혁을 시작하였다.

영국의 프리메이슨은 반反성직자 물결이 퍼져나가는 와중에서도 계속 가톨릭교회에 충성했다. 헨리 7세가 1502년, 웨스트민스터 사원의 주춧돌을 놓는 의식을 가졌을 때에도 프리메이슨은 그 자리에 참석했다. 재스퍼 리들리가 프리메이슨의 역사를 설명하면서 언급했듯, 임금 결정을 위한 비밀 협상을 금지한 정부를 비난하는 입장이었고 또한 불법 노동조합을 결성할 만큼 '저항적'이었음에도 불구하고 '프리메이슨은 종교적인 문제에 관한한 철저히 법을 준수했던 것이다.'

캐서린과의 결혼을 무효로 하고 애인 앤 볼린과 결혼하려 함으로써 성직자들과 충돌했던 헨리 8세는 1534년에 수위령Act of Supremacy을 반포하면서 스스로를 영국 교회의 수장으로 만들었다. 왕을 위해서는 대단히 편리하고 유익한 결정이었다. 1535년에서 1540년에 이르는 동안 수도원 해체 정책이 시행되어 교회는 막대한 규모의 토지를 잃었고 왕, 그리고 더 나아가 귀족과 상류 계층의 통제하에 들어갔다. 그 결과 교회 건축 붐은 종말을 맞았고 프리메이슨도 쇠락기에 접어들었다. 그 와중에 프리메이슨은 실제 석공 일을 하는 기술자들의 모임이 아닌, 석공 연장을 상징으로 삼아 삶의 수수께끼나 삶의 의미를 관조하는 모임으로 성격이 바뀌었다.

정확히 어느 시기부터 석공이 아닌 회원들이 프리메이슨에 가입했는지는 분명치 않다. 1646년의 기록을 보면 프리메이슨 지부가 엘리아스 애쉬몰Elias Ashmole이라는 귀족과 헨리 메인웨어링 Henry Mainwaring이라는 대령을 가입시켰다고 나온다. 헤이우드는 여기에서 '이것이 새로운 관행이라는 언급이 전혀 없다'는 점을 지적한다.

프리메이슨의 성격이 노동자의 길드에서 철학 단체로 바뀌어간다는 것은 당시로서는 커다란 변혁이었다. 노동자 길드의 성격을 유지하고 있던 몇몇 지부에서는 석공이 아닌 회원들이 가입하게 되자 형제애의 비밀이 공개될 것을 우려해 과거 기록을 태워버릴 정도였다고 한다. 헤이우드는 이러한 비밀 유지 시도를 고대의 예배와 비교하면서 이런 일은 귀중하고 비밀스러운 지식 혹은 마법을 유지하기 위해 늘 있어온 것이라 설명한다. 이런 단체는 실제로든 혹은 환상으로든 비밀이 폭로될 상황에 이르면 자신들의 맹세를 영속화하고 거기서 나오는 권력이나 위엄을 배타적으로 향유하기 위한 방법을 찾는다는 것이다.

비밀 결사가 더욱 발전하는 경우, 자신들이 발견한 것을 암호화된 용어나 신화, 상징적인 연극을 통해 감춰두기도 한다. 이는 외부인의 침입을 막기 위해 의식 절차를 불가해한 수수께끼로 가리고 구성원들에게 비밀 준수를 서약하게 했던 초기 예배와 동일한 양태를 보인다. 능력 있는 후계자들이 조직을 발전시키도록 하기 위해 가입 희망자들의 의지와 열정을 확인하는, 시련과 복종의 절차를 만들기도 한다. 가입 절차는 몇 년 동안이나 계속될 수 있다. 이들 비밀 결사들은 각종 상징과 의례를 신참들이 이해할 만한 것에서부터 최고참만 접근 가능한 것에 이르기까지 서열화시킨다.

프리메이슨의 이러한 서열화된 비밀을 '세습 자산'이라 표현하는 헤이우드는 '이것이 노아의 대홍수 시절부터 최초의 총지부 grand lodge 탄생에 이르는 형제애 결사의 역사성을 증명하지는 않는다. 어둠의 시절 이전에 존재했던 특정 조직이나 모임, 예배와의 관련성이 나타나지도 않는다. 하지만 지난 시대의 종교적·철학적 단체들과 프리메이슨이 맺었던 연결 관계는 드러내준다.'라고 설명한다.

'고대의 책무' '고대의 문서' '고대의 규약' '조합의 전설' 등으로 불리는 이러한 연결 관계는 14세기까지 거슬러 올라가며 조합의 역사, 전설, 규칙과 규범을 망라한다. 손으로 쓴 문서나 양피지 두루마리를 책 형태로 묶은 문헌에서 발견되는 이들 전통과 전설은 가톨릭교회에 대한 헨리 8세의 저항과 함께 시작되어 윌리엄 오렌지 경이 영국 프로테스탄티즘을 정착시키면서 종결되었던 종교적, 정치적, 사회적 변혁과 소요, 시민전쟁의 시기에 프리메이슨을 굳건히 결속시키는 역할을 했다.

이러한 혼란의 시기가 끝나갈 무렵 런던은 연이어 두 가지 재난을 맞았다. 1665년, 흑사병이 돌아 수천 명이 목숨을 잃었고 다음 해에는 대화재가 발생해 가옥 4만 채와 교회 86곳을 태워버린 것이다. 황폐해진 도시를 재건해야 했지만 기존의 런던 석공들로는 수요를 충당할 수 없었다. 결국 영국 전역의 숙련공들이 모여 위대한 건축가 크리스토퍼 렌Christopher Wren 경 휘하에 결집했다. 렌 경은 성 바오로 성당을 비롯해 도시의 재건축 계획을 총괄했다. 성 바오로 성당의 지하 납골소에 있는 그의 묘에는 '그가 남긴 기념비를 알고 싶다면 주위를 둘러보라'라는 의미의 라틴어 'Si monumentum requris circumspice'가 새겨져 있다.

1666년의 대화재 이후 건축 붐이 불기는 했지만 새로운 교회를 짓는 일은 중단되다시피 했고 이로 인해 프리메이슨 지부도 침체되었다. 남아 있던 지부들도 고대의 의식과 상징을 거의 다 잃어버린 상황이었다. 연례 축제가 중단되었고 런던의 지부 네 곳도 버려졌다. 로버트 매코이는 〈프리메이슨 사전〉에서 당시 상황을 '총본부장이었던 렌 경의 열정에도 불구하고 회원 수는 계속 감소하였다'라고 적었다. 1700년이 되자 영국 전체에 지부라고는 여섯 개밖에 남지 않았다.

프리메이슨 역사가인 리드비터는 이 시기에 대해 설명하면서 지부들의 몰락이 로마 시대의 콜레기아Collegia(사회 단체)로부터 구전으로 전해져온 고대의 의례에 파괴적인 영향을 미쳤다고 썼다. 구전 전통이 사라졌고 이로 인해 고대 의례에서 사용되는 표현은 단순한 은어로 전락하거나 이해할 수 없는 것이 되어버렸기 때문이다.

프리메이슨 반대 운동이 일어나기도 했다. 1698년 런던에 유인물이 배포된 사건이 대표적이다. '미스터 윈터'라는 인물이 서명한 이 유인물은 '신심 깊은 모든 이들에게 프리메이슨이라 불리는

17세기 후반, 런던의 재건축 계획을 총괄했던 크리스토퍼 렌.

이들의 해악과 악마적 관행을 경고'했다. 그리고 '이들 악마적인 부류는 비밀리에 만나 자신의 믿음 외에는 모든 것에 반대하겠다는 맹세를 한다. 이들은 신에 대한 두려움을 잊게 만드는 반反그리스도이다.'라고 썼다.

프리메이슨의 미래를 위협하는 상황을 맞아 런던의 네 개 지부 회원들은 영국 내 모든 지부를 총괄하는 총지부를 만들기로 결정했다. 1717년 2월, 이를 위해 네 지부가 모두 모였다. 성 베드로 성당 근처 구스 앤 그리디론 Goose and Gridiron 술집에서 모이던 지부 1, 파커스 레인의 크라운 술집에서 모이던 지부 2, 코번트 가든의 애플트리 술집에서 모이던 지부 3, 웨스트민스터 채널 로우 Channel Row의 러머 앤 그레이프스 Rummer and Grapes 술집에서 모이던 지부 4가 그들이었다. 규모가 가장 큰 것은 회원 수가 70명 가

량인 지부 4였다. 총지부를 만들기 위한 모임은 애플트리 술집에서 열렸다. 4개월 후인 1717년 6월 24일에(이날은 프리메이슨의 수호성인 중 하나인 세례자 성 요한의 날이기도 했다) 구스 앤 그리디론에 다시 모인 이들은 지부 3의 회원인 앤서니 세이어Anthony Sayer를 총지부장으로 선출했다.

1717년부터 1721년까지는 평민 출신이 매년 총지부장으로 선출되었다. 1722년에는 존 몬태규John Montagu 공작이 선출되었다. 그는 소년 시절부터 말보로 경 휘하에서 그 유명한 메닌Menin 포위작전에 참가했던 근위기병대 대령으로 조지 1세의 대관식 때 시종무관장 역할을 맡았던 인물이었다. 영국에서 가장 부유하다고 알려진 그는 훗날 전쟁 영웅의 막내딸 레이디 매리 처칠과 결혼해 윈스턴 처칠의 선조가 되었다. 그가 총지부장에 선출된 후 278년 동안 총지부장 지위는 귀족이나 왕족이 독점하였다.

이렇게 하여 귀족의 보호를 얻게 된 영국의 프리메이슨은 기본적인 원칙을 자유롭게 선언할 수 있었다. 고대의 고딕 조약을 분석하고 이를 18세기 프리메이슨에 맞도록 조정하는 작업에서 중심적인 역할을 맡은 것은 스코틀랜드의 학자와 성직자들이었다.

5장

제임스 앤더슨의 규약

스코틀랜드 에든버러에서 1662년 8월 5일에 출생한 것으로 추정되는 신학 박사 제임스 앤더슨James Anderson은 '스코틀랜드의 왕관이 신성하며 독립적임을 보이는 글'을 출판함으로써 스코틀랜드 민족주의의 영웅으로 떠올랐다. 그가 정확히 언제 프리메이슨 회원이 되었는지는 불분명하다. 《프리메이슨의 규약Constitutions of the Free-Masons》을 쓰기 전까지의 행적 또한 분명치 않다. 아서 에드워드 웨이트Arthur Edward Waite가 편집한 《프리메이슨 새 백과사전》에 따르면 제임스 앤더슨은 애버딘Aberdeen 시에서 박사학위를 받고 어디에선가 장로교 목사로 일하다가 '1710년 이전에 런던에 정착했다'고 한다. 시市의 기록을 보면 그는 샬로우 거리에 있는 위그노 예배당 임대권을 사들인 것으로 되어 있다. 당시 신문은 그를 '영국 국교에 반대하는 목사'라고 묘사했다.

1723년에 앤더슨이 쓴 《프리메이슨 규약》의 권두화.

'프리메이슨 역사의 아버지'로서 구전되어온 내용을 집대성하는 역할이 부여된 후의 몇 차례 설교를 제외하고 나면 그의 인생에 대해 알려진 것은 거의 없다. 그는 1739년 6월 1일에 사망했고 프리메이슨의 장례 절차에 따라 묻혔다.

그가 남긴 것은 〈찬양받을 만한 프리메이슨 가입 회원들의 형제애에 대한 규약, 역사, 법률, 의무, 규약, 그리고 활동; 오랫 동안의 전통과 문서 자료를 바탕으로〉이다. 이것이 어떻게 씌어졌는가에 대한 설명은 대부분 앤더슨 자신의 언급에 바탕을 두고 있다. 그는 1721년 9월 29일, 오래된 고딕 규약을 보다 새롭고 개선된 방식으로 요약하라는 명령을 받았으며 12월 27일에 '학식 있는 형제들 열네 명'의 확인과 허락을 받아 '출판하여 모든 프리메이슨이 읽을 수 있도록 하라'는 지시를 받게 되었다고 썼다.

이와 대조를 이루는 주장도 있다. 사실은 앤더슨이 '개인적인 관심에서 작업을 하게 되었다'는 주장이다. 총지부는 '어떻든 조직의 규칙이 출판되는 것이 바람직하기 때문에' 이를 응낙했고 따라서 '앤더슨의 작업 결과에 대한 엄격한 심사는 없었다'는 것이다. 서둘러 일을 진행한 결과 전통적인 고대의 책무Old Charges와 함께 '승인될 수 없는 자유'에 대한 조항이 포함되어버렸다고도 한다.

규약을 작성하면서 앤더슨은 여러 판으로 존재하는 '고대의 책무' 유형을 따랐다. 역사 부분에서 그는 노아부터 솔로몬 시대까지 훑어 내려가다가 프랑스로 건너뛰고 이어 영국의 프리메이슨 형성으로 끝을 맺는다. 건축술의 뿌리는 아담에게서 기하학을 배워 도시를 건설한 카인에게서 찾는다. 노아와 그 아들들은 모두 석공이었고 모세 또한 한때 장인이었으며 히람 아비프는 솔로몬 신전 건설 현장의 장인이었다는 설명도 있다.

'바다 건너' 먼 지부들, 또한 영국, 스코틀랜드, 아일랜드 지부들의 오래전 기록에서 발췌해왔다는 설명과 함께 '여섯 가지 책무'도 소개된다. 앤더슨은 그리스도의 삼위일체를 비롯해 종교적이거나 그리스도교 신앙에 관련된 내용은 모두 제외하였다. 그 이유는 '모든 사람이 동의하는 종교에 대한 프리메이슨의 의무' 때문이라고 모호하게 표현되어 있다. 일반적 이신론의 시각을 가진 이 문서는 신이 아닌 '우주의 위대한 건축가'를 바탕으로 삼고 있다.

종교적인 관용이 프리메이슨의 규칙이라고는 해도 1723년의 총지부는 그리스도교와의 전통적인 밀착관계를 갑자기 변화시킬 준비가 되어 있지 못했다. 하지만 앤더슨은 종교적인 암시를 완전히 삭제해버림으로써 이후 비非종파성이 프리메이슨의 기본 원칙이 되도록 만들었다.

프리메이슨 회원은 가입 기간 동안 도덕적 규범을 지켜야 할 의무가 있다. 또한 조직의 이념을 제대로 이해한다면 우둔한 무신론자나 종교를 부정하는 자유사상가는 되지 않을 것이다. 비록 과거에는 프리메이슨 회원이 자신의 국가가 정한 종교를 가지도록 되어 있었지만 이제는 모든 사람이 동의하는 종교, 즉 그저 선량하고 진실한 인간, 그리고 영예롭고 정직한 인간이 되기 위한 종교를 가진다면 그것으로 충분하다고 여겨진다. 이로써 공동체의 중심이 바로 서고, 서로 간에 거리를 두고 존재하는 이들 사이에 진정한 우정이 생겨날 수 있을 것이다.

시민의 권리에 대한 언급은 다음과 같다.

프리메이슨 회원은 어디서 거주 혹은 노동하든 간에 시민 권력에 평화롭게 복종하며 국가의 평화 안녕에 반하는 음모나 책략에 관여하지 않고 행정적인 요구에 대해 불성실하게 답하지 않는다. 프리메이슨은 전쟁, 유혈사태, 혼란과 소요로 늘 상처를 입어왔다. 고대의 왕과 귀족들은 평화를 사랑하고 충성하는 장인들의 특성을 높이 사 장인들의 형제애를 존중하고 장려하였다. 이로 인해 평화 시기에는 조직이 융성하였다. 형제 중 누군가가 국가에 대항하는 역적이 되어야 한다면 제아무리 불행한 인간이라 해도 이해나 지지를 얻지 못할 것이다. 그러나 반역죄 혐의를 받는 이라 해도 자신의 결백을 증명해내고 또한 왕실로부터 별다른 노여움이나 미움을 사지 않았다면 지부에서 쫓겨나지 않고 인간관계도 그대로 유지된다.

지부에 대한 언급은 다음과 같다.

지부는 프리메이슨 회원들이 모이고 일하는 곳이다. 회원들이 모인 조직, 그 집단이 하나의 지부가 되며 모든 형제는 한 지부에 소속되어 규정과 원칙을 따라야 한다. 지부는 특별 지부일 수도, 일반 지부일 수도 있는데 이는 직접 출석해보거나 규정을 살펴봄으로써 알 수 있다. 과거에는 장인이나 숙련공 모두 지부 모임에 빠질 수 없었다. 특별한 사유를 인정받지 못하는 한 결석자는 준엄한 질책을 받아야 했다. 자유로운 신분으로 태어나 충분한 나이에 이른 성숙하고 훌륭한 남성만이 지부 회원의 자격을 가진다. 노예나 여성, 비도덕적이거나 추문을 달고 다니는 남성은 가입할 수 없다.

장인master, 감독관warden, 숙련공fellow, 도제apprentice에 대한 언급은 다음과 같다.

프리메이슨 조직 내의 등급 상승은 진실한 가치와 개인의 덕에 의해서만 결정된다. 그래야 왕들이 제대로 된 서비스를 제공받을 것이고 형제들이 부끄럽지 않을 것이며 우리의 능력이 비웃음을 사지 않을 것이다. 따라서 어떤 장인이나 지부 대표든 나이가 많다고 선발되는 일은 없다. 개인의 덕을 글로 설명하기란 불가능하다. 모든 형제들은 자기 자리를 지키며 우리 형제애 조직의 독특한 방식으로 이를 배우게 된다.

노동 현장에서의 프리메이슨에 대한 언급은 다음과 같다.

모든 프리메이슨은 노동하는 날에는 성실히 일해야 하고 성스러운 날에는 모범적으로 생활한다. 토지 규칙이나 관례에 따라 정해진 노동 시간은 준수되어야 한다. 숙련공 중 가장 숙련된 이를 뽑아 장인이나 감독관으로 선출 혹은 임명해야 한다. 그렇게 뽑힌 사람은 아래 소속된 이들로부터 마스터(장인)라 불린다. 프리메이슨 회원은 나쁜 말을 하지 않고 서로를 이름으로 혹은 형제로 호칭하며 지부 안팎에서 예의바르게 행동해야 한다. 장인은 속임수를 쓰지 않고 최대한 이성적으로 맡은 일을 처리하며 장비 및 재료를 자기 것처럼 아끼도록 한다. 형제나 도제들에게 합당한 수준 이상의 임금을 주지 않는다. 약속한 임금을 받은 장인과 석공은 모두 주인에게 복종하고 성실하게 맡은 노동 혹은 출장을 완수해야 한다. 출장에 익숙해 있는 이에게 노동을 부과해서는 안 된다. 형제의 부에 시기심을 가지지 말아야 하고 그가 맡은 일을 제대로 해낼 수 있는 한 섣불리 그의 자리를 넘보거나 그를 몰아내지도 않아야 한다. 주인의 이익에 맞춰 그만큼 일을 해낼 수 있는 사람은 아무도 없기 때문이다.

지부에서의 개인행동에 대한 언급은 다음과 같다.

사적인 모임을 만들지 말고 장인이 있는 자리에서 별도의 대화를 하지 말라. 건방지거나 적절치 못한 내용을 이야기하지 말고 장인이나 감독관, 혹은 다른 형제가 하는 말을 가로막지 말라. 지부가 심각하고 중요한 일을 다루고 있을 때 우스꽝스럽거나 익살맞은 행동을 하지 말라. 어떤 이유로든 점잖지 못한 언어를 사용해서는 안 된다. 장인과 감독관, 숙련공에게 마땅한 존경을 표하고 숭배하라. 불만 사항이 생겨났을 때 책임이 있는 형제는 지부의 판단과 결정에 따라야 한다. 지부는 그러한 갈등을 적절하게 중재하는 존재이므로(총지부에 문제가 탄원되지 않는 한 그렇다) 지부에 문제 해결을 요청하도록 한다. 이 문제로 인해 주인이 맡긴 일이 방해를 받게 된다면 특별한 방법이 강구될 수 있다. 하지만 석공조합에 관련된 일로 법의 중재를 요청하지는 말라. 이런 결정은 꼭 필요한 경우에 한해 지부가 내리게 될 것이다.

지부의 모임이 끝난 후의 행동에 대한 언급은 다음과 같다.

능력에 맞춰 유쾌하게 즐기는 것은 좋다. 하지만 도를 넘지 않도록 하고 다른 형제가 원하는 것 이상으로 먹거나 마시도록 강요하지 말며 다른 일이 있어 먼저 자리를 떠야 하는 경우 붙잡지 말고 공격적인 말을 하지 말라. 이는 자유롭고 편안한 대화를 방해하고 조화를 깨뜨리며 우리의 훌륭한 목표에 위협이 될 수 있기 때문이다. 지부의 문 안쪽에서 그 어떤 사적인 분노나 언쟁도 일어나지 않도록 하라. 특히 종교, 국가, 정치에 대한 언쟁은 안 된다. 우리는 모두 프리메이슨일 뿐이며 어떤 국가, 언어, 민족에도 소속될 수 있다. 다만 지부의 안녕에 역행하는 정책에는 반대해야 한다.

지부 모임이 없을 때 형제를 만나는 경우의 행동은 다음과 같다.

배운 대로 예의바르게 인사를 나누고 서로를 형제라 부르며 필요한 가르침을 서로 나누라. 서로에게 피해를 입히거나 마땅히 형제에게 보여야 할 존경을 보이지 않는 일이 없어야 한다. 모든 회원들은 형제로서 동등하지만 특히 조직에 기여한 사람이라면 마땅한 존중을 더해야 하며 무례한 행동을 삼가라.

모임이 없는 경우 외부인이 있는 자리에서 형제들을 만났을 때의 행동은 다음과 같다.

말과 행동을 조심하여 아무리 날카로운 외부인이라도 필요 이상의 것을 눈치채지 못하도록 하라. 때로는 화제를 돌릴 줄도 알아야 한다. 우리 형제애 조직의 명예를 손상시키지 않도록 만전을 기하라.

자기 집이나 이웃집에서의 행동은 다음과 같다.

도덕적이고 현명한 사람으로 처신하라. 가족, 친구, 이웃 등이 지부의 비밀을 알지 못하도록 특히 주의하라. 너 자신과 조직의 명예를 항상 생각하라. 또한 건강을 생각해 지부 모임이 끝난 후 너무 늦게까지 즐기는 일이 없도록 하라. 이로써 폭음이나 폭식을 피하고 또한 가족에게 소홀하거나 부과된 일을 망치지 않도록 해야 한다.

낯선 프리메이슨 회원을 대하는 행동은 다음과 같다.

주도면밀하게 상대를 살펴 회원인 척하는 이에게 속지 않도록 한다. 이런 이를 만나면 경멸과 조소로 대해야 하며 그 어떤 지식에 대해서도 암시하는 일이 없어야 한다. 하지만 진정한 형제로 판명될 때에는 합당한 존중을 해주어라. 그가 필요로 하는 것이 있거든 힘 닿는 대로 필요를 해결해주거나 도움받을 수 있는 곳으로 안내해야 한다. 일자리가 필요하다면 직접 고용하든지 다른 고용주에게 추천하라. 하지만 자기 능력을 넘어서 무언가 해주어야 할 의무는 없다. 다만 같은 조건이라면 다른 불쌍한 사람보다는 형제 회원을 우선적으로 돕도록 하라.

제임스 앤더슨 규약의 마지막 결말 부분은 다음과 같다.

이 모두가 네가 지켜야 할 책무이다. 하지만 이밖에 권고해야 할 책무도 있다. 이 유서 깊은 조직의 영광을 크게 하고 기초를 튼튼히 하며 형제애를 기르도록 하라. 싸움이나 논쟁, 뒷공론이나 중상을 피하라. 남이 고결한 다른 형제를 헐뜯지 못하게 하며 그 형제를 변호하라. 네 명예와 안전이 위협받지 않는 한 그 형제를 도와야 한다. 회원 중 누가 손해를 입혔을 때에는 네 지부, 혹은 가해자 지부에 진정하고 이를 통해 총지부의 분기 모임에 알리거나 연례 총지부 회의까지 올릴 수 있다. 이것이 고대로부터 내려오는 방법이다. 하지만 이런 방법으로 문제가 해결될 수 없다면 우선 장인과 숙련공들의 솔직하고 다정한 조언을 귀담아 듣도록 하라. 이들은 네가 법에 호소하는 것을 막을 수도 있고 법을 통해 신속하고 명쾌한 해결책을 찾도록 할 수도 있다. 장인은 우선 형제들을 존중하는 마음으로 중재를 시도해야 한다. 이 중재는 감사한 마음으로 받아들여야 한다. 이 중재가 현실적으로 어렵다면 법 절차에 의지해야 한다. 하지만 그렇게 된다 해도 격분과 원한을 드러내어 형제애를 깨뜨려서는 안 되고 서로를 배려해야 한다. 모두가 프리메이슨의 미덕을 보고 느끼도록, 진정한 프리메이슨 회원은 세상 처음부터 끝까지 고결하게 행동한다는 것을 알도록 해야 한다.

앤더슨 규약을 비판적으로 분석하면서 헤이우드는 '프리메이슨의 최고 골동품 전문가의 손에서 만들어진 탓에' 이 문서는 '신뢰할 만한 역사적 사실을 거의 담고 있지 못하며' 따라서 '프리메이슨의 진정한 역사'로 받아들여질 이유가 없다고 주장했다. 앤더슨이 말한 역사는 '대부분 동화 차원에 머물고 있으며 실제 역사를 아는 이들에게는 전혀 인정받지 못했다'는 것이다.

프리메이슨 관련 문서의 역사를 나름대로 분석하면서 헤이우드는 1757년, 영국의 조지 2세가 대영박물관에 도서 1만 2,000권을 기증했던 사실을 언급한다. 이들 도서는 헨리 7세가 모은 것으로, 이후 왕실 도서로 알려지게 된다. 여기에는 4×5인치 크기의 64쪽짜리 필사본이 포함된다. 〈도덕적 의무의 시〉라는 제목이 붙은 이 필사본은 1830년대에 제임스 핼리웰James O. Halliwell이 발견해 이후 핼리웰 필사본 혹은 '왕의 시Regius Poem'라 불리게 되었다. 핼리웰은 1839년, 이 필사본을 영국 고문서협회에 공개했고 협회 소속 전문가인 데이비스 캐슬리는 필사본의 시기를 14세기로 추정했다. 다른 전문가는 15세기 중반이라 보기도 했고 독일의 전문가는 1427년에서 1445년 사이라 말하기도 했다. 대부분의 전문가들은 1390년대가 가장 신빙성 있다고 본다. 보격步格 운율 형태로서 아마도 성직자에 의해 씌어졌으리라 추측되는 이 문서는 당시 프리메이슨의 규칙을 설명하면서 '고대의 책들에 씌인' 내용에 근거하고 있다. 헤이우드는 이 책이 프리메이슨 내부 문서가 아닌, 프리메이슨에 관한 문서라고 설명한다.

핼리웰 문서 다음으로 오래된 문서는 매튜 쿠크Mathew Cooke가 편집하여 1861년 스펜서R. Spencer가 출판한 것이다. 씌어진 시기가 1450년으로 추정되는 이 문서는 영국 중부의 남동쪽, 아마도 글로스터셔나 옥스퍼드셔 같은 곳에서 작성된 것 같다. 헤이우드는 1720년 당시 '일반 규칙'을 편집한 조지 페인George Payne이 이 문서를 수중에 넣은 상태였을 것으로 확신한다. 페인이 정리한 규칙은 3년 후 다시 앤더슨의 규약에 포함되었다.

이러한 이유로 앤더슨의 역사 기록을 읽을 때에는 '극도의 주의'가 필요하다고 헤이우드는 경고한다. 이 규약에 포함된 '프리메이슨의 원칙과 규정에는 고대의 규약 판본들에서 가져온 내용뿐 아니라 앤더슨 자신의 견해가 상당히 뒤섞여 있기 때문'이라는 것이다.

하지만 '역사가로서의 이러한 결함'에도 불구하고 헤이우드는

'종교나 정치 같은 특별한 색깔을 넣지 않은 채 상징적이고 철학적인 프리메이슨에 대해 기초 자료를 제공한' 앤더슨의 공을 인정한다.

앤더슨 규약이 받아들여지고 출판되면서 의회 서기였던 윌리엄 코우퍼William Cowper가 총지부의 서기로 임명되어 모임 내용을 기록하게 되었다. 1730년경 영국 총지부는 그 산하에 영국과 웨일즈 소재 지부를 100개 이상 두고 있었고 마드리드와 캘커타 지부를 승인하면서 해외 진출을 시작하는 단계였다. 역사적인 이유로 아일랜드와 스코틀랜드에는 각각 1725년과 1736년에 독자적인 총지부가 만들어졌다.

영국 총지부는 1730~1740년대에 아무런 장애물 없이 발전하였고 그 모임은 신문지상에 계속 보도되었다. 언론이 프리메이슨 의식에 지대한 관심을 가졌던 것이다. 신문 잡지들은 프리메이슨의 '비밀'이라 여겨지는 것을 공개하려고 애썼다. 대중의 인지도가 높아지면서 관심도 커졌고 귀족, 지주, 전문가들의 가입도 늘어났다. 1737년 최초의 왕실 회원이 탄생했다. 바로 조지 2세의 아들인 웨일즈 왕자, 프레데릭 루이스였다.

총지부는 전세계로 프리메이슨을 전파했다. 1730년대부터 유럽, 서인도제도, 인도에 지부들이 속속 생겨났다. 18세기 말부터 19세기까지 대영제국이 확장되면서 영국의 프리메이슨도 중동, 극동, 오스트레일리아, 아프리카, 남미로 퍼져나갔다. 20세기 후반, 식민지들이 독립국가 지위를 얻으면서 여러 곳에 독자적인 총지부가 만들어졌다. 식민지 시절과 마찬가지로 영국 총지부 산하에 남은 지부도 여럿이었다. 그 결과 영국 총지부는 영연방을 중심으로 750여 개의 해외 지부를 갖게 되었다.

하지만 프리메이슨 조직이 뿌리를 내리고 번성했을 뿐 아니라 반식민지 전쟁을 세계 최초로 성공시키고 아메리카라는 새로운 나라를 탄생시킨 곳은 바로 북미 지역이었다.

6장

프리메이슨, 미국에 뿌리를 내리다

FREEMASONS

　　미국에 정착한 최초의 프리메이슨으로 알려진 인물은 존 스킨John Skene이다. 그는 1649년, 영국 뉴타일Newtyle 출신으로 알렉산더 스킨과 릴리아스 질레스피Lilias Gillespie 사이에서 태어났다. 1682년, 가족과 함께 골든 라이언 호를 타고 델라웨어 강을 따라 신대륙으로 들어간 그는 뉴저지의 마운트 홀리Mount Holly에 정착해 '피치랜드Peachland'라고 하는 플랜테이션 농장을 운영했다. 웨스트 저지의 부총독을 지내기도 했으며 1690년에 사망했다.

　　미국에서 출생한 최초의 프리메이슨은 앤드류 벨처Andrew Belcher이다. 1704년에 프리메이슨 회원이 되었고 매사추세츠와 뉴햄프셔 총독을 지내기도 한 조너선 벨처의 아들인 그는 1733년, 프리메이슨의 일원이 되었다. 이보다 3년 앞선 1730년 6월, 영국 프리메이슨의 총본부장은 뉴저지의 대니얼 콕스Daniel Coxe를 신대륙 최초의 총본부장으로 임명했다. 하지만 대니얼 콕스는 식민지에서 단체를 확대 발전시키는 데 그다지 관심이 없었다. 로버트 매코이Robert Macoy가 책임 편집한 《프리메이슨 사전》 중 '프리메이슨의 역사' 편에 수록된 뉴저지 항목을 보면 '대니얼 콕스가 자신에게 부여된 권력을 행사했다는 정보는 전혀 없고 적극적으로 행동했다는 증거 또한 없다.'고 되어 있다. 더 나아가 매코이는 '미국에서 공식 기록된 최초의 프리메이슨 집회는 1786년 12월 18일, 뉴브런즈윅 시 집회이다.'라고 기록하였다.

뉴저지, 뉴욕, 펜실베이니아에 세워진 프리메이슨 지부는 영국 총지부의 승인을 받지 못한 비정규 조직이었다. 영국 총지부장인 몬태규Montague 경이 승인한 미국 최초의 지부는 매사추세츠의 보스턴 시에 설립되었다. 보스턴 지부의 승인을 요청한 사람은 헨리 프라이스Henry Price였다. 1733년 7월 30일, '포도송이'라는 선술집에 모인 회원들이 '보스턴 최초의 지부'를 주장하며 '성 요한 총지부'라는 이름을 붙인 것이다. 보스턴 지부 회원 중에는 석공일에 종사하는 이가 하나도 없었다. 이들은 프리메이슨의 지적, 철학적, 종교적 측면에 끌렸고, 모임에서 느껴지는 쾌활한 사회 교류의 분위기에 매력을 느꼈던 것이다. 하지만 성 요한 지부 구성원들의 이러한 성향은 1752년, 스코틀랜드 총지부의 승인을 받은 경쟁 지부가 등장하면서 시험대에 오르게 되었다.

매코이가 기록한 역사를 보면 '탄원이 받아들여져 이들은 1752년 11월 30일에 당시 총본부장인 숄토 찰스 더글러스, 곧 애버두

조지프 워렌의 초상화.

어Aberdour 경으로부터 매사추세츠 만 지역을 담당하는 '성 앤드류 82번 지부'로 인정하겠다는 답변을 받았다.'라고 되어 있다. 새로운 지부의 총지부장으로 뽑힌 인물은 유명한 군인인 조지프 워렌Joseph Warren이었다. 회원 중에는 보스턴의 대장장이 폴 레비어와 변호사 존 핸콕John Hancock도 있었다.

경쟁하는 지부가 출현한 것에 화가 난 성 요한 지부 회원들은 관할권이 침범당한 것으로 여기고 성 앤드류 지부 회원들과 일체의 교류를 거부했다. 이 상황은 몇 년 동안 이어졌다. 보스턴 주둔 영국군으로 이루어진 프리메이슨 지부 세 곳의 지지를 받아 1769년, 매사추세츠 총지부가 세워지면서 경쟁 관계는 한층 악화되었다. 1769년 5월 30일에 열린 어느 축제 때에는 스코틀랜드 총지부장인 달하우지Dalhousie 백작이 조지프 워렌에게 보스턴 시와 100

마일 이내 지역을 담당하는 총지부장 역할을 부여하기도 하였다. 1769년 8월 28일, 성 앤드류 지부가 성전 기사단을 추모하기 위한 새로운 프리메이슨 계급을 만들면서 상황은 더욱 나빠졌다. 역사가인 마이클 베전트Michael Baigent와 리처드 레이Richard Leigh는 《신전과 지부The Temple and the Lodge》라는 책에서 두 지부의 경쟁과 갈등을 다루면서 '적대감과 반감이 점점 커가면서 일종의 시민전쟁 양상을 띠게 된 것은 놀라운 일이 아니었다. 성 요한 지부는 성 앤드류 지부를 눈엣가시로 여기며 상대를 비판하는 결의안을 계속 내놓았다. 하지만 결의안은 아무런 영향도 미치지 못했다. 결국 성 요한 지부는 회원들이 성 앤드류 지부 회원과 만나는 것을 금지한다는 유치한 규제책을 내놓았다.'라고 썼다.

보스턴에 성 요한 지부가 생겨나기 3년 전, 프리메이슨의 신대륙 활동상을 보도하는 신문 기사가 나왔다. 필라델피아의 〈펜실베이니아 가제트〉지 1730년 12월 8일자를 보면 '우리 지역에 프리메이슨 지부 몇 개가 만들어졌다.'라는 기사가 있다. 이 신문의 소유주이자 편집자 겸 발행인은 벤저민 프랭클린이었다. 1706년, 비누와 양초 제조공의 열 번째 아들로 보스턴에서 태어난 그는 독학으로 공부했고 열 살부터 열두 살까지 아버지 밑에서 조수 노릇을 했다. 그 후에는 인쇄 일을 하는 이복형 제임스를 도왔다. 형 제임스는 식민지 미국의 네 번째 신문인 〈뉴잉글랜드 커런트New England Courant〉를 창간한 사람이었다. 벤저민 프랭클린은 이 신문에 열네 편의 글을 싣기도 하였다. 형제간 갈등이 생기면서 벤저민은 1723년, 필라델피아로 이주해 인쇄공으로 일하게 되었다. 일년 후 그는 영국으로 건너가 두 해를 보내고 돌아왔고 인쇄업에서 승승장구를 거듭하며 〈펜실베이니아 가제트〉를 인수했다. 그가 쓰고 출판한 책 중 가장 큰 성공을 거둔 것은 《가난한 리처드의 달력 Poor Richard's Almanac》이었다. 1733년부터 출판된 이 책은 미국은 물론이고 유럽에서까지 인기를 모아 프랭클린의 이름을 널리 알렸다. 벤저민 프랭클린은 데보라 리드Deborah Read와 결혼하여 아들과 딸 한 명씩을 두었다(그 외에 혼외에서 얻은 자녀들도 있으리라고 생각된다). 1748년 무렵 그는 이미 도서관, 교육 시설, 병원 등 공공시설을 위해 아낌없이 재산을 내놓는 자선가로 명성을 떨치고 있었다.

프랭클린은 과학과 정치에도 관심이 많았다. 주 의회의 서기(1736~1751)와 의원(1751~1764)을 지냈고 필라델피아 체신장관 대리(1737~1753)와 전全 식민지 체신장관 대리(1753~1774) 역할을 맡기도 했다. 펜실베이니아 대표로서 올버니Albany 회의(1754년)에 참석하여 프랑스-인도 전쟁이 벌어지는 동안 식민지들이 연합해야 한다고 호소하였다. 이 회의에서 전미 단일정부를 주창하는 그의 '연합 계획안'이 받아들여졌지만 식민지 의회는 자신의 권력 약화를 우려해 이를 거부했다.

1757년에서 1762년, 그리고 1764년에서 1775년에 이르는 시간 동안 프랭클린은 영국에 머무르면서 펜실베이니아, 그리고 이후에는 조지아, 뉴저지, 매사추세츠를 대리해 교섭을 벌였다. 미국 내 정치적 불안이 점차 고조되던 이때 그는 조지 3세의 영국 정부를 설득해 식민지의 모든 서류에 왕실 직인을 찍도록 했던 인지

조례를 폐지시키는 데 성공했다. 1775년 5월, 미국으로 돌아온 프랭클린은 대륙회의Continental Congress의 일원이 되었다. 13개월 후에는 '독립선언' 초안 작성위원으로 활동하기도 하였다. 미국에 돌아온 지 채 일년 6개월이 못 되어 그는 다시 미국 대표 3인 중 한 명으로 프랑스로 떠나 동맹과 무역 교류를 협상하였다.

1730년, 〈펜실베이니아 가제트〉에 관련 기사가 실릴 때만 해도 프랭클린은 프리메이슨 회원이 아니었다. 하지만 자기 신문을 통해 그는 자신이 프리메이슨에 가입하려는 마음이 있다는 것을 충분히 알렸다. 일부 역사가들은 이러한 사전 선전 덕분에 필라델피아 성 요한 지부에 가입을 신청했을 때 그가 낯선 인물로 받아들여지지 않았다고 설명한다. 미국 프리메이슨에 대한 첫 번째 기사가 나온 지 두 달 후 그는 성 요한 지부의 회원이 되었다. 그리고 6개월도 지나지 않은 세례자 요한 축일(1732년 6월 24일)에 펜실베이니아 총본부의 감독관Junior warden 지위를 얻었다. 2년 후에는 총지부장으로 선출되었다.

미국 최초의 공인 지부가 설립된 후 11개월이 지나고, 또한 앤더슨의 규약이 영국에서 처음 발표된 지 6년이 지난 1734년 5월, 프랭클린의 〈펜실베이니아 가제트〉는 《프리메이슨 규약: 가장 유서 깊은 형제애 조직의 역사, 책무, 조약 등. 런던 초판, 벤저민 프랭클린 재인쇄, 프리메이슨 5734년》이라는 소책자가 곧 출판될 것이라는 소식을 전했다. 프리메이슨 달력은 신이 기원전 4004년에 세상을 창조했다는 계산에 바탕을 둔 것으로 편의를 위해 4년을 떼어내고 4,000년을 기준으로 계산한다. 프랭클린의 사전 광고와 달리 소책자는 8월이 되어서야 나왔다. 그 중 70부는 보스턴의 성 요한 지부로, 나머지는 찰스턴 지부로 보내졌다가 나중에 보스턴에 추가로 더 많은 책이 가게 되었다.

1734년 11월 28일, 프랭클린은 보스턴 지부의 총지부장인 헨리 프라이스Henry Price에게 답장을 썼다. 총지부장이 병에서 쾌차했음을 축하하고 건강과 '지부 전체의 번영'을 기원한 다음 그는 필라델피아 지부의 법적 지위 문제를 거론했다. 프라이스의 권력이 미국 전역에 미친다는 내용의 런던 발 보도를 접했다고 알리면서 '프랭클린 자신의 지부가 합당한 지위를 가질 수 있도록' 해 달라고 부탁한 것이다.

대표 자격 혹은 면허장을 요청하면서 프랭클린은 다음과 같이 썼다.

> 이 요청을 들어주신다면 저희의 큰 기쁨이 될 뿐 아니라 이 지역 프리메이슨의 지위에도 상당한 도움이 될 것이라 확신합니다. 심사숙고하여 저희 바람을 들어주시기를, 그리고 더 나아가 가능한 한 빨리 처리해주시기를 부탁드립니다. 총지부장의 제1 대리권 사본을 함께 보내시되 감독관들이 증인으로 지켜보는 가운데 서기가 서명한 서류였으면 합니다. 그렇게 해주시면 본 지부는 자신의 능력에 대해서도, 일한 보람에 대해서도 의심하지 않을 것입니다.
> 공정하고 신심 깊은 총지부장 형제께 충실하고 미천한 형제들 드림.
> 필라델피아 총본부장 벤저민 프랭클린 서명
> 1734년 11월 28일

6장 프리메이슨, 미국에 뿌리를 내리다 85

프랭클린 지부 모임은 '턴Tun'이라는 술집에서 열리다가 1769년에서 1790년까지는 체스트넛 거리 아래 2번가 너머 비델 앨리Videll's Alley에 있는 건물로 자리를 옮겼다. 펜실베이니아 프리메이슨 총지부가 1786년 9월 25일, 영국 총지부로부터의 독립을 선언한 것도 바로 그 건물에서였다. 1790년에서 1799년까지는 프리퀘이커 미팅 하우스Free Quaker Meeting House에서 지부 모임이 열렸다. 1800년의 경우 펜실베이니아 주의회 의사당 2층의 인디펜던스 홀이 모임 장소가 되었다. 1802년 12월, 프리메이슨 홀이 마련된 후, 필라델피아 프리메이슨은 여러 곳에 자기 건물을 보유하게 되었다. 현재의 프리메이슨 전당Masonic Temple은 1873년에 문을 열었다. 최초의 모임 장소였던 턴 술집은 1755년, 또 다른 역사적 사건의 무대로 등장한다. 대륙회의가 '미합중국 해병대' 두 개 대대의 창설을 허가했을 때 이 술집에서 제일 먼저 입대 신청자를 받았던 것이다.

미국 헌법이 공표되고 4년이 지났을 때 프랭클린과 필라델피아 프리메이슨은 일대 사건에 휘말렸다. 장난으로 시작된 일이 젊은 이의 죽음까지 부른 사건이었다. 사건의 전말은 다음과 같다. 약제사 에반 존스라는 사람이 조수 대니얼 리즈가 프리메이슨이 되고 싶어한다는 점을 알고 다른 조수들과 짜고 악마 옷차림을 한 채 가짜 입회식을 열었던 것이다. 사전에 이야기를 들은 프랭클린은 처음에는 악의 없는 장난이라 넘겨버렸다. 하지만 잠시 후 생각이 바뀌어 대니얼 리즈에게 상황을 알리려 했지만 연락이 닿지 않았다. 엉터리 입회식 도중 사람들은 대니얼 리즈에게 악마에게 복종하겠다는 서약을 시키고 심지어는 다른 조수의 엉덩이에 입을 맞추게까지 했다. 식이 절정에 달했을 때 대니얼 리즈는 뜨거운 브랜디 세례를 받았다. 그런데 여기서 심한 화상을 입은 데다 감염까지 되는 바람에 그만 죽고 만 것이다. 프랭클린도 증인으로 참석했던 형사재판에서 에반 존스는 두 손에 뜨거운 브랜디를 끼얹는 벌을 받았다.

프랭클린은 에반 존스 무리가 프리메이슨이 아니라는 점을 공식 확인했지만 이 사건은 프리메이슨이 사악한 조직이라는 의혹을 부채질했다. 또한 프랭클린의 경쟁자인 윌리엄 브래드포드 William Bradford도 이 사건을 충분히 활용했다. 〈아메리칸 위클리 머큐리*American Weekly Mercury*〉의 편집장이었던 브래드포드는 대니얼 리즈의 죽음을 좋은 기회로 삼아 프랭클린과 프리메이슨의 관계를 공격해댔다. 프랭클린의 어머니도 걱정을 할 정도였다. 어머니의 걱정을 누그러뜨리기 위해 프랭클린은 1738년 8월 13일, 아버지에게 다음과 같은 편지를 썼다.

프리메이슨에 관해 어머니에게 지금보다 더 많은 설명을 해드릴 방법이 없습니다. 여자는 이 비밀 조직에 들어가지 못하게 되어 있기 때문입니다. 이 점에 대해서는 어머니가 불만을 가지실 이유가 충분합니다. 하지만 다른 점에 있어서는 더 많이 알게 되기까지는 판단을 유보해주십사 부탁드립니다. 프리메이슨 회원은 다들 선량한 이들이고 종교와 교양에 어긋나는 원칙 따위는 전혀 없습니다.

프리메이슨이 미국에 정착하는 데 지대한 공헌을 했던 벤자민 프랭클린.

    1743년, 보스턴의 제 1지부(성 요한 지부)에서 프랭클린은 '형제 회합'을 열었다. 6년 후, 그는 지역 총지부장이 되었고 일년 동안 직무를 수행했다. 1755년, 그는 매사추세츠 총본부의 분기 회의에 참석했고 필라델피아 프리메이슨이 미국 최초의 프리메이슨 빌딩을 개관하는 기념식에도 모습을 나타냈다. 2년 후 그는 펜실베이니아 주 관련 업무로 런던에 건너가 5년 동안 머물렀다. 그리고 그곳에서 영국과 스코틀랜드의 정계·경제계 거물들과 친구가 되었는데 그 중에는 경제 이론가인 애덤 스미스도 있었다. 필라델피아로 돌아와 두 해를 보내고 1764년, 그는 다시 런던으로 갔다. 미합중국 13개 주를 대표하여 조지 3세 정부의 세금 부과 때문에 고조된 긴장 관계를 협상으로 해결하기 위해서였다. 그리고 10년 동안 영국에 머물렀다. 하지만 1774년 1월 29일, 영국 추밀원이 급작스럽게 그를 소환했다. 프랭클린은 도둑놈, 명예를 저버린 인간이라는 비난을 받으며 6주 전 보스턴 항에서 일어난 사건을 해명해야 하는 입장에 처했다.

1773년 12월 16일 밤, 모호크 인디언으로 가장한 남자들이 영국 동인도 회사 소속 무역선 '다트머스'호에 올라 차 상자 342개, 시가 1만 파운드어치를 바닷물 속에 던져버린 것이다. 차에 붙은 세금에 항의하는 의미였다. 이 저항 사건은 곧 '보스턴 차 사건'이라는 이름이 붙어 미국 독립운동의 이정표로 자리매김하게 된다. 프리메이슨은 사건의 주체가 성 앤드류 지부 회원들이었다고 자랑스럽게 발표하였다. 발표의 근거는 프리메이슨 홀의 롱룸Long Room, 당시 '대표 없는 과세'에 저항하던 이들이 사용하던 바로 그곳에서 사건 계획이 세워졌다는 점이었다. 또 사건을 주도한 것은 프리메이슨이 아닌 '자유의 아들들'이었지만 차를 던져버린 무리 중에는 성 앤드류 지부 회원 12명이 섞여 있었고, 다른 참여자 10여 명도 사건이 있은 후 얼마 지나지 않아 프리메이슨에 가입했던 것이다.

습격 다음날, 소식을 뉴욕에 알리기 위해 말에 올라탄 것은 성 앤드류 지부 회원인 폴 리비어Paul Revere였다. 1755년 4월 18일 밤, 그는 보스턴을 출발한 영국군이 무기를 압수하며 행군한다는 소식을 '미들섹스 지역의 모든 마을과 농장'에 전하기 위해 다시 말에 올라타야 했다. 렉싱턴과 콩코드 전투의 포연이 가라앉자 영국군은 보스턴으로 돌아왔다. 프리메이슨이 최초의 미국 영웅으로 내세우는 인물을 위한 무대가 준비된 것이다. 그는 바로 성 앤드류 지부의 총본부장인 조지프 워렌 박사였다.

1740년 매사추세츠 록스버리Roxbury에서 출생한 조지프 워렌은 하버드대학을 졸업하고 1761년 9월 10일에 성 앤드류 지부에 가입했다. 1761년 9월 2일, 한 단계 승급했지만 장인 등급이 된 것은 1765년 11월 28일이 되어서였다. 그는 '다소 충동적이었지만 물불 가리지 않고 용감한' 성향이었다고 한다. 1770년 3월 3일, 그는 올드사우스Old South 교회에서 열린 보스턴 대학살 기념식에 참석해 연설했다. 그는 연사에게 야유를 퍼부으려 작정한 영국 군인들이 청중 속에 섞여 있다는 점을 익히 알고 있었다. 프리메이슨 역사가는 그날의 사건을 다음과 같이 기록하고 있다.

냉철한 두뇌와 두둑한 배짱이 필요한 일이었지만 총지부장 조지프 워렌에게는 그 두 가지가 다 갖춰져 있었다. 교회에 모인 청중의 수는 엄청났다. 복도, 설교단으로 오르는 계단, 설교단 위쪽까지도 연사의 기를 죽이려 하는 영국 장교와 병사들이 넘쳐났다. 입구로 들어가려 했다가는 연단에 오르지도 못할 것을 알고 워렌은 설교단 창문을 통해 교회로 들어섰다. 열정적인 연설 도중 설교단 계단에 앉은 영국 장교 한 사람이 총알 몇 개를 꺼내 손에 쥐었다. 일촉즉발의 상황이었다. 용기와 신중함이 모두 필요했다. 자칫 근육 하나라도 잘못 움직였다가는 워렌과 주위 사람들 모두가 다칠 수 있었다. 모두들 숨을 죽이고 있는 가운데 워렌은 조금도 동요하는 기색 없이 연설을 계속하며 장교 앞으로 다가가 그 손에 흰 손수건을 떨어뜨렸다! 너무도 현명하고 단호한 행동이었다. 장교는 아무 일 없었다는 듯 연설이 순조롭게 이어지도록 내버려둘 수밖에 없었다.

1775년 6월 14일. 매사추세츠 지역 의회는 워렌을 소장으로 임명했다. 워렌은 군대 통솔 경험이 전혀 없는 상태에서 브리드힐 Breed's Hill(후에 벙커힐Bunke Hill이라 불리게 되었다) 전투의 사령관을 맡았다. 보스턴 시의 포위 상태를 풀기 위해 몰려온 영국군과 맞서는 전투였다. 아터미스 워드Artemis Ward나 이스라엘 푸트넘Israel Putnam 같은 장군들의 반대를 무릅쓰고 워렌은 직접 소총을 메고 병사들과 함께 언덕 위 바리케이트 뒤에 자리를 잡았다.

1775년 6월 17일의 총격전은 한 시간도 채 이어지지 못했다. 미국 측 탄약이 바닥났던 것이다. 영국군은 뒤통수에 총알이 박힌 워렌을 포함해 미국군들의 사체를 도랑에 던졌다. 몇 개월이 지나 그 장소가 발견되었을 때 워렌의 사체는 그에게 의치를 해주었던 폴 리비어 덕분에 확인할 수 있었다. 워렌은 포리스트힐 공동묘지의 워렌 가家 구역에 묻혔다. 1777년 8월 8일, 의회는 묘지 조성을 주문했지만 일이 성사되지 못했다. 1794년에는 찰스타운의 킹 솔로몬 지부가 주관하여 벙커힐 위쪽, 프리메이슨 회원인 벤저민 러셀Benjamin Russel이 기증한 땅에 기념비를 세웠다. 8제곱피트의 받침대 위로 18피트 높이의 기둥이 세워진 형태의 기념비였다. 1823

년, 자유를 위해 쓰러진 선열을 기리는 데 보다 적합한 기념비를 세우기 위해 '벙커힐 기념비협회'가 결성되었다. 기념비 부지는 이전 기념비의 '일부 자취'를 유지한다는 조건하에 다시 킹 솔로몬 지부가 기증하였다. 1825년 6월 17일, 매사추세츠 총지부의 주관하에 새로운 기념관의 주춧돌이 놓였다. 독립전쟁에서 미국인들을 도왔던 마르퀴 드 라파예트Marquis de Lafayette가 참석한 가운데 로드아일랜드만 빼고 뉴잉글랜드 주의 모든 지부, 그리고 뉴저지 총지부 회원들이 보스턴 커먼Boston Common 공원에서 벙커 힐까지 행진하며 기공식에 참여하였다. 기념관이 완성된 것은 1842년 6월 13일이었다. 이 기념관은 1976년부터 미합중국 국립공원 관리사무소의 관할로 들어가 현재에 이르고 있다.

워렌이 벙커힐에서 전사한 후 일년 2주 3일이 지나 의회는 독립선언을 발표하였다. 독립선언에 서명한 56명 가운데 15명(27퍼센트)이 프리메이슨 회원이거나 관련 인물이었다. 프리메이슨 회원으로 확인된 사람은 벤저민 프랭클린, 존 핸콕, 조지프 휴즈Joseph Hewes, 윌리엄 후퍼William Hooper, 로버트 트릿 페인Robert Treat Payne, 리처드 스톡튼Richard Stockton, 조지 월튼George Walton, 윌리엄 위플William Whipple이었다. 회원이라 여길 만한 증거가 있는 인물은 엘브리지 게리Elbridge Gerry, 리먼 홀Lyman Hall, 토머스 제퍼슨Thomas Jefferson, 토머스 넬슨 2세Thomas Nelson Jr., 존 펜John Penn, 조지 리드George Read, 로저 셔먼Roger Sherman 등이었다.

독립선언서 초안 작업이 진행 중이던 1776년 6월, 의회는 외국과의 통상 우호조약을 준비하기 위한 위원회를 구성했다. 9월에 조약문이 마련된 후 사절단이 정해졌다. 토머스 제퍼슨, 벤저민 프랭클린, 그리고 이미 유럽에 가 있던 사일러스 딘Silas Dean 세 사람이었다.

프랑스로 가게 된 프랭클린은 프랑스에 있는 프리메이슨 지부들에 가입했다. 1777년에는 파리의 뇌프쇠르Neuf Soeure(아홉 자매) 지부의 회원이 되었고 1778년에는 볼테르가 이 지부에 가입하도록 돕기도 하였다. 1782년, 예루살렘 생 장St. Jean de Jerusalem 지부 회원이 되었으며 다음해 이 지부의 명예 의장venerable d'honneur으로 선출되었다. 1783년에는 루엥Rouen 봉자미Bons Amis(좋은 친구들) 지부의 명예 회원이 되었다. 1786년 12월 성 요한 축일, 필라델피아 세인트 폴 교회의 예배 설교에서는 프랭클린의 이런 저런 활약상을 크게 찬양하였다. 그는 '모든 형제들이 가장 큰 존경을 보내 마땅한 뛰어난 인물'이라 묘사되었다. 프랭클린이 프리메이슨에 공헌한 바를 기록한 어느 학자는 그 어떤 직위나 업적도 그의 중요성을 제대로 나타내지 못하며 프랭클린과 프리메이슨의 관계는 '무수히 많은 면으로 깎여 눈부신 광채를 발하는 보석'에나 비유할 수 있다고 기록하였다.

프랭클린은 프리메이슨 문헌에 길이 남게 된 다음과 같은 말도 하였다.

프리메이슨은 독특한 교의를 가지고 있다. 적절한 교육과 검증 후에만 전달되는 이들 교의는 회원의 성격과 자질을 증명하는 역할을 한다. 교의의 가치는 작지 않다. 전세계 어느 곳의 회원이든 동일한 언어를 말하고 같은 행동을 하는 셈이다. 기억이 살아 있는 한 교의는 절대로 잊혀지지 않는다. 교의를 전달받은 이를 추방하거나 가두어도, 가진 것을 다 빼앗아 파멸시킨다 해도 비밀은 지켜지고 필요한 상황에 사용될 것이다. 이 교의의 긍정적인 힘은 이미 역사적 현장에서 확실히 드러났다. 독재자의 손을 멈추게 하였고 폭군의 폭정을 누그러뜨렸는가 하면 속박의 공포를 이기게 했고 원한을 극복하게 하였으며 정치적 적대감이나 종파 대립의 장벽을 허물었다. 피비린내 나는 전장이나 인적 닿지 않는 숲속, 인파로 붐비는 바쁜 도시에서도 프리메이슨의 교의는 서로를 도우러 달려가게끔, 그리하여 형제에게 도움이 되었음을 기쁘게 느끼게끔 만드는 것이다.

프랭클린 자신이 프리메이슨에 대한 기록을 남기기도 했다. '프리메이슨 회원의 행동은 순수한 사랑에서 나온다. 금이나 은으로 그 행동을 사려는 사람은 실망할 수밖에 없다. 프리메이슨 회원이 하는 행동은 관계 속에서 보상을 받는다. 공감은 또 다른 공감을, 친절은 또 다른 친절을, 도움은 또 다른 도움을 이끌어내며 이것이 바로 프리메이슨 회원이 받는 대가가 된다.'

미국 헌법을 낳게 된 필라델피아 회의에서 프랭클린이 남긴 말은 그가 프리메이슨 회원이었다는 증거로 해석된다.

나이가 들수록 나는 신이 인간사를 주관한다는 진리를 확신하게 됩니다. 새 한 마리도 신의 개입 없이는 떨어지지 않는데 하물며 인간이 세운 나라는 어떻겠습니까. 우리는 '신께서 집을 지으시지 않는 한 집을 지으려는 노력은 모두 헛되다'라는 성스러운 글귀를 믿습니다. 신의 도움이 없다면 정치적 집을 지으려는 우리의 노력은 바벨탑 건설과 다를 바 없으리라는 것이 제 믿음입니다.

프리메이슨의 관점에서 프랭클린 전기를 쓴 작가는 '프리메이슨과 관련을 맺지 않았다면 프랭클린의 인생이 어떻게 되었을까 하는 것은 우리의 관심사가 아니다. 우리는 그저 그가 시대와 장소를 막론하고 가장 위대한 인물 중 하나였다는 점, 그리고 그 현명한 지도자가 고대로부터 이어진 원칙을 받아들였다는 점에 감사하고 기뻐할 수 있을 따름이다.'라고 기록했다.

미국 독립운동의 시기에는 인디언 출신으로 처음 프리메이슨 회원이 된 인물도 나왔다. 1750년대 모호크 족의 추장 아들인 타엔단기아Thayendangea라는 사람이다. 그는 영국 관리이자 프리메이슨 회원인 윌리엄 존슨 경 집에서 자랐고 조지프 브랜트Joseph Brant라는 영어 이름도 받았다. 프랑스군과 인디언이 맞붙은 전투에 존슨과 함께 참여했던 브랜트는 존슨의 개인 비서 역할을 하다가 1774년, 존슨이 사망할 즈음에는 영국 관리가 되어 있었다. 그리고 1775년에 영국을 방문해 런던 지부에서 프리메이슨 회원이 되었다. 모호크 인디언들을 영국군에 가담시켜 미국 측과 싸우도록 하기 위해 미국으로 돌아온 그는 존 버틀러John Butler 대령 휘하에서 여러 차례 전투와 학살에 참여했다. 하지만 자신이 맡은 포로가 프리메이슨이라는 표시를 하면 고문하거나 죽이지 않고 그냥 놓아주곤 했다. 전쟁이 끝난 후 그는 존 버틀러가 소속되어 있던 캐나다의 성 요한 프렌드십 2번 지부에 가입했다. 그리고 오하이오의 모호크 지역으로 돌아갔다.

미국 프리메이슨 역사에서 우뚝 솟은 위인이기는 하지만 전해 내려오는 신화의 종류와 수에 있어서는 벤저민 프랭클린도 조지 워싱턴George Washington에 비할 바가 아니다. 1732년 2월 22일, 버지니아에서 출생한 워싱턴은 21세이던 1753년 8월 4일, 버지니아 프레데릭스버그Fredericsburg 지부에서 프리메이슨 회원이 된다. 1788년, 알렉산드리아에 지부가 만들어졌을 때에는 초대 회원 역할을 하기도 하였다. 미국의 제 1대 대통령으로서 그는 1790년, 로드아일랜드 지부에 '프리메이슨의 바탕 원칙들을 그저 적용만 해도 개인적 행복과 공공의 번영이 가능할 것이라는 말씀에 공감합니다. 언제나 우리 조직을 위해 애쓰는 진정한 형제로 받아들여질 수 있다면 큰 기쁨이겠습니다.' 라는 내용의 편지를 썼다.

프리메이슨 역사가들은 워싱턴이 조직의 기본 원칙이나 목적을 긍정적으로 평가하기는 했지만 특별히 잘 알지도 못했고 또한 알려고 노력하지도 않았다고 지적한다. 프리메이슨이 되어 행복하다는 내용의 편지를 여러 통 썼고 그 회원 자격을 버리려 한 적이 없긴 했지만 1753년 대통령 취임 이후 프리메이슨 지부 모임에 참석했다는 기록은 거의 없다. 기껏해야 세 차례 정도 참석했을 것으로 추측되며 그보다 더 적거나, 아예 없을 수도 있다. 초대 회원으로 여러 가지를 돕는 입장이어야 했을 알렉산드리아 지부, 즉 오늘날의 알렉산드리아-워싱턴 22번 지부회의에도 참석하지 않

미국 버지니아 주에 위치한 '조지 워싱턴 메이슨 기념관 George Washington Masonic Memorial'의 홀 중앙에는 프리메이슨의 상징인 앞치마를 두른 워싱턴 동상이 우뚝 서 있다.

은 것 같다.

그러나 군 통수권자로서의 워싱턴은 그야말로 프리메이슨 회원들에 둘러싸인 모습이었다. 프랑스 출신 마르퀴 드 라파예트, 독일 장교 폰 슈토이벤von Steuben 남작을 포함해 전체 장군들의 절반 정도가 프리메이슨이었던 것이다. 미국이 영국 정규군 및 프러시아 용병 부대에 맞서 지상전을 벌일 때 스코틀랜드 출신의 존 폴 존스John Paul Jones라는 젊은 프리메이슨 선원은 영국 배와 항구를 공격함으로써 전장을 공해상으로 옮겨놓았다. 미 해군의 아버지로 존경받는 그는 "나는 아직 싸움을 시작하지 않았다I have not yet begun to fight."라는 유명한 말을 남기기도 하였다.

프리메이슨에는 독립전쟁에서 공을 세운 자랑스러운 회원들이 많지만 당혹감을 안겨준 인물도 있다. 전쟁 초기 캐나다 퀘벡 습격을 지휘하며 용맹성을 떨쳤던 베네딕트 아놀드Benedict Arnold (1763년 코네티컷에서 프리메이슨에 가입하였다)는 도시 탈환이 실패하면서 다리 부상을 입고 일약 영웅으로 떠올랐다. 이후 뉴욕 사라토가 전투에서도 탁월한 전략가로 활약해 영웅 대접을 받았다. 하지만 명령 불복종과 거만한 태도가 문제되어 역시 프리메이슨이었던 호라티오 게이츠Horatio Gates 장군에게 지휘권을 박탈당하고 말았다.

베네딕트 아놀드가 받은 모욕은 조지 워싱턴이 그에게 영국군 철수 후 필라델피아 도시 통수권을 주면서 어느 정도 보상되었다. 하지만 이 시기에 그는 부하 장교들을 공개적으로 업신여기고 자신을 빨리 진급시키지 않는 의회에 대해 격분하는 등 실망스러운 모습을 보였다. 홀아비가 된 후에는 '양가 규수로 재능이 많은 아가씨'인 마가렛 쉬펜에게 구혼해 결혼하였다. 열아홉 살로 아놀드 나이의 절반밖에 되지 않았던 마가렛은 친영국 성향이었다. 가장 크고 가장 복잡한 도시에서 사치스러운 사교생활에 빠져든 끝에 베네딕트 아놀드는 빚더미에 올라앉았다. 그리고 공금을 유용해 흥청망청 써버린 혐의로 의회의 조사를 받고 군법회의에 회부되었다. 그는 워싱턴에게 "조국을 위해 싸우다 절름발이가 된 내가 이런 대접을 받을 줄은 몰랐다."며 불평했다고 한다. 군 생활과 재정적인 면 모두에서 파탄을 맞게 되고 의회 정치인들에게도 염증을 느낀 그는 최악의 결정을 내리게 되었다. 영국군에 들어감으로써 모든 문제를 해결하고자 한 것이다.

그는 영국 장군이자 프리메이슨이었던 헨리 클린턴 경에게 편지를 써서 병력 3,000명 규모의 웨스트포인트 요새를 넘겨주겠다고 약속했다. 이렇게 요새가 항복하는 모습을 보이면 미국 측 사기가 땅에 떨어질 것이라는 계산이었다. 일을 성사시키기 위해 아놀드는 워싱턴을 설득해 요새 지휘권을 얻었다. 1780년 9월, 결행 준비가 완료되었다. 일을 돕기 위해 존 앙드레라는 영국군 소령이 파견되었다. 그런데 아놀드와 존 앙드레에게는 웨스트포인트 요새 작전에 앞선 인연이 있었다. 존 앙드레는 과거, 아놀드의 어린 부인 마가렛 쉬펜에게 구혼한 적 있는 인물이었다.

클린턴 장군의 부관으로 54보병 대대에서 복무했던 존 앙드레는 영국의 첩보 작전도 책임지고 있었다. 요새 점령을 쉽게 할 수 있도록 그는 자기 군사들을 분산시켜 미국 측 수비를 약하게 만들었다. 1780년 9월 21일, 아놀드와 회의를 가진 후 그는 '존 앤더슨'이라는 이름의 신분증을 지니고 민간인 복장을 한 채 작전에 나섰다. 하지만 검문을 당하다가 의심을 사는 바람에 본부로 끌려가 조사를 받았고 결국 스파이라는 것이 들통나고 말았다. 소식을 들은 베네딕트 아놀드는 급히 안전한 뉴욕으로 몸을 피했다.

영국군이 존 앙드레를 석방해달라고 요청하자 워싱턴은 정치지도자이자 프리메이슨이었던 아론 오그딘Aaron Ogden을 클린턴 장군에게 보내 베네딕트 아놀드와 교환하는 조건으로만 존 앙드레를 석방할 수 있다고 알렸다. 클린턴 장군은 이를 거절했고 존 앙드레는 1780년 10월 2일, 교수형을 당했다. 그는 교수형 집행인이

목에 올가미를 걸고 그 자신의 손수건으로 눈을 가리는 데 순순히 따랐다고 한다. 훗날 그는 화려한 장례식을 거쳐 영웅으로서 런던 웨스트민스터 사원에 묻혔다.

베네딕트 아놀드는 1781년, 미국 보급기지를 공격해 막대한 피해를 입히는 작전으로 영국군에 공헌했다. 버지니아에서는 리치몬드를 습격해 영국 콘월리스Cornwallis 경과 맞서는 미국 군대의 탄약과 식량을 빼앗았고 고향인 코네티컷에서는 배와 창고를 불태우고 미국 민간 무장선박의 주된 항구였던 뉴런던을 쑥대밭으로 만들었다. 미국의 독립으로 전쟁이 종결되자 그는 런던에 정착했고 1801년 6월, 쓸쓸히 숨을 거두었다고 한다.

1777년 10월 사라토가 전투에서 베네딕트 아놀드가 미국 영웅으로 떠오른 직후 필라델피아의 대륙의회에서는 미합중국 정부 구성에 대한 일년 가까운 논쟁이 막을 내렸다. 1777년 10월 15일, 전 식민지의 대표들이 투표를 통해 '미국연합규약Articles of Confederation'을 채택하고 각 주에 승인을 요청했다. 하지만 서부 지역이라 주장하는 주들이 신생 국가에 합류하기 전까지는 규약을 승인하지 않겠다고 주장하는 매릴랜드 때문에 1781년 3월 1일에서야 최종 합의가 이루어졌다. 콘월리스 장군이 이끄는 영국군이 1782년 8월 19일, 버지니아 요크 타운에서 워싱턴에게 항복하면서 마침내 독립이 이루어졌다. 하지만 프리메이슨 역사가인 클로센H.C. Clausen이 《조국을 세우는 데 조력한 프리메이슨 회원들 Masons Who Helped Shape Our Nation》이라는 책에서 썼듯 '자유로워지긴 했어도 단합이 이루어지지는 않았다.' '느슨한 연합 규약은 강력한 국가, 단일 통화, 통일된 사법제도를 가져오지 못했다. 연합 체제의 취약성을 벗어나 강력한 국가를 이루려면 또 다른 작업이 필요하다는 점이 점차 분명해졌다.'

새로운 정부 구조를 고안하는 회의에서도, 결국 미 헌법의 탄생으로 이어지는 논쟁 과정에서도 프리메이슨 회원들이 중요한 역할을 했다. 1787년 5월 25일, 필라델피아에서 대륙회의가 열렸다. 당시 81세였던 벤저민 프랭클린도 여기에 참석하였다. 조지 워싱턴은 대표자 51명의 비밀투표를 통해 의장 역할을 맡았다. 당시 프리메이슨은 독립 전부터 명맥을 유지해온 유일한 형제애 조직이었을 뿐 아니라 각 주에 지부를 두고 전국적으로 활동하는 유일한 단체이기도 했다. 새로운 정부 구조를 둘러싼 논의에서 중심이 되었던 다섯 명 중 세 사람, 즉 워싱턴, 프랭클린, 에드먼드 랜돌프Edmund Randolph가 프리메이슨 회원이었다. 다른 두 사람인 존 애덤스John Adams와 토머스 제퍼슨Thomas Jefferson은 회원은 아니어도 비슷한 관점을 가진 이들이었다. 또 미국 헌법에 서명한 40명 중 28명이 프리메이슨과 관련된 인물이었다. 프랭클린, 워싱턴, 거닝 베드포드 2세Gunning Bedford Jr., 존 블레어John Blair, 데이비드 브리어리David Brearly, 제이콥 브룸Jacob Broom, 대니얼 캐롤Daniel Carrol, 존 디킨슨John Dickinson, 러퍼스 킹Rufus King이 프리메이슨 회원이라 알려진 이들이었다. 회원으로 추측되거나 관련된 인물로는 알렉산더 해밀턴Alexander Hamilton, 에이브러험 볼드윈Abraham Baldwin, 윌리엄 블라운트William Blount, 니콜라스 길먼Nicolas Gilman, 제임스 매디슨James Madison, 로저 셔먼Roger Sherman, 조지 리드

George Read, 로버트 모리스Robert Morris가 있다. 조너선 데이튼 Jonathan Dayton, 제임스 맥헨리James McHenry, 윌리엄 패터슨William Patterson은 나중에 프리메이슨에 가입한 이들이다.

수정조항 10개(권리헌장)가 덧붙은 미국 헌법은 1788년 9월 13일, 필요한 수를 넘는 주들에서 승인을 받아 공포되었다. 미국 최초의 대통령을 선출하기 위한 선거인단 투표는 1789년 2월 4일, 각 주에서 이루어졌고 비밀투표 결과 조지 워싱턴이 당선되었다. 의회의 당선 확인을 받은 후 워싱턴은 4월 16일, 고향 버지니아를 떠났고 한 주 뒤 미국의 새 수도 뉴욕에 도착했다. 4월 30일에 월 앤 브로드Wall and Broad 거리에 있는 페더럴 홀Federal Hall에서 프리메이슨 총본부장인 로버트 리빙스턴Robert Livingston이 주관하는 가운데 대통령 취임 선서가 있었다.

벤저민 프랭클린은 취임식을 지켜보지 못했다. 13일 전에 세상을 떠났기 때문이다. 필라델피아 시민의 절반이 장례식에 참석했지만 1730년 그를 회원으로 받아들였던 성 요한 지부는 프리메이슨의 분열 상황을 이유로 삼아 장례 주관을 거부했다.

'분열schism' 이라 불리는 프리메이슨 구조 및 관행의 양분은 60년 간 지속되었고 미국의 프리메이슨에 지대한 영향을 미쳤다.

7장

형제들, 갈라지다

FREEMASONS

FREEMASONS

　1717년, 프리메이슨을 재건하기 위해 런던의 네 개 지부가 합쳐서 만든 영국의 총지부는 1723년의 앤더슨 규약에 명시될 프리메이슨의 모든 측면에 대한 권한을 가졌다. 1723년 무렵이 되자 지부 수는 30개로 늘었다. 런던 바깥의 지부들이 점차 관할하에 들어왔고 총지부는 새로 생겨나는 조직들을 승인하게 되었다. 새로 생겨난 지부로는 아일랜드 먼스터Munster의 총지부(1725년), 아일랜드 총지부(1730년), 벤저민 프랭클린이 이끄는 펜실베이니아 총지부(1731년), 스코틀랜드 총지부(1736년) 등이 있었다.
　영국 프리메이슨의 분열은 1751년, 또 하나의 영국 총지부가 새로 생겨나면서 시작되었다. 고대의 책무에 따라 만들어진 새로운 총지부는 아일랜드 프리메이슨 지부 여섯 곳을 총괄했고 영국의 본래 총지부와는 교류하지 않았다. 그 구성원들은 스스로를 '고대 요크 프리메이슨Ancient York Masons'라 불렀다. 926년, 요크에 존재했던 석공 모임의 맥을 잇고 프리메이슨의 '고대 관습과 의례'를 그대로 유지한다는 뜻이었다. 그리고 본래 존재하던 영국 총지부를 '현대 프리메이슨'이라고 하였다. 총지부가 생겨난 순서를 따지자면 모순된 이름이었지만 말이다. 프리메이슨의 어느 역사가에 따르면 고대 프리메이슨은 현대 프리메이슨에 비해 스스로를 선전하거나 전도하는 데 훨씬 능숙했다고 한다. 이는 총비서 직을 맡은 로렌스 더모트Laurence Dermott에게 힘입은 바가 컸다. '아히만 레존Ahiman Rezon('형제에게 도움을 주다'라는 뜻의 헤브루 어)'이라는 새로운 총지부 규약을 쓰기도 한 더모트는 지칠 줄 모르고 고대 프리메이슨의 조직을 강화하였다. 아일랜드와 스코틀랜드의 총지부들로부터 인정을 받아냈고 다른 나라, 그리고 군대 내에서 자신들의 지부를 만들었다. 미국에 프리메이슨을 퍼뜨린 것도 바로 이러한 군대 지부들이었다.

프랑스-인디언 전쟁에서 제프리 암허스트Jeffrey Amherst 장군이 이끄는 영국군에는 베네딕트 아놀드, 이스라엘 푸트넘, 에탄 앨런Ethan Allen, 필립 존 슈일러Phillip John Schuyler 등 훗날 독립전쟁에서 활용될 전쟁 기술을 익히며 복무하던 젊은 미국인 청년들이 여러 명 포함되어 있었다. 이들 영국군 출신 미국 군인들의 영향으로 미국에도 '스코틀랜드 의식Scottish Rite'이라는 프리메이슨 조직이 전해지게 된다.

이름과 달리 스코틀랜드 의식은 프랑스에서 시작되었다. 영국의 박해를 피해 도망친 스코틀랜드인들이 전한 것이다. 프리메이슨 역사가들은 스코틀랜드 의식의 시작은 1754년, 파리 외곽의 클레르몽 지부Chapter of Clermont 설립으로 거슬러 올라간다고 설명한다. 이때 슈발리에 드 본느빌Chevalier de Bonneville이 클레르몽 공작duc de Clermont으로 추대되면서 프랑스의 영국 프리메이슨 총지부장 역할을 맡은 것이다. 프랑스에서는 에레돔Heredom이라고도 불린 스코틀랜드 의식은 25개 등급으로 이루어진 '완성의 의식Rite of Perfection'을 바탕으로 한다. 25등급 중 22개는 상上 등급haut grades이라 불리고 여기에 상징적인 3개의 등급이 더해진다. 완성의 의식에 관련된 문서, 즉 1761년의 비밀 규약은 장교들을 서른세 번째 등급의 '감찰관 원수grand inspector general'로 정하고 있다.

이 문서가 등장하면서 프랑스의 총지부, 그리고 동과 서의 황제들은 에티엔 모랭Etienne Morin이라는 상인에게 공동 '면허'를 내주면서 미국에서 완성의 의식이 확립되게끔 했다. 모랭은 감찰관 원수 등급에 올랐고 다른 감찰관 원수를 임명할 수 있는 권리, 그리고 '완벽하고 장엄한 등급' 제도를 바탕으로 하는 지부를 설립할 수 있는 권한을 받았다. 일년 후, 1762년의 대규약Grand Constitution이 채택되어 영국 프리메이슨의 3개 등급을 포함해 총 25개 등급이 마련되었다. 모랭은 부여받은 권한을 통해 서인도 제도와 올버니, 뉴올리언스, 필라델피아, 찰스턴에 완성의 의식을 만들었다. 또한 모랭은 몇 개 등급을 덧붙여 33개의 등급 체계를 만들었으며 여기서 가장 높은 것은 '최고 대감찰인sovereign grand inspector'이었다.

1786년 5월 1일, 베를린에서 채택된 1786년의 대규약은 '고대의, 그리고 현재 받아들여진 스코틀랜드 의식Ancient and Accepted Scottish Rite'라는 명칭하에 33개 등급으로 이루어져 최고회의Supreme Council의 관리를 받는 의식을 정리하였다. 이를 통해 오늘날 미국에 존재하는 형태의 프리메이슨 구조가 확립되었다.

스코틀랜드 의식이 프랑스에서 발전하는 동안 미국에 뿌리를 내린 영국 프리메이슨은 조지 3세의 군대 조직 내에 형성된 지부들을 통해 성장하였다. 영국 군인들이 미국에 가져온 프리메이슨을 역사가 마이클 베전트와 리처드 레이는 '분위기, 정신력, 태도와 가치의 위계'라 묘사한다. 이들은 《신전과 지부》라는 책에서 '평범한' 식민주의자들이 '인간의 권리'와 사회의 완성이라는 고상한 개념과 접하게 되는 동기는 대부분 군대 내 프리메이슨 지부였다고 썼다. 성 앤드류 지부(그 대표인 조지프 워렌과 다른 회원들이 보스턴 차 사건에 개입되었다)가 만들어진 것, 벙커힐 전투가 벌어진 것, 전체의 절반이 넘는 장군들과 지도자 자신(조지 워싱턴)까지도 프리메이슨이었던 군대가 만들어진 것 등은 모두 미국에 스코틀랜드 의식이 도입된 결과였다.

이때는 어머니 나라인 영국의 프리메이슨이 분열 상태에 놓인 시기이기도 했다. 19세기 초반이 되면서 영국의 고대 및 현대 두 계파는 분열 상태의 문제를 인식하고 조화를 이루고자 노력하기 시작했다. 1809년, 현대파 프리메이슨 총지부는 고대파 회원이 현대파 지부에 가입하지 못하도록 한 규정을 폐지했다. 다음해에는 고대파에서 위원회를 설치해 양쪽의 화합을 강화하기 위한 방안 모색에 들어갔다. 이러한 움직임은 고대파의 총지부장인 아톨Atholl 공작이 물러나고 켄트 공작이 뒤를 이음으로써 가속화되었다. 켄트 공작의 형제인 서섹스Sussex 공작이 현대파의 총지부장이었던 것이다. 두 공작은 모두 조지 3세의 아들이었다. 두 계파의 통일을 위한 최종적 비준은 1813년 12월 27일, 런던의 프리메이슨 홀에서 이루어졌다. 두 계파의 총지부는 따로 만나 나름의 의식 절차에 따라 행사를 시작한 후 중앙 홀로 행진해 나왔다. 존경받는 총지부장들이 앞장을 섰다. 총지부들이 나란히 행진을 끝낸 후 기도를 올렸고 이어 연합법Act of Union이 낭독되었다.

이로써 '영국 고대 프리메이슨의 통일 총지부'의 설립이 공포된 것이다. 이 모임에 앞서 '화해의 지부'는 향후 영국 통일 총지부가 채택할 일반적인 의식 체계를 개발했다. 연합법의 조항들을 보면 근 75년 간 유지되면서 분열을 조장했던 의식과 절차를 양 계파 모두 포기한다는 내용이 들어 있다. 가장 눈에 띄는 것은 앤더슨 규약의 언어가 수정되었다는 점이었다. '모든 회원이 동의하는 종교'라는 표현이 '하늘과 땅의 영광스러운 설계, 그리고 도덕성이라는 성스러운 의무의 수행을 믿는 임의의 종교나 숭배 형식'으로 바뀌었다. 유대교-그리스도교라는 프리메이슨의 토대가 불특정의 이신론으로 대체된 셈이었다.

영국 프리메이슨의 현대파와 고대파의 분열은 미국에도 그대로 반영되었다. 고대파가 장악한 펜실베이니아를 제외하고 나머지 지역은 모두 현대파가 중심이 되었다. 독립전쟁 기간 동안 27개 지부가 새로 생겨났다. 그중 9개는 펜실베이니아에, 2개는 뉴저지에, 3개는 메릴랜드에, 2개는 사우스캐롤라이나에, 하나는 버지니아에, 2개는 델라웨어에 있었고 그밖에 영국군 지부가 하나, 미국군 지부가 7개 있었다. 식민지 고대파와 현대파의 경쟁관계는 영국으로부터 독립하는 문제를 둘러싸고 더욱 첨예해졌다. 현대파는 왕당파 성향이었고 고대파는 대부분 영국과의 단절을 지지했다. 전쟁 말엽, 다수의 왕당파가 영국과 캐나다로 이주해간 탓에 현대파는 거의 해체되다시피 했다. 1786년 9월 25일, 펜실베이니아 총지부는 '분기 대화모임Quarterly communication'에서 '영국 총지부의 승인을 받아 운영된 지부는 이제 영원히 폐쇄된다'고 천명함으로써 영국 총지부로부터의 독립을 선언했다.

벤저민 프랭클린은 영국으로부터의 정치적 독립을 이끌어낸 열정적 지도자였지만 프리메이슨에서는 현대파로 남았다. 이 때문에 그가 사망한 후 고대파는 프리메이슨 의식에 따른 장례식 거행을 거부했다. 프랭클린의 죽음으로 독립전쟁 전 미국의 가장 유명한 프리메이슨의 자리는 전쟁을 승리로 이끈, 그리하여 '식민지는 자유롭고 독립적인 주州가 되어야 한다.'라는 독립선언서의 문구를 현실화시킨 대륙군 장군들에게 넘어갔다.

조지 워싱턴은 헌법이 정한 대로 취임 선서를 하면서 펼쳐진 성경 위에 그 오른손을 얹었다. 〈창세기〉 49장에서 50장, 즉 야곱이 아들들에게 미래를 예언하는 부분이었다. 1767년 영국 왕실 직속 인쇄인인 마크 바스켓Mark Baskett이 런던에서 찍은 그 성경의 첫 장에는 조지 2세의 초상이 새겨진 철판이 붙어 있었다. 두 번째 장에는 '이 신성한 책은 5789년(프리메이슨력) 4월 30일, 미국 초대

오른손을 성경 위에 올리고 선서를 하는 조지 워싱턴의 대통령 취임식 장면.

대통령 조지 워싱턴이 미합중국 헌법을 수호하겠다고 선서할 때 사용되었다. 그 중요한 의식은 뉴욕 주의 자유롭고 수용된 프리메이슨 총지부장이자 뉴욕 주 형평법재판소 소장인 로버트 리빙스턴이 주재하였다.'라고 씌어 있다. 그리고 다음과 같은 구절이 나온다.

명예가 날개를 펼치고 트럼펫 소리가 울리네.
위대한 워싱턴이 바로 여기 있다. 어떤 찬양을 바쳐야 하나?
어떤 명칭을 붙여야 하나? 명예는 잠시 조용해졌다가 말한다.
"그 어느 것도 필요치 않아. 그의 이름 자체가 그 어떤 공허한 명칭보다 큰 힘을 가지니."

구약 경외서를 덧붙이고 당시의 역사, 천문, 법률 자료를 보완한 이 '킹 제임스 판 성경'은 존 스튜어트 등 유명한 장인들이 성경의 장면을 새겨넣은 철 부조판을 다수 포함하고 있다. 이것이 프리메이슨 지부 소유가 된 것은 1770년 11월 28일, 조너선 햄튼 Jonathan Hampton이 기증한 이후이다.

이 성경은 이후 워렌 하딩Warren Harding(1921년), 드와이트 아이젠하워(1953년), 지미 카터(1977년), 조지 H. W. 부시(1989년) 등 여러 미국 대통령 취임식에 사용되었다. 2001년의 조지 W. 부시 대통령 취임식에도 등장할 예정이었지만 비 때문에 취소되었다. 취임식 외에 공공 행사나 프리메이슨 기념식에도 이 성경이 사용되었다. 몇 가지만 예를 들어보면 1799년 12월 31일의 조지 워싱턴 장례식, 1840년 10월 14일의 뉴욕 크로톤Croton 상수원 연결식, 1867년 6월 24일의 보스턴 프리메이슨 건물 개관식, 1869년의 필라델피아 프리메이슨 건물 개관식, 1885년 2월 21일의 워싱턴 기념비 개막식(1998년의 재 개막식), 1891년 5월 21일의 뉴욕 유티카Utica 프리메이슨의 집 기공식 등이 있다. 성 요한 지부가 첫 모임을 가지고 최초의 제 3등급을 수여했던 1909년 9월 18일의 뉴욕 프리메이슨 홀 개관식에도 이 성경이 사용되었다. 여러 곳에서 전시되기도 하였는데 예를 들어 1964년의 뉴욕 세계박람회, 버지니아 랭글리의 CIA 본부, 2001년 텍사스 부시 도서관에서 열린 '저명 부자父子' 전시회 등이 있다. 성 요한 지부가 사용 중이거나 이동 전시 중인 경우가 아니라면 이 성경은 과거 워싱턴이 취임선서를 했던 곳, 오늘날의 뉴욕 페더럴 홀에 상설 전시되어 있다.

1793년 9월 25일, 워싱턴은 자신의 이름을 딴 도시에 세워질 의회 건물 기공식에 참석하기 위해 뉴욕을 떠났다. 그는 〈콜럼비안 미러 앤 알렉산드리아 가제트Columbian Mirror & Alexandria Gazette〉지가 사상 최대 규모의 프리메이슨 행렬이라 부른 행사의 중심인물이 되어야 했다. 신문 기사의 보도는 다음과 같았다.

> 10시 경, 9번 지부는 버지니아 22번 지부의 전체 구성원으로 이루어진 무리를 맞아들인 후 곧 포토맥 강 남쪽 둑으로 향했다. 최근에 조직된 의용 포병대가 곧 등장할 미합중국 대통령을 맞이하기 위해 행진했다. 포병대는 대통령에게 경례를 했고 대통령은 포토맥 강을 건너 메릴랜드 땅으로 가 버지니아 22번 지부, 그리고 대

통령 자신이 이끄는 매릴랜드 9번 지부 형제들과 관료들의 영접을 받았다. 악대가 앞장을 서고 뒤쪽에는 알렉산드리아 의용 포병대가 자리잡은 행렬이 장엄한 행진을 시작해 워싱턴 시 대통령 광장으로 향했다. 행렬은 조지프 클라크 총지부장 형제가 이끄는 워싱턴 시 15번 지부와 만나 인사를 나누었다. 선도 역할을 맡은 워시 스티븐슨C. Worthy Stephenson의 신속한 조치 덕분에 잠깐 사이에 행렬이 다시 정비되었다. 그리고 행렬은 화려하게 차려입은 남녀 구경꾼들 사이를 통과했다.

행렬은 워싱턴 시의 측량조사 부서, '조지타운'의 시장과 관리들, 버지니아 포병부대, 워싱턴 시의 국장들과 그 직원들, 석공, 기계공, 칼을 받들어든 사람 둘, 1~3 등급의 프리메이슨 회원들, '커다란 쿠션 위에 놓인 성경과 기타 물품'을 운반하는 이들, 지팡이를 든 이들, 밴드, 열을 지어 선 버지니아 22번 지부 회원들, 옥수수 포도주 기름을 든 사람들, 버지니아 22번 지부의 대표와 조지 워싱턴으로 이루어졌다.

신문 보도는 다음과 같이 이어졌다.

행렬은 2열 종대로 움직였다. 음악이 연주되고 북이 울리며 색종이가 휘날리는 기쁨의 분위기였고 동시에 엄숙한 권위도 느낄 수 있었다. 대통령 광장에서 출발한 행렬이 워싱턴 시의 의사당에 이르자 정지 구호가 떨어졌고 이어 행렬의 왼쪽 열은 왼쪽으로 한 걸음, 오른쪽 열은 오른쪽으로 한 걸음을 움직였다가 마주보고 서서 긴 통로를 만들었다. 그 사이로 큰 칼을 든 사람이 앞장서 지나가고 버지니아 22번 지부 대표와 미합중국 대통령이 뒤따랐다. 행렬을 이루었던 이들은 조금 전까지와 반대 순서로 대통령 광장에서부터 의사당의 남동쪽으로 이동했다. 포병대는 분열하여 각자 정해진 위치로 가서 대포 발사 준비를 했다. 미합중국 대통령과 버지니아 22번 지부장은 거대한 돌의 동쪽에 섰다. 모든 프리메이슨 회원들은 서쪽을 향해 원을 그리고 선 채 잠시 침묵을 지켰다. 포병대가 일제히 대포를 발사했다. 관료들은 커다란 은 접시를 받아 그 위에 새겨진 글씨를 읽었다.

'미합중국 워싱턴 시의 의사당을 위한 이 남동쪽 주춧돌을 1793년 9월 18일에 놓다. 이는 미국이 독립한 지 열세 해째이자 조지 워싱턴의 두 번째 대통령 임기 첫해이다. 조지 워싱턴은 그 군사적 용맹이 그러했듯 행정력에서도 조국에 크게 기여하였다. 프리메이슨 5793년, 메릴랜드 총지부 및 산하 지부, 버지니아 알렉산드리아의 22번 지부. 토머스 존슨, 데이비드 스튜어트, 대니얼 캐롤, 관료들, 임시 총지부장 조지프 클라크. 제임스 호밤과 스티븐 할레이트가 설계하고 명장 콜린 윌리엄슨이 제작함.'

포병대가 다시 대포를 쏘았다. 은 접시는 대통령에게 전달되었고 임시 총지부장 및 가장 신심 깊은 지부장 세 사람의 인도를 받으며 대통령은 의사당 주춧돌 위에 은 접시를 놓았다. 그 위로 옥수수, 포도주, 그리고 기름을 부었다. 모두가 경건한 기도에 참여했고 이어 프리메이슨 노래 제창이 있은 후 다시 축포가 울렸다.

이어 모두들 옆쪽 천막으로 이동했다. 무게 500파운드의 황소 한

7장 형제들, 갈라지다 115

마리가 바비큐로 구워지는 중이었다. 풍족한 식사를 마음껏 즐긴 뒤 다시금 포병대가 축포 15발을 연이어 발사하는 것으로 행사가 종료되었다. 해가 지기 전, 행사 참여자들은 미래에 대한 희망을 안고 헤어졌다.

공식적인 프리메이슨 의식 절차에 대한 기록 중 가장 오래된 것은 1738년 8월 2일, 에딘버러 왕립병원 기공식에서 스코틀랜드 프리메이슨 총지부장인 크로마티Cromarty 백작이 주춧돌을 놓았다는 이야기를 다룬다. 그 의식은 66년 후인 1804년, 알렉산더 로리Alexander Lawrie가 쓴 《프리메이슨의 역사》에서 설명된다. 이는 아주 단순한, 원시적이라고까지 할 만한 의식이었다.

일행이 건축 부지에 도착했다. 총지부장과 그 형제들이 손을 잡고 건물 기초가 될 부분 주위에 둘러섰다. 총지부장은 왕립병원 대표자와 함께 건물 기초의 동쪽 모서리에 가서 바닥에 주춧돌을 놓았다. 시장이 그 아래 메달을 놓은 후 모두들 순서대로 그 돌 앞을 지나며 철 망치로 돌을 세 번씩 쳤다. 그리고 그때마다 트럼펫이 세 번 울리고 만세 삼창, 박수 세 번이 뒤따랐다.

제임스 앤더슨의 규약에도 이와 비슷하게 단순한 행사에 대한 설명이 있다. 1721년 3월 19일에 열린 그 행사에 영국 총지부는 직접적인 관련이 없지만 말이다. 기록은 다음과 같다.

솔즈베리Salsbury 주교가 행렬에 참여해 모두가 지켜보는 가운데 첫 주춧돌을 놓았고 망치로 두세 번 두드렸다. 그 소리에 맞춰 트럼펫이 울렸다. 주교께서 장인들에게 내리는 선물로 100기니가 든 지갑을 돌 위에 얹자 커다란 함성이 울렸다.

의사당의 주춧돌을 놓는 행사는 윌리엄 프레스턴William Preston이 《프리메이슨 삽화Illustrosions of Masonry》를 런던에서 발행한 1772년, 그리고 토머스 스미스 웹Thomas Smith Webb이 《프리메이슨 모니터》(프레스턴의 책을 미국 프리메이슨에 맞도록 수정한 것) 첫 판을 뉴욕 올버니에서 발행한 1797년 사이에 열렸다. 다시 말해 의사당 기공식 계획을 짜던 프리메이슨 회원들은 프레스턴의 책을 볼 수 있었던 것이다. 물론 이들에게 더욱 친밀한 것은 존 리드John K. Read가 기공식 두 해 전인 1791년, 버지니아 리치몬드에서 발행한 《새로운 아히만 레존New Ahiman Rezon》이었다. 버지니아 지부들을 위한 지침서로 발행된 이 책은 '미합중국 대통령 조지 워싱턴 각하'에게 헌정된 것이기도 했다.

1772년의 프레스턴 책에서 소개된 기공식 의식과 1797년 웹의 책에 나온 의식은 모두 단순하다. 프레스턴은 참석자를 총지부에 한정시킨 반면 웹은 사설 지부의 회원들도 얼마든지 참석할 수 있다고 하였다. 웹의 의식에는 옥수수, 포도주, 기름이 사용되고 총지부장이 '모양 좋고 진실하며 믿을 만한' 주춧돌인지를 확인하는 절차가 들어간다. 프레스턴과 웹 모두 일꾼들에 대한 왕의 관대한 태도를 언급했고 자원자 위주의 일꾼 선발 방식도 언급하였다. 이

알렉산드리아 지부의 요청으로 윌리엄 조지프 윌리엄스가 그린 조지 워싱턴의 초상화.

는 예루살렘의 두 번째 성전 준비 상황을 설명하는 〈에스라서〉 3장 7절(이에 석수와 목수에게 돈을 주고 또 시돈 사람과 두로 사람에게 먹을 것과 마실 것과 기름을 주고 바사 왕 고레스의 명령대로 백향목을 레바논에서 욥바 해변까지 운송하게 하였더라)에 바탕을 둔 것으로 보인다.

워싱턴이 프리메이슨 회원이라는 시각적 증거는 1794년 윌리엄 윌리엄스가 그린 초상화에 나타난다. 알렉산드리아 지부의 요청에 따라 워싱턴은 프리메이슨 예복을 입고 자세를 취했던 것이다. 또한 워싱턴이 1797년 3월 18일, 알렉산드리아 지부에서 온 대표단을 영접했으며 1798년 4월 1일에는 지부 연회에 참석해 건배를 제의했다는 기록도 남아있다.

워싱턴은 "죽고 난 후 행진이나 조사 같은 것 없이 소박하게 묻어달라."는 유언을 남겼지만 프리메이슨 지부가 주최하는 장례가 결정되었다. 추모객들은 날이 맑을 경우에는 수요일 12시에, 그렇지 않으면 목요일 12시에 마운트 버논으로 오라는 연락을 받았다. 12월 18일 수요일, 아침 일찍 알렉산드리아 지부 회원들은 마운트 버논을 향해 출발했고 1시 경 도착했다. 두 시간 후 보병들, 목사, 기수 없이 안장만 얹은 워싱턴의 말을 포함한 말 여러 필, 군악대, 영구차, 추모객 수십 명으로 이루어진 공식 행렬이 만들어졌다.

언덕에 만들어진 소박한 붉은 벽돌무덤에서 알렉산드리아의 크라이스트 교회에서 나온 토머스 데이비스 목사가 감독파 교회 방식의 장례 절차를 주도했다. 그후 알렉산드리아 장로교회의 제임스 뮤어 목사와 엘리샤 딕 박사가 프리메이슨 전통 장례 의식을 진행했다. 마지막 작별을 위해 고인 얼굴을 가렸던 천이 잠깐 동안 걷어 올려졌다. 며칠 후 뮤어는 다음과 같은 기록을 남겼다.

영웅이 영광스럽게 걸어 들어왔던 길고 높은 회랑에 이제 천으로 덮인 시신이 누워 있다. 침착하고 고요한 얼굴 표정은 최근까지 그 몸에 깃들었던 영혼의 위엄을 억누르는 듯하였다. 조국에 봉사한 그에게 마지막 슬픈 작별을 고하는 이들이 그 얼굴을 바라보았다. 제대한 보병과 기병들, 포토맥 강변에 열을 지어 선 대포 열한 기는 흙으로 돌아가는 미합중국 군 통수권자에게 마지막 경의를 표하였다.

독립전쟁 당시 워싱턴의 부관을 지낸 헨리 리Henry Lee는 "전시에도 첫 번째, 평화 시에도 첫 번째, 국민들의 가슴 속에서도 첫 번째니 누구에게도 첫 번째 자리를 내주지 않는 분"이라는 말로 워싱턴을 추모했다. 토머스 제퍼슨은 "전체적으로 완벽하다고 할 수밖에 없는 인물이었다. 나쁜 점은 전혀 없었고 서툰 점도 거의 없었다. 타고난 천성과 운이 이토록 완벽하게 어우러져 영원히 기억될 위대한 인물을 만들어낸 사례는 지금껏 없었다."라고 하였다.

곳곳의 프리메이슨 지부들은 공식 추도 행사를 열었다. 그중 펜실베이니아에서 있었던 추도 행사는 근 50년이 지나 새뮤얼 디 위즈Samuel De Wees 대령이라는 사람이 남긴 기록에서 상세히 묘사되었다.

그 슬픈 소식이 전해지자마자 리딩Reading 군청에서 모임이 개최되어 장례 행렬을 조직하기로 하였다. 프리메이슨 회원들은 각 지부에 모여 행렬에 참가할 계획을 짰다. 뛰어나고 모범적인 형제 한 사람이 지상의 지부를 떠나 성스럽고 영광스러운 하늘의 지부로 올라갔고 이제 그 마지막 장례 절차가 진행되는 참이었으니 게으름을 피우고 있을 수 없었다. 자원자 두 팀이 꾸려졌다. 행렬의 순서는 다음과 같았다. 우선 군대가 앞장을 서고 관, 프리메이슨 회원들, 관료들, 그리고 시민들이 차례로 뒤따른다. 행렬은 전체 길이가 1마일은 족히 되었다. 교회 안으로 들어선 후에는 음악이 울리는 가운데 군인들이 관을 설교단 앞에 가져다놓았다. 12명에서 20명 사이의 목사들이 행사에 참여하였다. 조사가 낭독되고 행렬은 다시 교회를 떠나 필라델피아 거리 및 다른 거리들을 지난 후 미리 준비된 무덤으로 갔다. 군대식 경례와 함께 관이 내려지고 워싱턴의 몸이 흙 속에 들어가자 분위기는 사뭇 근엄하였다.

워싱턴이 사망했을 즈음, 13개 주의 지부들은 스코틀랜드 의식에 치중해 있었다. 이 의식에 대한 미국 최초의 기록은 1753년 12월 22일, 워싱턴이 속한 프레데릭스버그 지부에서 발견된다. 워싱턴이 사망하고 2년이 흐른 1801년 5월 31일, 사우스캐롤라이나 찰스턴에서 '세계 최고위원회Mother Supreme Council of the World'가 창설되었고 33개 등급 제도가 확립되었다. 리드비터는 《프리메이슨과 고대 신비 의식》이라는 책에서 이 등급 제도가 '회원들에게 가장 중요하고 영광스러운 것'이라 묘사한 바 있다.

8장
프랑스인, 교황 그리고 프린스 홀

FREEMASONS

프리메이슨의 역사에서 프랑스가 퍽 중요한 역할을 맡고 있긴 하지만 그렇다고 이 비밀 결사가 프랑스에서 생겨났다는 증거는 없다. 18세기 초 영국의 신사들이 프랑스로 건너가 비밀 지부를 결성하고 이것이 프랑스 신사들의 환영을 받았다고 주장하는 역사가가 있기는 하다. 즉 1728년 5월에서 7월 사이에 모든 프랑스 지부들은 프랑스의 영국 총지부라는 이름 아래 모였고 그 총지부장은 런던 총지부장을 지냈던 워튼Wharton 공작이었다는 것이다. 이와 달리 프랑스의 최초 지부들은 생제르맹 앙레 St.-Germain-en-Laye로 추방당했던 스코틀랜드와 아일랜드 출신 근위대원들이 만들었다는 주장도 있다.

프랑스의 영국 총지부는 1738년에 처음으로 프랑스인 총지부장을 맞는다. 이 해는 또 다른 의미에서도 중요하다. 4월 28일, 바티

칸에서 나온 교황 클레멘트 12세의 교서 때문이다. 그 회칙은 다음과 같이 시작된다.

스스로를 프리메이슨이라 부르는 조직 혹은 단체 혹은 모임이 날로 퍼져나가 힘을 얻고 있다는 소식이 들린다. 종교나 종파와 무관히 자연의 모습에 만족하는 이들이 모여 나름의 법칙과 규정에 따라 강력한 유대 관계를 맺고 혹은 성서를 둔 서약으로, 혹은 가혹한 처벌이라는 방법을 통해 자신들의 모임을 비밀스럽게 유지한다. 하지만 이렇게 자신을 감추는 것은 범죄의 속성이다. 따라서 이 조직 혹은 모임은 신자들의 마음에 커다란 의혹을 낳고 성실하고 고결한 사람은 누구나 이것을 타락으로 본다. 악을 행하지 않는다면 그토록 빛을 미워할 까닭이 없지 않은가. 실제로 몇몇 국가에서는 이 단체가 공공 안전에 반한다고 판단하여 폐쇄시켰다는 이야기도 돌고 있다.

귀족 집안 출신인 클레멘트 12세(본명은 로렌초 코르시니Lorenzo Corsini이다)는 피사대학에서 법학을 공부했다. 로마의 카스텔 산탄젤로Castel Sant' Angelo('천사의 성'이라는 뜻임) 성의 법률-재정 담당을 거쳐 클레멘트 11세를 보좌하다가 1730년에 교황 자리에 올랐다. 성 베드로의 관을 쓰게 되었을 때 거의 장님이나 다름없을 정도로 노쇠했던 그는 곧 침대에 누워 업무를 보게 되었다. 바티칸의 재정 상황을 개선하기 위해 그는 부패한 성직자들이 과거에 빼돌렸던 것을 모두 반납하도록 했다. 그 결과 엄청난 돈이 거두어지자

수많은 건물들을 건축하고, 로마 근교의 미화 작업, 도로 포장, 미술관 지원, 이탈리아 안코나Ancona 항구 건설 등의 사업을 벌였다.

'(프리메이슨과 같은) 이러한 비밀 결사체나 집회는 사회의 평화뿐 아니라 영혼의 안녕에도 자주 커다란 피해를 미치게 마련이다. 하지만 그 어떤 사회적·종교적 제재도 이루어지고 있지 않다.' 라는 점을 언급하면서 클레멘트 12세는 '이러한 자들이 마치 집에 숨어드는 도둑처럼, 포도밭을 망치러 오는 여우처럼 교회를 위협하지 않도록 밤낮으로 지키는 것이 신자와 성직자들의 임무' 라는 예수의 경고를 인용했다.

'순박한 자들의 마음이 동요하지 않도록, 순결한 자들이 그 화살에 상처입지 않도록, 또한 사악한 자들에게 대로를 열어주지 않도록 하기 위해' 교황은 다음과 같은 결정을 내렸다.

> 따라서 우리는 성스러운 로마교회 추기경들의 조언을 얻고 우리 스스로 얻은 지식을 바탕으로 깊이 숙고한 끝에 프리메이슨이라고 하는 이 조직 혹은 단체 혹은 모임을 금지한다. 이는 영원히 유효한 우리 교회법을 바탕으로 한 결정이다.

하지만 교황의 금지 결정에도 불구하고 프리메이슨은 계속 프랑스에서 활동했다. 1740년에는 지부 수가 200개를 넘었고 그 중 22개는 파리에 있었다. 1754년, 슈발리에 드 본느빌은 프리메이슨이 성전 기사단의 후예임을 천명하면서 파리에 스코틀랜드 의식 지부를 만들었다. 그리고 1756년이 되자 프랑스의 영국 총지부는 완벽한 자치권을 행사하는 프랑스 총지부로 바뀌었고 스코틀랜드 의식을 따르겠다고 공언했다. 영국과 미국에서 그랬듯 프랑스의 프리메이슨도 고대파와 현대파로 분열되었다. 그리고 《프리메이슨 사전》에서 로버트 매코이가 기술한 바에 따르면 그 분열의 결과는 지부장의 '변덕에 따라' 관리되는 지부들, 지부 설립 승인의 남발이었다. 후자의 문제는 특히 심각해 '대체 어느 지부가 제대로 된 법적 존재인지 알 수 없는' 지경에 이르렀다고 한다. 1772년, 프랑스 총지부는 프랑스 본부Orient라고 이름을 바꾸고 '프랑스 프리메이슨 공식 법규'를 채택했다. 하지만 이러한 변화에 반대하는 회원들은 따로 모임을 유지하며 프랑스 총지부라는 명칭을 고수했다. 서로 정통성을 주장하는 양측의 갈등은 1789년 프랑스혁명으로 급작스럽게 가라앉았다. 왕정을 끝내고 공화 체제를 수립하려는 유혈 혁명 과정에서 프리메이슨의 조직 문제는 뒤로 비켜날 수밖에 없었다. 고대파와 현대파의 분열은 1799년 6월 28일, 통합 결정이 내려지고 총지부가 본부로 흡수되면서 끝이 났다. 프랑스 프리메이슨은 나폴레옹 보나파르트 황제 치하에서 번성기를 누렸다. 브뤼넷Brunet은 프리메이슨 겨울 축제에서 나폴레옹이 1805년에 오스트리아 및 러시아 군을 물리친 아우스터리츠의 영광적인 승리를 기리는 시를 읊기도 하였다.

나폴레옹, 신들조차 전율하네.
이 신성한 전쟁의 함성 소리는 곧 영국의 심장을 꿰뚫게 되리.
나폴레옹, 만세!

프리메이슨 행사에서 이러한 시가 낭독되었다는 것은 프랑스 본부가 1723년의 앤더슨 규약을 수용하기는 했어도 공식 모임에서 정치적 논의를 해서는 안 된다는 내용에 관한한 자유방임 입장이었음을 보여준다. 하지만 '회원이 우둔한 무신론자이거나 종교를 부정하는 자유사상가여서는 안 된다'라는 규정만큼은 충실히 따랐다. 그리하여 규칙은 프리메이슨 회원이라면 '모두가 동의할 수 있는 종교'를 따라야 하고 '특정한 견해'를 자신의 문제로 남겨두어야 한다는 것이었다. 종교를 이유로 회원 자격을 박탈할 수 없었지만 모든 회원은 '하늘과 땅의 영광스러운 건축가'에 대한 신앙을 고백해야 했다.

비정통 신자는 회원으로 가입할 수 없도록 한 규정은 영국과 프랑스의 프리메이슨이 갈라지는 요인이 되었다. 문제는 프랑스 본부가 무신론자도 받아들이게 된 1870년 후반에 시작되었다. 프랑스 본부는 또한 유럽 지부들을 위한 수정 의례에서 '영광스러운 건축가' '가장 높은 존재' '창조적 원칙'과 같은 표현을 삭제해버렸다. 단일 의식으로 국한되지 않는 입장을 취했던 프랑스 지부들에 대해 프리메이슨 역사가들은 '다양한 의식을 메뉴로 제공했다'는 표현을 쓰기도 한다.

이러한 차이는 결국 프랑스와 미국의 프리메이슨 사이에도 갈등을 낳았다. 1차 세계대전이 발발하면서 수천 명의 미국인들이 참전을 위해 프랑스로 몰려들었기 때문이다. 독립전쟁에서 프랑스가 주었던 도움을 기억하며 미국인들은 "라파예트여, 우리가 왔다!"라고 외치곤 했다. 이들 중 많은 수가 프리메이슨 회원이었고 따라서 무신론자도 받아들이는 프랑스 본부의 정책은 '문화적 충격'을 안겨주었다.

프리메이슨 역사가인 폴 베셀Paul V. Bessel(조지 워싱턴 프리메이슨 국립 기념관의 도서관 직원이자 프리메이슨 도서관 및 박물관연합회 총무로 일하고 있다)은 미국과 프랑스 프리메이슨의 관계사를 다룬 글에서 이와 관련해 '(인종과 프리메이슨이라는 두 가지를 예외로 한다면) 인정認定과 규칙이라는 주제만큼 미국 프리메이슨 회원들 사이에 많은 논란을 불러일으켰던 것은 없다.'라는 분석을 내놓기도 하였다.

미국 프리메이슨에서 흑인이 등장한 역사는 독립선언보다 한 해 앞선다. 프린스 홀Prince Hall이라는 미국 흑인이 다른 자유 흑인 14명과 함께 아일랜드 군대 지부에서 회원 가입을 마친 것이다.

프린스 홀의 생애에 대해서는 알려진 내용이 별로 없다. 공식 출생 기록은 없으며 서인도 제도 바베이도스에서 1748년 9월 12일에 태어난 것으로 추측된다. 1765년에 아프리카에서 보스턴으로 실려와 윌리엄 홀이라는 사람에게 노예로 팔렸다. 이 주인은 1770년에 그를 해방시켰다.

독립전쟁 동안 프린스 홀은 대륙군에 복무했고 벙커힐 전투에도 참가한 것으로 추측된다. 홀을 비롯해 441번 군 지부에서 프리메이슨에 가입한 총 15명의 흑인들은 1번 흑인 지부로서 모임을 가질 권한을 부여받았다. 이들은 사이러스 존슨Cyrus Johnson, 부에스톤 슬링어Bueston Slinger, 프린스 리즈Prince Rees, 존 캔튼John Canton, 피터 프리먼Peter Freeman, 벤저민 타일러Benjamin Tiler, 더프

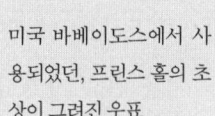

미국 바베이도스에서 사용되었던, 프린스 홀의 초상이 그려진 우표.

러폼Duff Ruform, 토머스 샌터슨Thomas Santerson, 프린스 레이든Prince Rayden, 캐토 스피인Cato Speain, 보스턴 스미스Boston Smith, 피터 베스트Peter Best, 포턴 하워드Forten Howard, 리처드 티틀리Richard Titley였다. 전쟁이 끝난 후 프린스 홀은 영국 제1 총지부에 자신들의 조직을 승인해달라고 탄원했다. 1787년 4월 29일, 보스턴으로 승인 답신이 왔다. 한 주 뒤인 5월 6일, 459번 흑인 지부가 만들어졌다.

텍사스 프리메이슨 회원들을 위해 쓴 프린스 홀 관련 글에서 로버트 코너스 2세Robert E. Connors Jr.는 당시의 영국 프리메이슨에게는 배타적 영토 관할이 정해진 원칙이 아니었고 따라서 보스턴의 흑인 지부는 모母 지부로서 다른 지부들을 만들고 마치 유럽 지부 지부장들이 그렇듯 그 신생 지부들을 승인할 권한을 가졌다고 설명한다. 곧 펜실베이니아, 로드아일랜드, 뉴욕에 흑인 지부들이 탄생했다.

1791년 6월 24일, 보스턴에서 북미 흑인 총지부가 생겨났다. 총지부장은 프린스 홀이었다. 이것은 매사추세츠 단일 총지부가 만

8장 프랑스인, 교황 그리고 프린스 홀 131

들어지기 한 해 전의 일이었다. 1827년, 45년 전 매사추세츠 총지부가 그랬듯, 보스턴의 흑인 지부도 영국 총지부로부터의 독립을 선언했다.

재산 보유자이자 등록된 투표권자로서 프린스 홀은 보스턴에서 흑인 어린이를 위한 학교 설립 운동을 벌였다. 이를 위해 자기 집에 학교를 열기도 하였다. 또한 자유흑인이 납치되거나 다시 노예로 팔리는 일이 없도록 법제화해달라는 청원을 내 성과를 거두었다. 어느 전기 작가는 그가 흑인 감리교회 목사였다고 쓰기도 하였으나 그런 기록은 남아 있지 않다. 1807년 8월에 매사추세츠 서폭Suffolk 지역에서 작성된 서류에서 프린스 홀은 자신이 가죽 무두장이였고 1762년 11월에 조합 교회Congregational Church에 다니도록 허락받았다고 진술했다.

프린스 홀은 1807년 12월 4일에 사망했다. 다음해, 그를 기념하기 위해 프리메이슨 총회법에 의거, 북미 흑인 총지부가 매사추세츠 프린스 홀 총지부로 바뀌었다. 1869년, 화재로 매사추세츠 총지부 본부 건물이 파괴되었다. 다행히 보관 상자 안에 다시 금속통을 넣어 보관했던 총지부 증명서는 보존되었다. 총지부장 켄달 S. T. Kendall이 불타는 건물 안으로 기어들어가 이미 숯덩이가 되어버린 상자를 꺼내온 것이다. 그 이후 증명서는 보스턴의 은행 금고에 들어가 있다.

오늘날 전세계적으로 44개나 되는 프린스 홀 총지부가 존재한다. 하위 지부는 5,000개를 헤아리고 회원 수만도 30만 명이 넘는다. 오랫동안 미국의 흑인 교회와 프린스 홀 지부는 흑인 공동체의 가장 강력한 양대 대표 조직이었다. 프리메이슨 프린스 홀 지부들은 교회 예배 장소, 혹은 흑인을 대상으로 한 읽기와 쓰기 교육 장소로 사용되어왔다. 흑인 프리메이슨 회원들은 젊은 흑인 남녀 학생들이 대학에서 공부할 수 있도록 재정적 지원을 하고 지역사회에서 자선사업을 벌이며 다양한 사회 문화 프로그램을 후원하고 있다.

미국의 흑인 프리메이슨 조직을 만든 이가 태어난 지 3년이 지났을 때 교황 베네딕트 14세가 클레멘트 12세의 프리메이슨 금지 정책을 다시 폈다. 프랑스의 지부들은 과거에 그랬듯 이번에도 여기에 별다른 주의를 기울이지 않았다. 하지만 유럽의 다른 지역에서는 교황의 이 교서가 반反프리메이슨 운동에 불을 붙였다. 그 중심에는 프랑스혁명의 자유·평등·형제애 사상을 지지하고 미국 독립전쟁을 옹호한 프리메이슨을 커다란 위협으로 여기게 된 전제 군주들이 있었다. 프리메이슨을 적대시하는 상황에서 일어났고 오늘날까지 수수께끼로 남아 있는 사건이 바로 젊은 오스트리아인으로 음악의 천재였던 어느 프리메이슨 회원의 죽음이다.

9장
<마술피리>의 수수께끼

FREEMASONS

교황 베네딕트 14세의 금지령이 내려진 지 몇 주 만에 스페인과 나폴리 왕국도 프리메이슨 활동을 금지했다. 오스트리아 헝가리 제국에서는 독실한 가톨릭 신자인 마리아 테레지아 여제가 압박을 가해왔다. 최초의 오스트리아 지부는 독일 총지부의 승인을 받아 1742년 비엔나에서 창립되었다. 하지만 교회의 압력으로 인해 곧 폐쇄되는 상황에 처했다. 그로부터 20년이 지난 1762년, 교회에 저항하는 몇몇 지부들이 비엔나와 프라하에 생겨났다. 보헤미아, 헝가리, 트란실바니아의 지부들은 1784년, 베를린 총지부로부터의 독립을 선언하며 비엔나에 오스트리아 총지부를 만들었다.

비엔나에 자리잡은 소규모 지부였던 덕행의 지부 lodge Zur Wahren Eintracht는 제국의 선도적 작곡가를 회원으로 유치했다. 국민들로

모차르트의 초상화.

부터 '아버지'라 불리며 크게 존경받던 프란츠 요제프 하이든이 가입한 것이다. 그가 가입한 지부는 '프리메이슨은 세계 어떤 곳에서든, 어느 통치형태를 가진 나라에서든, 공개적으로나 비밀리에 인류를 위해 봉사한다.'는 입장을 견지하는 곳이었다.

하이든과 어린 음악 천재 볼프강 아마데우스 모차르트는 폰 슈비텐 남작이 1781년, 비엔나에서 개최한 요한 세바스찬 바흐 음악 감상 모임에서 처음 만났을 것으로 추측된다. 한 역사가는 당시 모차르트는 하이든에게서 '자신이 도달한 수준과 맞먹는 정도의 작곡가이자 신뢰할 만한 따뜻한 친구의 모습'을 발견했다고 적었다. 하이든은 모차르트에게 조언과 비평을 아끼지 않았고 모차르트는 아버지 레오폴드를 포함해 다른 어떤 사람보다도 하이든의 의견을 중요하게 여겼다. 두 사람은 성격이 판이하게 달랐다. 모차르트는 감정을 참지 못하고 폭발하는 성향이었지만 하이든은 상대적으로 차분한 편이었다. 하이든은 오페라 〈아르미다Armida〉

가 자신의 최고 작품이라 생각했지만 모차르트가 쓴 몇몇 오페라를 들어본 후 스스로의 부족함을 깨닫고 오페라 작곡의 꿈을 버렸다. 〈돈 조반니Don Giovanni〉가 공연된 1788년 5월 7일 이후 하이든은 모차르트를 세계 최고의 작곡가로 공식 인정했다.

프리메이슨의 주장에 따르면 하이든은 모차르트로 인해 프리메이슨이 되었다고 한다. 이야기는 1784년 2월 12일, 모차르트가 자신의 비엔나 자택에서 파티를 열었던 것으로 시작된다. 참석자 중에는 프리메이슨 회원 세 사람과 하이든이 포함되어 있었다. 하이든은 비엔나에 사는 자신의 친구와 지인들이 다수 소속된 이 단체에 이미 관심을 가진 상태였다. 1784년 12월 29일, 하이든은 정식으로 입회를 신청했다. 입회 의사를 전달하는 편지에서 하이든은 '이미 오래 전부터 인본주의, 그리고 기타 현명한 원칙들을 견지하는 이 단체에 대해 긍정적으로 생각하며 가입을 희망해왔습니다. 귀 지부가 정해진 절차를 밟아 제 바람을 이루어주시기를 부탁드립니다.'라고 썼다.

이 편지로 인해 하이든은 이미 여러 음악가들이 소속되어 있던 덕행의 지부 회원 후보가 되었다. 1785년 1월 1일에 열린 지부 회의록을 보면 가입 희망자인 프란츠 요제프 하이든과 할베르크 폰 브뤼셀 남작의 이름을 '지부 내에서 회람' 하기로 결정되었다는 기록이 있다. 1월 24일에 열린 회의에서 하이든의 회원 가입 일시가 1월 28일로 결정되었다. 모차르트는 기꺼이 입회 의식에 참석해 축하할 마음이었을 것이다. 하지만 하이든 자신이 참석하지 못하는 상황이 빚어졌다. 갑작스럽게 헝가리의 니콜라스 에스테르하지Esterhazy 공작 궁에 가야 했던 것이다. 불참을 사과하는 편지에서 그는 '비효율적인 우편 체계로 인해 초청장이 너무 늦게 도착하고 말았습니다.'라고 상황을 설명했다.

하이든의 가입에 관한 회의록을 보면 '마티아스의 아들로 51세, 5월 1일생, 로마가톨릭 신자, 부르주아 출신, 오스트리아 로라우 출생, 현재 에스테르하지 공작의 예배 음악 담당인 외국인 요제프 하이든을 희망에 따라 오랜 역사를 지닌 영광스러운 조직 프리메이슨에 받아들인다. 이 가입은 단순한 호기심이나 다른 사람의 강요, 혹은 설득에 의한 것이 아니다.'라고 기록되어 있다. 또한 하이든은 '성 요한 지부에 도제이자 형제 프리메이슨으로서' 받아들여진다고 명시되어 있다.

하이든의 가입을 맞아 전쟁부에 소속된 고위 관료였던 요제프 폰 홀츠마이스터Holzmeister 형제가 긴 축사를 했다. 그는 우선 교향악 발전에 있어 하이든의 공적을 치하했다. '음악의 목적은 감정적 고양과 즐거움 제공에 있다'고 설명하면서 그는 '신입 형제는 교향악에서 새로운 지평을 창조했다'고 지적했고 이어 '악기들이 다른 악기의 권리와 특성을 고려하지 않는다면, 또한 함께 움직이는 다른 악기들을 고려해 소리를 낮춰주지 않는다면 교향악의 조화로운 아름다움은 얻을 수 없다'고 하였다.

축사는 프리메이슨에 대한 언급으로 이어진다.

고결한 남자들이 지혜의 샘에서 진리를 찾고 이를 남과 공유하는 모임, 이보다 더 존엄하고 더 즐거운 것을 저는 알지 못합니다. 광

채와 깨달음이 시기를 불러일으키기보다는 감화를 가져오는 모임, 남자들의 악수가 가식적인 거짓 우정이 아닌 위대한 정신적 공유를 상징하는 모임, 편견이나 미움, 음모를 걱정하지 않고 남자들이 서로의 마음을 열 수 있는 모임 말입니다. 그 만남이 모든 구성원에게 즐거움이 되어 만남 후에는 깊은 만족감을 느끼고 또한 기쁜 마음으로 다음 만남을 기다리도록 하는 바로 그런 모임입니다.

조화는 조직 전체의 특징이 될 수 있고, 되어야 합니다. 이는 모든 지부의 중심, 자연에서 아름다움이 표현되는 방식의 핵심입니다. 조화가 없다면 자연 자체가 무너지고 별이 총총한 하늘은 대지와 뒤섞여 혼돈에 빠지고 말 것입니다. 그대, 새로 받아들여진 도제 형제여, 조화라는 하늘의 선물을 특히 잘 깨닫도록 하십시오. 조화의 매력에 대해 더이상 언급할 필요는 없을 것 같습니다. 저는 그저 이 격의 없는 대화를 통해 그대가 이 조직의 조화로움을 확고히 유지하려는 마음을 먹을 수만 있다면 만족할 것입니다.

자신의 가톨릭 신앙이 프리메이슨의 의례와 상충되는 일이 많았기 때문에 하이든은 프리메이슨 내의 사회적 교류에 주로 관심을 두었다. 그는 1787년에 조합을 탈퇴하였는데 이때 모차르트는 형제애 조직에서 가장 인정받는 작곡가가 되어 있었다.

1756년, 오스트리아의 잘츠부르크에서 출생한 모차르트는 어린 나이부터 음악적 재능을 인정받았다. 네 살 때 이미 천부적 자질을 드러내었고 바이올리니스트이자 작곡가였던 아버지 레오폴트

손에 이끌려 하프시코드 수업을 받았다. 다섯 살 때 작곡을 시작했고 여섯 살에는 손색없는 건반 악기 전문 연주자가 되었다. 1762년, 그는 아버지, 누이 마리아 안나와 함께 뮌헨과 비엔나로 가서 연주하기도 하였다. 연주와 작곡을 계속하면서 그는 오스트리아 귀족들의 총애를 받았고 여제 마리아 테레지아를 위한 쇤부른 궁 연주를 포함, 수많은 연주회를 치렀다. 10대 시절에 이미 피아노, 하프시코드, 바이올린 일류 주자가 되었고 오라토리오뿐 아니라 교향곡과 오페라까지 작곡하였다. 최초의 대작 오페라인 〈폰토의 왕 미트리다테Mitridate, Re Di Pnto〉는 1770년 밀라노에서 초연되었다. 당시 그의 나이 열네 살이었다. 일년 후 그는 잘츠부르크 지기스문트 폰 슈라텐바흐Seigismund von Schraftenbach 대주교의 교향악단 지휘자로 임명되었다. 하지만 후임 대주교와의 관계가 점차 악화되면서 결국 아버지의 뜻을 거스르고 지휘자 직을 사임하고 만다.

프리메이슨으로서 모차르트가 보냈던 삶은 거의 알려져 있지 않다. 1784년 12월 7일, 덕행의 지부에 도제로 가입한 그는 1785년 4월 11일, 진정한 조화의 지부lodge Zur Neugekronte Hoffhnung에서 아버지와 함께 숙련공으로 승급되었다. 닷새 후 아버지 레오폴트는 다시 세 번째 장인 등급으로 올라갔다.

덕행의 지부에 들어가기 2년 전, 모차르트는 두 대의 클라리넷과 세 대의 바세트 호른을 위한 아다지오를 작곡하였다(1783년). 일부 전기 작가들은 이것이 프리메이슨 의식 진행을 위한 곡이라고 설명한다. 곡의 길이가 지부 입구에 들어서면서부터 정해진 자리까지 걸어가는 과정에 잘 들어맞기 때문이다. 칸타타인 〈너 우주의 영혼에서Dir, Seele des Weltalls〉(1783)는 비회원들이 초청되는 프리메이슨 행사를 위해 만들어진 곡으로 추측된다. 당시 모차르트 역시 프리메이슨에 가입하지 않은 상태였으므로 그 작업을 통해 조직에 대한 관심이 생기고 결국 가입을 희망하게 되었을 것이다. 하지만 프리메이슨을 위한 모차르트의 작곡은 1784년 말에서 1785년 초까지, 즉 회원으로 가입한 후에나 이루어졌다고 주장하는 학자들도 있다.

〈동지를 위해Gesellenreise〉는 진정한 의미에서 모차르트 최초의 프리메이슨 작곡이라 여겨진다. 1785년 3월 26일에 완성된 이 곡은 아버지가 두 번째 등급으로 올라가는 것을 기념한 작품으로 추측되며, 가사는 프리메이슨 회원인 프란츠 조제프가 붙였다. 또한 1785년 4월에 씌어진 〈프리메이슨의 기쁨Die Maurerfreude〉이라는 곡은 '진정한 조화' 지부의 장인이자 금속학에서 세운 업적으로 황제 조제프 2세로부터 상을 받은 학자인 이그나츠 폰 보른Ignaz von Born에게 헌정되었다. 다른 지부 회원들에게 보낸 초대장을 보면 '시와 음악 예술을 통한 유쾌함 속에서 정취를 표현'하기 위해 '우정에 넘치고 즐거운 식사'를 약속하고 있다.

프리메이슨 장례 음악은 1785년 11월에 게오르크 아우구스트 멕클렌부르크-슈트렐리츠 공작과 프란츠 에스테르하지 폰 갈란타 백작이라는 두 프리메이슨 형제들의 장례를 위해 작곡되었다. 모차르트가 작곡료로 생계를 해결하던 시절이긴 했지만 이 곡은 무료로 헌정되었다고 한다. 지부 모임 개회와 폐회를 위한 두 작품 〈사랑하는 형제여, 오늘에야 울어보자Zerfliesset heut, geliebte bruder〉와 〈우리들의 새로운 지도자Ihr unsre neuen Leiter〉는 '새로 세워진 희망'이라는 이름의 신설 지부를 위해 작곡되었다. 이 지부는 조제프 2세가 비엔나의 8개 지부를 3개 이하로 줄이고 각 지부의 회원 수도 180명 이하로 제한하라는 칙령을 내린 후 만들어졌다. 결과적으로 새로운 두 지부인 '진실의 지부'와 '새로 세워진 희망의 지부'는 모차르트와 그 아버지가 가입했던 덕행의 지부 및 진정한 조화의 지부가 합쳐지면서 탄생한 것이었다. 조제프 2세의 칙령에는 각 지부가 모임 장소 및 시간, 참석자 명단을 경찰에 통보해야 한다는 내용도 포함되어 있었다.

억압적인 정책을 펼쳐 프리메이슨과 대립했던 마리아 테레지아 여제의 아들인 조제프 2세는 프리메이슨에 대해 관용적이었지만 총지부장을 맡아달라는 요청은 고사했다. 제국과 프리메이슨의 밀월 관계는 1790년 2월 조제프 2세의 사망까지 계속되었다. 1789년에 일어난 프랑스혁명의 충격과 공포가 유럽 각국을 휩쓰는 가운데 신성로마제국의 왕좌를 물려받은 사람은 조제프의 남동생인 레오폴트 2세였다. 여러 나라의 왕, 황실 중신들, 그리고 로마가톨릭교회는 프리메이슨을 혁명 세력으로 지목하며 새 황제에게 주의를 당부했다. 프랑스로 시집가 기요틴에서 처형당하는 운명을 맞게 되는 여동생 마리 앙투아네트도 '프리메이슨이라는 단체를 조심하세요. 모든 나라가 프랑스와 같은 비극을 맞게끔 하려는 악마들에 대해 이미 경고를 받으셨으리라 생각합니다.'라는 편지를 보내왔다.

1791년 9월 6일의 공식 대관식 이전부터 레오폴트 2세 퇴위 폭동을 구상했던 작곡자 요한 에마누엘 시카네더Johann Emanuel Schikaneder는 모차르트에게 프리메이슨을 널리 선전하는 오페라를 주문했다. 모차르트와 시카네더와의 관계는 1780년까지 거슬러 올라간다. 프리메이슨 연구자인 베른하르트 보이어Bernhard Beuer에 따르면 시카네더라는 인물은 프리메이슨에 '더할 나위 없이 큰 재앙'이었다고 한다. 그는 순전히 '세속적인 이해관계를 위해' 회원에 가입한 것으로 보인다. 그가 쓴 가입 신청 편지는 다음과 같았다.

> 존경하는 여러분, 비밀에 싸여 있음에도 불구하고 고귀함과 지혜가 빛을 발하는 귀 단체에 가입을 희망하는 이유는 호기심도 이기심도 아닌, 가장 진실한 존경심임을 알아주시기 바랍니다. 지혜로운 가르침으로 저를 밝혀주시고 귀 단체에 함께 참여할 수 있도록 해주신다면 더없이 감사하겠습니다.
>
> 보잘것없는 종복從僕
> 요한 에마누엘 시카네더 드림

베른하르트 보이어 박사는 이 편지야말로 시카네더가 조직에 가입해야 했던 필요성을 잘 드러낸다고 주장한다. 극적인 요소와 자기 과시를 좋아하는 성품 또한 잘 나타나 있다.

음악사가들에 따르면 프리메이슨 오페라는 모차르트 시대에 새로 등장한 경향이 아니었다. 요한 고틀리프 나우만의 오페라 〈오시리스Osiris〉 또한 고대 이집트를 배경으로 삼았다. 또한 그 주제도 선과 악의 갈등에 대한 프리메이슨의 시각을 그대로 반영하고 있다.

모차르트가 〈마술피리〉 작곡 일을 맡고 싶지 않다는 의사를 표명했을 때 시카네더는 프리메이슨에 대한 의무를 강조했다고 한다. 결국 모차르트는 응락했고 두 사람은 함께 작업에 들어갔다. 극작가 역할을 맡은 시카네더는 다양한 자료를 이용했다. 〈마술피리〉 줄거리에 대한 연구는 〈지니스탄Dshinnistan〉에 발표한 자콥 아우구스트 리베스킨트의 '루루 혹은 마술피리Lulu oder Die Zauberflote' 까지 거슬러 올라간다. '부분적으로는 재해석되고 수정된, 또 부분적으로는 새로 창작된 여러 가지 이야기를 포함하는' 이 오페라는 이후 비슷한 작업들이 우후죽순 등장하게 만들었다. 그 대표적인 것이 베네딕트 샤크Benedict Schack의 〈현자의 돌Der Stein der Weisen〉이었다. 시카네더는 필립 하프너Phillip Hafner의 1763년 희곡 〈메아그라Meagra〉 또한 알고 있었던 것 같다.

〈마술피리〉는 처녀 파미나를 그 어머니인 밤의 여왕에게서 구해내기 위해 신전으로 데려간 이시스의 현명한 신관 자라스트로에 대한 이야기이다. 여왕은 타미노 왕자가 딸을 구하러 떠나도록 만든다. 타미노는 파미나를 구해 사랑의 결실을 맺고 또한 자라스트로의 덕과 지혜에 감복해 그 제자가 된다.

1막은 숲에서 길을 잃은 타미노가 뱀에 쫓기는 장면으로 시작된다. 왕자는 소리치며 도움을 청하다가("도와줘! 도와줘! 길을 잃었소.") 기진해 쓰러진다. 밤의 여왕을 모시는 세 시녀가 나타나 창으로 뱀을 죽인다("괴물이여, 우리 힘으로 죽어라!"). 시녀들은 모두 왕자에게 반해 왕자를 차지할 계획을 세운다.

정신을 차린 타미노는 새 깃털로 온 몸을 감싼 파파게노를 보게 된다. 〈파파게노〉라는 재미있는 아리아에서 파파게노는 "나는 새 사냥꾼이라네."라고 노래한다. 그리고 타미노에게 밤의 여왕이 가까이 있다고 말해준 후 자신이 뱀을 죽였다고 떠벌린다. 그때 세 시녀가 나타나 거짓말을 꾸짖고 입에 자물쇠를 채워버린다. 왕자는 시녀들이 보여주는 파미나의 초상화를 보고 기쁨에 넘쳐 "불가사의하게 아름다운 그림일세."라고 노래한다.

이어 밤의 여왕이 등장해 자라스트로의 손에서 자기 딸을 구해오라고 말한다("나는 불행하게 태어났네."라는 레시타티브와 아리아). 시녀들은 타미노에게 마술피리를 쥐어주고 파파게노의 자물쇠를 풀어준 뒤 마법의 종을 준다.

다음 장면은 자라스트로의 궁전이다. 파미나는 집요하게 구애하는 자라스트로의 부하 모노스타토스에게 시달림을 당하고 있다. 파파게노가 들어와 어머니가 타미노를 보냈다고 알려준다. 모노스타토스는 파파게노의 기이한 모습에 놀라 도망친다.

타미노 왕자는 신전으로 가는 길에 세 소년의 안내를 받는다. 신전에는 입구가 세 곳인데 두 곳은 그를 거부하고 마지막 세 번째 문에서 고결한 모습의 자라스트로가 나타난다. 파파게노가 파미나와 함께 등장하고 소년들은 도망치려 하지만 모노스타토스가 이를 막아선다. 자라스트로가 들어오자 파미나는 그 발밑에 엎드려 모노스타토스가 구애하며 괴롭혀 도망치려 했노라 고백한다.

모차르트의 오페라 〈마술피리〉의 한 장면을 그린 그림.

자라스트로는 파미나를 이해하지만 놓아줄 수는 없다고 말한다. 그리고 모노스타토스를 벌하고 타미노와 파파게노를 시련의 신전으로 이끈다.

2막이 시작되면 야자수가 무성한 숲에서 승려들이 타미노가 시련을 이겨낼 경우 파미나를 얻을 수 있다는 결정을 내린다(파미나가 거짓 믿음을 퍼뜨리는 어머니에게 돌아가게끔 할 생각은 없다). 이런 내용은 〈오 이시스와 오시리스여〉라는 아리아와 코러스에서 표현된다. 이어 무대는 시련의 신전 정원으로 바뀐다. 타미노와 파파게노가 이겨내야 하는 첫 번째 시련은 침묵이다. 어떤 유혹에도 입을 열지 말아야 한다. 세 시녀가 나타나 두 사람이 입을 열도록 애쓰지만 실패한다. 한편 파미나에게는 어머니 밤의 여왕이 나타나 단도를 주며 자라스트로를 죽이라고 한다(아리아 〈지옥의 복수가 내 가슴에 있네〉). 모노스타토스는 잠자는 타미나를 바라보며 "내가 느끼는 것은 사랑의 기쁨뿐"이라고 노래하면서 억지로 사랑을 구하려 하지만 자라스트로가 〈이 신성한 신전에서〉라는 아리아를 부르며 이를 막는다.

무대는 다시금 시련의 신전으로 바뀐다. 타미노와 파파게노는 다시 한 번 침묵의 시험을 이겨내야 한다. 파파게노는 더이상 참지 못하지만 타미노는 파미나가 말을 걸어도 여전히 침묵한다. 타미노가 대답하지 않자 파미나는 그가 더이상 자신을 사랑하지 않는다고 생각하며 "오, 모든 것을 잃었네."라고 슬퍼한다. 피라미드가 등장하면서(이를 3막으로 처리하는 경우도 있다) 합창단은 〈오 이시스와 오시리스여, 큰 기쁨이여〉를 노래한다. 자라스트로는 파미나와 타미노를 떼어놓는다. 파파게노 또한 아내를 원한다. 그런데 첫 번째 시험 장면에서 나타나 자신이 파파게노의 신부라고 말했던 노파가 다시 등장한다. 이번에는 젊고 예쁜 파파게나의 모습이다. 한편 파미나는 타미노에게 버림받았다고 생각해 자살하려 하지만 소년들이 나타나 가로막는다. 파파게노 역시 자살을 생각하지만 소년들로부터 마법의 종이 파파게나의 본모습을 드러내게 된다는 말을 듣고서 행복하게 춤을 춘다.

갑옷을 입은 두 남자가 타미노를 물과 불의 시련으로 이끈다. 파미나가 나타나 이제 말을 할 수 있게 된 타미노를 보고 기뻐한다. 두 사람은 함께 마술피리의 도움을 받아 물과 불의 시험을 무사히 통과한다. 신전으로 돌아온 두 사람은 자라스트로의 환영과 축복을 받고 오페라도 막을 내린다.

가능한한 다양한 관객들이 〈마술피리〉를 관람했으면 하는 것이 모차르트의 의도였다는 점은 분명하다. 당시 극장은 비엔나 외곽의 여러 건물에 흩어져 있었고 세금도 면제받았다. 오페라 역사 연구자는 모차르트의 관객이 다양했다는 것은 대단히 중요하다고 지적한다. 이는 '오페라가 목표로 하는 계몽의 규모를 대변하기 때문'이라는 것이다. 자라스트로라는 등장인물은 평등, 그리고 공감의 능력을 대표한다.

자라스트로를 고결하고 지혜롭게 그린 것 때문에 모차르트와 프리메이슨 상징주의의 대표자인 이그나츠 폰 보른을 연결시키는 분석이 많이 나왔다. 한편 밤의 여왕은 마리아 테레지아와 연결된다. 그리하여 '계몽 사상 억압을 비판하는 노래가 무대를 가득 채우는 것'이다. 타미노는 사회 계급 간 평등, 그리고 남녀의 결합과 협력을 강조했던 조제프 2세라고 해석된다. 이런 사상은 타미노와 파미나가 시련을 이기고 사제들이 이시스와 오시리스에게 바치는 합창을 하는 장면에서 결실을 맺는다.

오페라 〈마술피리〉는 1790년 9월 30일, 비엔나에서 초연되었다. 당시 모차르트 옆에는 살리에리가 앉아 있었다. 오페라 작곡에 있어 모차르트의 라이벌로 자처하던 살리에리는 이탈리아 레그나노Legnano(당시에는 비엔나 제국 영토였다) 출신으로 비엔나에서 공부했다. 1774년, 그는 궁정 작곡가가 되었고 비엔나와 이탈리아 오페라 하우스를 위한 오페라 작곡으로 명성을 떨쳤다. 〈타라르

Tarare〉(1787)를 비롯해 세 편의 작품으로 파리에서 열렬한 반응을 이끌어내기도 했다. 1790년 10월 14일, 아내 콘스탄츠에게 보낸 편지에서 모차르트는 '서곡에서 마지막 합창에 이르기까지 살리에리가 감탄하며 "브라보!"를 외치지 않은 장면은 하나도 없었소.'라고 썼다.

이 편지를 보냈을 즈음, 모차르트는 발세크Walsegg 백작으로부터 진혼미사곡 작곡 의뢰를 받았다. 모자 달린 회색 망토를 입은 익명의 심부름꾼이 모차르트 집에 찾아와 백작의 말을 전했다. 진혼미사곡 작곡이라는 일, 그리고 수수께끼의 심부름꾼은 모두 모차르트에게 죽음을 생각하게 만들었다는 것이 전기 작가들의 견해이다. 모차르트가 제네바로 떠나기 전날, 회색 망토를 입은 남자가 '마치 유령처럼 나타난' 일은 한층 더 예언적이었다. 최초로 모차르트의 전기를 쓴 프란츠 니메첵Franz Niemetschek은 모차르트가 프라하에서 병이 났고 계속 치료를 받아야 했다고 기록했다. '창백하고 슬픈 표정을 지으면서도' 모차르트는 유머 감각을 잃지 않고 '친구들과 즐거운 농담을 주고받았다'고 한다.

비엔나로 돌아온 모차르트는 '열정적으로' 진혼미사곡을 작곡하기 시작했지만 식구들이나 친구들은 그의 건강 상태나 기분이 점차 나빠지고 있다고 생각했다. 남편의 기분을 바꾸기 위해서 콘스탄체는 마차를 타고 함께 외출하기도 했다. 콘스탄체는 훗날 프란츠 니메첵에게 "남편이 죽음에 대해 자주 이야기를 했고 진혼미사곡 작곡은 결국 자기 장례식을 위한 작업"이라 말했다고 진술했다. 모차르트가 눈물을 흘리며 "난 분명 얼마 살지 못할 거요. 누군가 내게 독약을 먹이고 있는 것 같아. 그 생각을 떨쳐버리지 못하겠소."라고 말했다는 것이다.

그로부터 거의 40년이 지나 콘스탄체는 빈센트와 매리 노벨로라는 친구 부부에게 모차르트는 자신이 '아쿠아 토파나acqua toffana'라는 독약에 중독된 것이라 믿었다고 말해주었다. 비상이 포함되어 독성을 가지는 이 물질은 17세기 나폴리에 살던 토파나라는 여인이 사용했다고 해서 그런 이름이 붙었다. 이 물질은 '아주 효과적으로 급사를 유발' 한다고 한다.

모차르트의 병에 대해서는 처제, 즉 콘스탄체의 여동생인 소피 하이벨도 1825년에 전기 작가에게 말한 바 있다. 그에 따르면 진혼미사곡을 작곡할 때 모차르트가 고열과 부종으로 고생하며 침대에서 일어나기도 어려웠다고 한다. 혀에서 '죽음의 맛' 이 느껴진다고 말했다고도 한다. 손발이 부으면서 시작된 병은 곧 몸을 전혀 움직이지 못하는 상태로 발전했고 이어 격심한 구토가 반복되었다. 모차르트가 숨을 거둔 날, 소피 하이벨이 본 마지막 모습은 제자인 프란츠 크사버 쥐스마이어Franz Xaver Sussmayr에게 진혼미사곡 마무리 방법을 일러주는 것이었다.

모차르트의 죽음이 가까워지자 니콜라우스 클로셋이라는 의사가 불려왔다. 의사는 차가운 물수건을 모차르트 이마 위에 얹었고 이로 인해 큰 쇼크를 입은 모차르트는 영영 의식을 회복하지 못했다. 모차르트의 마지막 행동은 진혼미사곡을 연주하는 듯 팀파니를 두들기는 몸짓이었다고 한다. 그는 1791년 12월 5일 자정 무렵에 사망했다.

모차르트 살해 의혹을 받았던 살리에리.

클로셋 의사를 비롯해 임종을 지킨 그 어떤 의사도 사망 원인이 명시된 사망 확인서를 남기지 않았다. 부검도 없었다. 한 주 뒤 〈무지칼리슈 보헨블라트*Musikalisches Wochenblatt*〉라는 신문에 모차르트 독살설을 언급하는 프라하발 보도가 실렸다. 10년 이상 모차르트의 유명한 라이벌이었던 살리에리가 용의자로 낙인찍혔다. 1825년 살리에리가 사망하기 얼마 전, 쇠약한 살리에리가 죄를 고백하고 자살을 시도했다는 이야기까지 나오면서 소문은 한층 신빙성 있게 여겨졌다.

프리메이슨에 혐의를 씌우는 주장도 있었다. 모차르트가 〈마술피리〉에서 밤의 여왕 역할에 과도한 비중을 두었다는 점, 또한 '갑옷 입은 남자들' 합창에 그리스도교 음악을 사용해 이를 프리메이슨 회원처럼 보이게 했다는 점으로 인해 비밀 결사의 미움을 샀다는 것이었다. 모차르트는 '그로토Grotto'라는 나름의 비밀 지부 설립을 계획했고 프리메이슨이 이를 언짢게 여겼다는 말도 나왔다.

나중에는 모차르트가 〈마술피리〉에서 겉으로는 친프리메이슨 성향을 반영했지만 그 아래 전혀 다른 구성을 숨겨놓았다는 분석도 이루어졌다. 이에 따르면 타미노는 모차르트, 파미나는 마리 앙투아네트이며 파미나를 납치한 이들이 프리메이슨이라고 한다. 여기서 모차르트의 죽음은 레오폴트 2세와 스웨덴의 구스타프 3세를 암살하려는 프리메이슨 음모의 한 부분이었다고 설명된다. 실제로 구스타프 3세는 모차르트가 죽고 몇 달이 지난 시점에서 가면무도회 도중 암살되었다. 이런 주장은 모차르트 사후 80여 년이 지났을 때 골동품 연구자이자 종교광, 반유대주의자인 게오르크 프리드리히 다우머Georg Friedrich Daumer가 펼친 것이었다. 다우머의 연구는 1930년대에 에리히 루덴도르프Erich Ludendorff 장군이라는 나치 지도자에게 압수되었다. 장군은 프리메이슨의 비밀이 유대인이었으며 프리메이슨의 목표는 '독일인의 국가적 자부심을 빼앗고 유대인이 영광스러운 미래를 맞도록 하는 것'이라 확신하는 인물이었다.

군터 두다Gunther Duda 박사가 1958년에 쓴 《맞아, 사람들이 나에게 독을 주었어Gewiss, man hat mir Gift gegeben》라는 책을 보면 프리메이슨 회원이 모차르트의 죽음을 어떻게 보는지 알 수 있다. 모차르트의 죽음을 종합적으로 분석하면서 두다 박사는 모차르트가 프리메이슨 회원이었고 프리메이슨 지부는 불복종하는 회원에게 죽음을 명할 권리를 가지며 모차르트는 불복종한 회원이었고 그의 사망 과정을 보면 충분히 프리메이슨에게 혐의를 씌울 수 있다고 썼다. 이 책은 또한 〈마술피리〉 작곡에 관여했던 요한 에마누엘 시카네더(1812) 및 카를 루트비히 기제케Carl Ludwig Gieseke(1833)의 죽음에도 프리메이슨이 관여했을 것으로 추정하고 있다.

모차르트의 죽음을 음모로 보는 시각에서는 회색 망토를 입은 수수께끼의 인물이 발세크 백작의 심부름꾼이 아니라 프리메이슨에서 보낸 사형 선고인이라 주장하기도 한다. 모차르트의 죽음은 프리메이슨의 신성함을 위한 희생일 수도, 혹은 오페라를 통해 조직의 비밀을 드러낸 죄에 대한 처벌일 수도 있다. 모차르트 사망 후 거의 200년이 지났을 때 데이비드 바이스라는 소설가는 《모차르트 암살》이라는 작품에서 보수 반동적이던 오스트리아 황실이 살리에리를 시켜 모차르트를 죽이고 사건을 축소 은폐했다는 이야기를 만들었다. 페터 샤퍼Peter Schaffer의 희곡에 바탕을 둔 1984년 영화 〈아마데우스〉는 모차르트 죽음이 정부나 프리메이슨과는 무관한 살리에리의 단독 범행이라고 보았다.

200여 년에 걸친 모차르트 암살 음모설은 2000년 2월로 끝을 맺었다. 메릴랜드 의과대학에서 열린 제6차 임상병리학회에서 역사적 인물의 사망 사례를 분석하면서 모차르트의 증세는 류머티즘열 환자의 전형적인 모습이었다고 결론지은 것이다. 살리에리가 독살한 것도, 프리메이슨이 죽인 것도 아니었던 셈이다.

이와 관련해 모차르트 연구자인 닐 자슬로Neal Zaslaw는 "음모설은 소설의 좋은 소재일 뿐, 모차르트가 살해당했다는 역사적 증거는 존재하지 않는다."라고 언급했다.

이렇게 하여 인류 역사상 가장 사랑받는 작곡가의 죽음에 얽힌 살인 의혹은 사라졌다. 35년 후 미국에서 일어난 수수께끼의 사건에서 프리메이슨은 다시 한 번 살인 혐의를 받게 된다.

10장

윌리엄 모건에게 무슨 일이 일어났을까?

프리메이슨의 자연주의, 서약 제도, 종교적 무관심, 교회와 국가 제도에 대한 위협 등을 이유로 1738년, 교황 클레멘트 12세가 금지령을 내린 이후 후대 교황들도 프리메이슨 배척 정책을 펼쳤다. 베네딕트 14세(1751), 비오 7세(1821년), 레오 13세(1825년) 등이 비슷한 내용의 교서를 발표했다. 교회법에 따라 프리메이슨이나 관련 조직에 가입한 가톨릭 신자는 즉시 파문 당했고 프리메이슨 회원이 가톨릭 신자가 되려면 조직과의 모든 유대를 단절해야 했다. 지난 2005년 사망한 요한 바오로 2세 역시 이러한 제한을 풀지 않았다.

프리메이슨에 대한 규제 조치를 처음으로 도입한 프로테스탄트 국가는 네덜란드였다(1735년). 스웨덴(1738년), 제네바 도시들(1738년), 취리히(1740년), 베른(1745년)이 뒤를 이었다. 1738년 클레멘트 12세의 금지령 이후 스페인, 포르투갈, 이탈리아가 프리메이슨을 억압하기 시작했다. 바바리아는 1784년에, 오스트리아는 1795년에, 러시아는 1822년에 그 대열에 합류했다. 이들 국가의 규제는 종교적 이유보다는 혁명을 두려워하는 정치적 이유에 근거하고 있었다. 하지만 왕실의 승인하에 세를 키워나간 영국 프리메이슨의 상황은 전혀 달랐다. 1725년에서 1733년 사이에만 영국 지부의 수는 63개에서 126개로 늘었다. 영국 프리메이슨은 이신론에서 벗어나 정통 그리스도교의 요소를 도입했다. 지부 목사들은 임명제였고 프로테스탄트 목사들이 여기 참여하기도 했다. 1738년의 교황 금지령이 나오기 전까지는 가톨릭 신자들이 총 지부장을 지내기까지 했다. 1730년에 총지부장이 된 노포크Norfolk 공작도 가톨릭 신자였다. 가톨릭 신자 프리메이슨 중 특히 유명한 인물이 몬태규 자작이자 9대 피터 경Lord Petre인 로버트 에드워드 Robert Edward이다. 영국 가톨릭 공동체의 수장으로 여겨지는 로버트 에드워드는 1772년 총지부장이 되어 5년 동안 프리메이슨을 이끌었다.

아일랜드 총지부가 사상 두 번째로 설립되었던 1725년 당시, 주기도문이나 제례 등 그리스도교의 요소가 많이 도입되었다고 한다. 1738년의 교황 금지령은 그 세기 말엽까지 아일랜드에 전해지지 않았고 따라서 가톨릭 신자나 성직자들도 지부 활동에 많이 참여하였다. 아일랜드의 애국자인 대니얼 오코넬Daniel O'Connell은 1799년에 프리메이슨 회원이 되었고 더블린의 189번 지부에서 마스터를 지냈다. 하지만 훗날 가톨릭교회의 정책을 알게 된 후에는 프리메이슨 회원 자격을 포기했다. 오늘날 아일랜드 지부는 소수인 프로테스탄트 신자들의 지원을 받고 있다.

훗날 미국 지부들에 큰 영향을 미치게 될 스코틀랜드 총지부는 1736년에 생겨났다. 가장 유명한 회원은 시인인 로버트 번즈Robert Burns이다.

1737년, 독일 최초의 지부가 함부르크에서 만들어진 후 프레데릭 대제가 잠깐 관심을 보이기도 했고 왕가인 호엔촐레른 사람들이나 프러시아 장교들이 프리메이슨 회원이 되기도 하였다. 스칸디나비아에서는 군주들이 대대로 프리메이슨의 총지부장이자 후원자 역할을 담당했다. 벨기에 최초의 지부는 1765년에 생겼다. 네덜란드에서는 1734년, 헤이그에 첫 번째 지부가 만들어졌다. 네덜란드 지부는 처음에는 정부의 배척을 받았지만 꿋꿋이 이겨내어 결국 인정을 받았다.

스페인의 지부들은 1769년까지 영국의 승인하에 존재하다가 총지부가 '스페인 총본부'라는 독립 조직으로 거듭났다. 포르투갈 지부들은 1735년에 생겨났다. 이탈리아 프리메이슨은 1764년, 나폴리 지부로 시작되었다. 러시아에서는 표트르 3세가 1771년 상트페테르부르크에 생긴 러시아 총지부의 지부장 역할을 맡았다. 하지만 러시아정교의 반발이 일자 1822년, 알렉산드르 1세는 프리메이슨 활동을 금지한다.

볼프강 아마데우스 모차르트가 '하늘의 총지부로 떠난 후' (프리메이슨에서는 사망을 이렇게 표현한다) 두 해가 지났을 때 오스트리아 황실은 모든 종류의 비밀 조직을 해산시켰다. 비밀 조직에 대한 의혹과 우려는 유럽의 통치자들 사이에 신속하게 퍼졌고 결국 영국도 그 영향을 받았다. 그리하여 1799년, 회원들에게 '서약을 요구하는' 단체는 모두 불법이라는 의회의 결정이 내려졌다. 하지만 여기서 프리메이슨 지부들은 '법 규정을 준수하는 한' 예외로 한다고 되어 있었다. 하원과 대법원, 왕실과 귀족 집단에 프리메이슨 회원들이 다수 존재했다는 상황을 감안하면 충분히 수긍이 갈 만한 특별 대우였다.

미국 프리메이슨은 유럽과는 전혀 다른 상황에서 활동했다. 우선 프로테스탄트교가 지배적인 종교였기 때문에 교황의 칙령이 거의 힘을 발휘하지 못했다. 또한 헌법이 집회 결사 및 언론의 자유를 보장하는 체제였다. 따라서 지부의 수나 회원 수는 급속히 늘어날 수밖에 없었다. 조지 워싱턴의 대통령 취임에서 남북전쟁에 이르는 기간 동안 메인 주에서 워싱턴 주까지 총 25개 주에 총지부가 들어섰다. 하지만 1826년에 일어난 사건으로 이러한 성장세는 큰 타격을 입게 된다.

프리메이슨의 비밀을 밝히는 책을 출판하려 했던 인물이 갑자기 사라져버린 이 사건은 '프리메이슨 역사상 가장 극적인 이야기'라고 묘사된다. 그는 살해당했으리라 추측되었고 미국 전역에 반프리메이슨 열풍이 몰아쳤다. 이는 미국 정치계의 격변으로까지 이어졌다.

프리메이슨에 일대 위기를 가져온 이 사건은 1824년, 뉴욕 주 바타비아Batavia라는 캐나다 인근 도시에 윌리엄 모건이 도착한 것으로 시작되었다. 버지니아 컬페퍼Culpepper 카운티 출신이었던 모건은 캐나다에서 이런저런 일을 전전했고 미국에 돌아온 당시에는 1812년의 전쟁에 참전했다면서 대령이라 자칭했다. 모건의 과거와 관련해 미국 프리메이슨 역사가는 '악명 높은 사람들이 늘 그렇듯 전혀 다른 이야기들이 공존하는 상황이다. 친구가 전혀 없을 정도로 사악한 사람도 거의 없지만 헐뜯는 이가 전혀 없을 정도로 훌륭한 이도 거의 없다. 적과 친구의 평가를 모두 들어 평가해보면 그는 변변한 재능 없이 이리저리 굴러먹는 위인이었고 교육받지 못했지만 약삭빠르며 빌린 돈을 갚을 줄 몰라 잡혀가기도 했다. 게으른 데다가 헤픈 편이어서 프리메이슨 자선 기구의 도움도 많이 받았다.'라고 썼다.

역사적 기록을 보면 모건은 1825년 5월 31일, 뉴욕 33번 웨스턴 스타 지부에서 로열 아치 등급royal arch degree을 받았다. 프리메이슨에서는 그가 친구와 고용주에게 억지로 보증을 부탁해 로체스터 지부에 들어온 것이라 보고 있다. 그는 지부를 방문해 기꺼이 일을 도와주고 연설문을 작성하며 등급에 참여한 것으로 알려져 있다. 바타비아에서 온 동료가 로열 아치 등급을 신청했을 때 모건이 청원자 중 하나로 서명을 하기도 했다. 하지만 그의 정체에 대한 의혹이 계속 커지면서 결국 그는 회원 명단에서 삭제된다.

이를 모욕으로 받아들인 모건은 자신이 프리메이슨의 비밀을 밝히게 될 책을 써두었다면서 협박을 가했다. 이미 1826년 3월 13일에 출판 계약을 해두었다고도 했다. 계약 상대로 언급된 사람들은 모두 세 명이었는데 알 수 없는 이유로 20년째 신입회원으로 남아 있으며 프리메이슨에 원한을 가진 데이비드 밀러, 모건이 살고 있던 집 주인인 존 데이비즈, 그리고 알려진 바가 거의 없는 인물 러셀 다이어였다. 계약에 따르면 모건은 50만 달러를 받는다고 했다. 당시 사건을 보도한 신문기사에는 '모건은 술집에서나 거리에서 집필 작업이 얼마나 진행되었는지를 떠들고 다녔다. 허풍이 커질수록 반감도 커졌고 그런 식의 폭로를 어떻게든 막아야겠다는 결심도 굳어졌다. 형제들은 크게 분노했다. 비밀이 폭로될지 모른다는 생각에 조직은 안절부절 어찌할 바를 몰랐다.' 라고 적혀 있다.

1826년 9월, 상황이 절정에 달했다. 모건은 셔츠와 타이를 훔친 죄로 체포되었다(날조된 죄목이었을 수도 있다). 그는 방면되었다가 곧 다시 체포되었고 2.68달러의 채무를 갚지 못한다는 이유로 감옥에 갇혔다. 하루가 지난 후 누군가 대신 돈을 갚았다. 석방될 때 그는 기다리고 있던 몇 사람에게 이끌려 마차를 타고 떠났다고 한다. 그는 버려진 성채(나이아가라)로 보내졌고 텅 빈 탄약고에 갇혔다.

모건이 바타비아에서 사라졌을 때 프리메이슨이 그를 납치해 죽여버렸다는 소문이 퍼졌다. 프리메이슨 측은 즉각 혐의를 부인했다. 모건의 행방이 묘연한 상태에서 시간만 흘러가자 뉴욕 주지사이자 프리메이슨의 前 총지부장이었던 드와이트 클린턴이 300달러 현상금을 걸었다. 모건이 산 채로 가족에게 돌아오게 하거나, 혹은 모건을 죽인 범인을 잡아오는 경우 지급한다는 조건이었다.

몇 주 뒤, 나이아가라 강변에 시체 한 구가 떠올랐다. 성채에서

40마일 가량 떨어진 지점이었다. 모건의 아내는 옷차림으로 보아 남편이 분명하다고 진술했다. 하지만 그 시체에는 모건 몸에 있는 반점이 없었다. 의혹이 깊어지면서 다시 세 차례의 시신 확인 작업이 이루어졌고 결국 그 시체는 모건이 아닌 캐나타 클라크 출신의 티모시 먼로라는 결론이 내려졌다. 아내 사라 먼로가 진술한 신체 특징이나 옷차림이 정확히 일치했던 것이다. 모건이 납치되었다는 점은 분명했다. 감옥에서 나와 억지로 마차에 밀어넣어졌을 때 그가 "사람 살려!"라고 외치는 소리를 들은 사람도 나왔다. 수수께끼는 풀리지 않았다. 대체 윌리엄 모건은 어떻게 된 것일까?

납치 용의자들이 체포되면서 답이 나왔다. 용의자들은 모두 프리메이슨 회원이었다. 로탄 로슨Lotan Lawson, 체스브로Chesbro, 소여Sawyer, 셀튼Shelton, 나이아가라 군 보안관인 엘리 브루스Eli Bruce가 그들이었다. 당시에는 납치가 큰 죄가 아니었기 때문에 이들은 기껏해야 2년 4개월의 징역형을 받는 데 그쳤다.

사체가 없었으므로 살인죄는 성립될 수 없었다.

당시 많은 이들이 믿었던 이야기에 따르면 존 휘트니라는 프리메이슨 회원이 올버니의 클린턴 주지사를 찾아가 모건의 출판 계획을 어떻게 막으면 좋을지 의논했다고 한다. 주지사는 불법적인 조치를 용납하지 못했고 대신 원고를 사는 조건으로 충분한 돈을 주어 멀리 떠나보내자는 의견을 내놓았다. 휘트니는 모건을 만나 캐나다로 사라져준다면 500달러를 주겠다고 제안했다. 가족도 뒤따라 보내주기로 했다. 일을 그럴 듯하게 만들기 위해 모건은 체포되었다가 납치되는 상황에 놓이기로 했다. 그리하여 가짜 납치범들은 모건을 캐나다 온타리오 근처까지 태워가 500달러를 건네고 두 번 다시 뉴욕으로 돌아오지 않겠다는 서약서를 받았다는 것이다.

보다 믿을 만한 이야기는 모건이 납치, 감금되었고 납치범들은 그가 원고를 찾을 수 없게 될 만한 시간 동안 기다릴 작정이었다는 설명이다. 그러다가 왜 그를 죽이기로 결정했는지, 어떻게 죽여 시체를 어떻게 처리했는지는 알려져 있지 않다. 아니, 모건이 다시 나타나지 않았을 뿐 살해되었다는 증거도 전혀 없다. 하지만 그가 누군가에게 납치된 뒤 증발해버렸다는 사실은 프리메이슨이 그의 책 출판을 막으려 했다는 정황과 합쳐지면서 미국 전역에 프리메이슨 반대 운동을 불러일으켰다. '모건 사건으로 인한 불명예는 마치 산불처럼 거세게 일었다.'라고 어느 역사가는 기록하고 있다. 반프리메이슨 집회도 열렸다. 언론과 종교계 모두가 프리메이슨을 비판하고 나섰다. 프리메이슨을 반대하기 위한 신문인 〈안티-프리메이슨 리뷰Anti-Masonic Review〉지가 뉴욕에서 발행되었다. 서약으로 묶인 모임을 반대하는 펜실베이니아의 단체들(퀘이커, 루터란, 메노Menno파 교도, 둔카드Dunkard파, 모라비아 교도, 슈벤크펠더Schwenkfelder파, 독일 개혁교회)은 모건의 '살해자들'과 '납치범들'에 대한 분노와 증오를 감추지 않았다.

1903년, 로버트 프레크 굴드Robert Freke Gould는 《프리메이슨의 역사》에서 다음과 같이 썼다.

이 나라는 이미 격렬한 정치 논쟁을 여러 차례 겪었지만 프리메이슨을 반대하는 그 운동처럼 심한 것은 다시 없었다. 이 운동의 영향을 비켜갈 수 있는 단체나, 시민, 군인, 종교인은 아무도 없을 정도였다. 가족이나 친구 관계도 피난처가 되지 못했다. 프리메이슨에 대한 증오는 어디에나 퍼져 있었고 도피처는 없었다. 프리메이슨 회원들은 직장과 교회에서 쫓겨났고 아이들도 학교에서 퇴학당했다. 교회는 투표 절차를 거쳐 프리메이슨 회원에게 성사를 거부했다. 가족도 파괴되었다. 아버지가 아들을, 아내가 남편을, 형제가 형제를 배척했다. 프리메이슨 조직이 누리는 권리를 빼앗고 모임을 갖거나 의식을 행하지 못하도록 법을 제정해야 한다는 요청이 빗발쳤다.

컬럼비아 지역의 총지부 목사를 지낸 존 팔머John C. Palmer는《프리메이슨, 모건, 그리고 반프리메이슨 운동 Craft, Morgan and Anti-Masons》이라는 책에서 다음과 같이 썼다.

압력이 어찌나 거셌는지 회원이나 지부들이 눈에 띄게 줄어들었다. 1827년, 뉴욕 총지부에 소속된 지부 수는 227개였으나 1835년이 되자 겨우 41개만 남아 있었다. 버몬트 주의 지부들은 하나같이 권리를 포기하거나 활동을 중단했다. 총지부도 몇 년 동안 모임을 열 수 없었다. 펜실베이니아, 로드아일랜드, 매사추세츠도 버몬트와 같은 상황이었다. 다른 주들도 정도가 조금 덜할 뿐 다를 바 없었다. 프리메이슨 건물은 폐허가 되다시피 했고 형제들은 갈라졌으며 연장도 망가졌다.

반프리메이슨 열풍 속에서 전 로열 아치 회원이었던 에드워드 기딘스Edward Giddins의 폭로성 글도 공개되었다. 《프리메이슨의 비밀을 출판하려 하다가 죽임을 당해 온타리오 호수에 던져진 윌리엄 모건 대령이 나이아가라 성채에서 받은 학대에 대한 기록》이라는 긴 제목의 책이었다. 에드워드 기딘스는 자신이 모건 납치 당시 나이아가라 성채 관리인이었고 따라서 공범이라고 인정했다. 책의 서문은 다음과 같다.

지혜로운 사람으로 철저한 공화당원이었던 윌리엄 모건 대령은 자유 정부 체제에서 비밀 결사가 야기하는 위험을 감지하고 이를 막기 위해 최선을 다하기로 결심하였다. 로열 아치 회원이었던 그는 조직의 부패를 눈으로 목격하였다. 사리사욕과 정치적 영향력 확대를 위해 프리메이슨은 회원들에게 부당한 특혜를 주었다. 이런 거래는 조직 전체에 퍼져 있었고 위대한 왕이니, 위대한 통치자니 하는 특권층은 어둠과 비밀을 통해 사람들을 통치했다. 모건 대령은 용감한 군인이었다. 그는 혐오스러운 음모를 보았고 목숨을 걸고 이를 분쇄할 결심을 하게 되었다! 하지만 1826년 9월 11일 새벽, 60마일이나 추적당한 끝에 그는 프리메이슨 일당에게 붙잡혔고 엉터리 재판 끝에 지방 감옥에 갇히고 말았다. 간수는 프리메이슨 회원이었다. 그러고는 밤중에 다시 끌려나가 100마일이나 떨어진 성채에 감금되었다. 성채 감시인 역시 프리메이슨 회

에드워드 기딘스의 책 속에 수록된 삽화.

원이었다.

결국 우리의 감옥이나 국가의 성채 모두가 프리메이슨의 손아귀 안에 들어 있고 얼마든지 납치와 살인이 가능한 상황인 것이다. 자유롭고 애국적인 이들이여, 이를 가만히 두고 보아야 하겠는가? 친애하는 시민들이여, 이 글을 읽고 대답해보라. 살인을 저지르고도 처벌을 피할 수 있는 그런 비밀 조직이 우리 사회에 존재하는 것이 옳은 일인가? 프리메이슨 회원들은 바로 이런 일을 해왔다. 그들은 서약으로써 서로를 보호한다.

이러한 서약과 원칙을 가진 이들이 우리 자유로운 국가를 좌지우지하도록 놓아두겠는가?

모건 사건에 자신이 연루된 것에 대해 에드워드 기딘스 자신은 깊이 후회한다고 썼다.

　내가 추악한 거래에 동참하게 된 이유는 오로지 당시 로열 아치 등급의 회원이었기 때문이다. 당시 프리메이슨으로서의 의무가 내 양심을 얽매어버린 상태였던 것이다. 이제 나는 사회에 대한 의무를 다하려 한다. 내가 조직이 부여한 원칙과 두려움에 얼마나 묶여 있었는지를 기꺼이 털어놓고 처분을 따르겠다. 한 가지는 확실하다. 타고난 이성에 더할 나위 없이 거슬리는 일이긴 했어도 거절했을 경우 겪게 될 끔찍한 결과가 다른 모든 사고를 압도했다는 점 말이다.
　이 사건에 가담한 이들을 위해 한마디 하자면 내가 아는 한 이들은 강한 의무감으로 인해 그런 짓을 저지른 것이 분명하다. 그 의무감이란 무서운 처벌을 두려워하는 마음에서 나온 눈먼 의무감이었다. 세상이 그들을 불쌍히 여겨 족쇄에서 해방시켜준다면 그들은 두려움 없이 자신이 한 짓을 고백하고 그렇게 한 이유도 털어놓을 것이다. 하지만 계속 입을 다물고 저항한다면 사회의 자비와 관용은 기대할 수 없다.
　이처럼 끔찍한 분노를 낳는 조직, 비밀과 거짓으로 가득한 조직은 이 나라와 세계 전체에서 내몰아야 한다. 두 번 다시 그 사악한 영향에 세계가 오염되는 일이 없도록 철저한 방어막을 쳐야 한다. 하지만 그러자면 원치 않는 고통을 감내하고 끊임없는 감시를 참아내야 한다. 조금이라도 경계가 소홀해진다면 이 괴물이 다시금 번성하며 더 큰 힘을 가지고 더욱 끔찍한 일을 저지를 것이다.

프리메이슨이 법률 위에 서서 비밀정부 조직을 만들었다는 믿음이 널리 퍼지면서 대중적인 프리메이슨 반대 운동이 더욱 거세졌다. 비밀주의 안에 불법적, 비도덕적 행동이 감춰져 있고 프리메이슨의 서약은 불법인 동시에 범죄적이며 이들이 결국은 미국의 정치, 종교 제도를 전복시키리라는 말이 떠돌았다. 여자들은 프리메이슨이 여성 가입을 금지한다는 이유로 반프리메이슨 운동에 동참했다. 프리메이슨을 타도하기 위한 '축복받은 영혼' 운동에 수많은 미국인들이 뜻을 같이 했다.

이러한 반감은 곧 정계로 퍼져 미국 역사상 최초의 '제 3당'을 탄생시켰다. 목적을 분명히 드러내기 위해서인지 당 이름도 '반프리메이슨 당'이었다. 이 당은 급속히 세력을 키워 버몬트와 펜실베이니아의 주지사를 당선시켰고 더 나아가 미국 상원과 하원, 몇몇 주의 입법 기관까지 장악했다. 1832년, 이 당은 전국 지명대회라는 것을 만들어 3인을 대결시킨 끝에 앤드류 잭슨과 헨리 클레이를 젖히고 윌리엄 워트를 대통령 후보로 지명했다. 하지만 버몬트에서 승리를 거두었을 뿐이었다. 1835년에는 반프리메이슨 당이 펜실베이니아에서만 세를 잡았고 이후 급속히 쇠퇴했다. 반프리메이슨 당을 지원한 유명 정치인으로는 전 대통령 존 퀸시 애덤스John Quincy Adams, 윌리엄 스튜어드William A. Steward(훗날 공화당 당수이자 남북전쟁 중 국무장관을 지냈다), 대니얼 웹스터Daniel Webster, 그리고 켄터키 총지부장 출신의 헨리 클레이Henry Clay가 있다.

1800년대의 반프리메이슨 운동이 빚은 직접적인 결과는 프리메이슨이 더이상 공개적인 의식을 치르지 않게 되었다는 점이었다. 야망이 있고 여론을 의식하는 사람은 더이상 프리메이슨에서 활동하지 않았다. 조직은 지적 모임이라기보다는 사교적 모임에 가까워졌다. 10년 사이에 미국 프리메이슨 회원 수는 10만 명에서 4만 명으로 격감했다. 버몬트, 펜실베이니아, 매사추세츠, 로드아일랜드, 코네티컷, 오하이오에서는 조직이 완전히 사라지다시피 했다. 다른 주에서도 총지부 모임은 중단되었다. 간부들이 사퇴했지만 공석을 채울 사람은 없었다. 여러 해 동안 신입회원도 없었다. 하지만 역설적이게도 19세기 전반의 반프리메이슨 열기는 19세기 후반이 되면서 새로운 '비밀 결사'가 우후죽순 만들어지는 상황으로 이어졌다. 그리고 신설 비밀 결사는 프리메이슨 조직과 등급 체계를 모델로 삼았다. 오드펠로우즈, 피티아스의 기사들Knights of Pythias, 절제의 자식들Sons of Temperance 등이 그 예이다.

하지만 프리메이슨을 완전히 뿌리뽑았다며 들어올린 축배는 성급한 것이었다. 1859년, 근 30년의 쇠락기가 지나간 후 미국의 프리메이슨에 새 생명을 불어넣는 목소리가 생겨났다. '프리메이슨의 제단에 선 가장 순수하고 고상한 인물'이라는 평가와 함께 칭송받게 될 인물의 목소리였다.

11장

통나무 오두막에서 프리메이슨 전당까지

1800년대 초반, 미국의 프리메이슨은 빠른 성장을 거듭했다. 세기말로 가면서 '고대의, 그리고 현재 받아들여진 스코틀랜드 의식'이라고 하는 계파는 변화를 겪게 되었고 이는 결국 조직의 강화로 이어졌다. 앞서 설명했듯 스코틀랜드 의식은 1761년, 스티븐 모랭이라는 사람이 미국에 들여온 것이었다. 1763년 무렵에는 영국령 서인도 제도에서 그가 만든 완성의 의식이 25등급 체계로 확립되었다. 이는 1767년에 헨리 프랭켄Henry Francken이라는 인물이 뉴욕 올버니에 완성의 지부를 만듦으로써 북미에도 도입되었다. 프랭켄은 1771년에 모랭이 죽은 후에도 이 의식을 계속 발전시켰고 콩트 드 그라스-틸리Compte de Grasse-Tilly라는 사람에게 자리를 물려주었다. 그라스-틸리는 1786년의 대규약Grand Constitution 작업에 참여하여 훗날 레브렌드 프레데릭 달코

미국 최초로 스코틀랜드 의식 최고위원회를 개최했으며 스코틀랜드 의식의 체계를 마련하기도 했던 달코의 초상화.

Reverend Frederic Dalcho가 1801년에 만든 '어머니 최고위원회 33등급, 고대의, 그리고 현재 받아들여진 스코틀랜드 의식'에 토대를 이루었다.

달코는 1770년 10월, 런던 홀본Holborn에서 출생하였고 1787년 5월 23일, 15세의 나이에 '8주에 걸친 사나운 뱃길'을 이겨낸 후 볼티모어에 도착했다. 그는 고모 집에 머물게 되었는데 고모부가 프리메이슨 회원인 찰스 프레데릭 위센탈Charles Frederick Wiesenthal 이었다. 달코는 고전 교육을 받았고 원예학을 배웠으며 고모부의 지도 아래 의학 공부도 시작하였다. 군에 입대한 후에는 포병 중위로 임명되어 조지아 주 오코니Oconee 강 근처의 피디우스Fidius 성채에 배치되었다. 의학 학위를 받은 후인 1792년에는 군 외과의로 일하면서 조지아 사반나Savannah에 정착하였다. 그가 프리메이슨 지부에 가입한 것은 바로 이 사반나에서였다. 가입 지부는 고대 요크 프리메이슨인 2번 히람Hyram 지부였던 것으로 보인다. 1796년, 그는 승진하여 포병 및 공병 부대로 배치되었으나 맥크루어 앤 컴퍼니라는 회사 선박의 선의船醫 자리를 부탁받고 몇 차례 아프리카를 오가는 경험을 했다. 군으로 돌아와 15개월을 복무한 뒤 그는 친구인 아이작 얼드Isaac Auld와 함께 병원을 열고 정착하였다. 1801년 5월 31일, 그는 존 미첼과 함께 미국 최초의 스코틀랜드 의식 최고위원회를 개최했다. 장소는 사우스캐롤라이나 찰스턴의 세퍼드 술집이었다. 여기서 그는 대大사령관으로 선출되었다.

이 조직은 '미국의 33등급 최고위원회'라는 명칭을 채택했다. 그리고 북미의 모든 주와 해외의 미국 영토를 관할 영역으로 삼았다. 하지만 이후 근 70년 동안 미국의 스코틀랜드 의식은 혼란, 분열, 경쟁 등에 휩싸였다. 심지어는 가짜 최고위원회가 출몰하기도 하였다.

이러한 상황은 1859년, 시인이자 법률가, 남북전쟁의 영웅, 신비주의자, 프리메이슨 의식 전문가인 앨버트 파이크가 최고위원회의 새로운 대사령관으로 뽑히면서 급격한 변화를 맞게 되었다.

1장에서 이미 소개했듯 파이크는 1809년 12월 29일, 보스턴의 가난한 가정에서 출생했다. 공립학교에서 교육을 받았고 하버드대학 입학 시험에 통과했지만 2년분의 학비를 선납해야 한다는 규정 때문에 입학이 불가능했다. 그는 교사가 되었고 1825년부터 1831년까지 매사추세츠의 시골 학교들에서 학생을 가르쳤다. 서부 지역을 돌아다니면서 그는 세인트루이스에서 출발해 산타페로, 그리고 이후에는 멕시코로 향하는 장사패에 끼게 되었다. 그리고 돌아오는 길에 텍사스 '말뚝 평원staked plain'과 인디언 보호구역을 여행한 뒤 아칸소의 반 뷰렌Van Buren에 정착해 학교를 열었다.

당시 그 지역에서는 콘웨이 당(민주당)과 크리텐덴 당(휘그당)이 경쟁하고 있었다. 휘그당 지지자였던 파이크는 리틀록의 휘그당 신문에 글을 기고했고 이를 통해 존 크리텐덴의 관심을 끌게 되었다. 크리텐덴은 파이크의 학교로 찾아와 리틀록으로 가서 당 신문의 편집을 맡아달라고 부탁했다. 편집 일을 하면서 파이크는 법을 공부했다. 1834년에 변호사 시험에 합격한 그는 곧 아칸소의 유명 법률가가 되었다. 법률가로 일하던 초기에 아칸소 주 법규 1차 개정 작업에 참여하기도 하였다.

멕시코 전쟁이 터지자 파이크는 군에 입대하였고 부에나비스타 전투에도 참여하였다. 주지사의 군사적 행동을 비판하다가 결투에 휘말리기도 했으나 다행히 그 결투는 피를 흘리지 않고 끝났다. 멕시코 전쟁이 끝나면서 그는 아칸소로 돌아왔고(나중에는 주 대법관까지 지냈다) 프리메이슨에도 가입하였다. 리틀록의 웨스턴 스타 1번 지부에서 장인 등급에 오른 그는 프리메이슨의 상징주의에 빠져들었다. 1852년, 처음으로 스코틀랜드 의식에 대한 이야기를 들었을 때 그는 그 의식이 자신이 아는 프리메이슨과 아무 관련이 없다고 생각했다. 훗날 이를 회상하며 그는 마치 칼뱅파 교회에서 불교 의식을 치르는 것처럼 느꼈다고 말한 바 있다. 스코틀랜드 의식에 대해 배우기 위해 그는 찰스턴으로 갔고 1843년에 네 번째부터 서른두 번째 등급을 거친 후 1857년, 뉴올리언스에서 서른세 번째 등급을 받았다. 다음해 그는 프리메이슨의 분열과 갈

19세기 미국을 대표하는 위인이자 프리메이슨의 핵심인물이었던 앨버트 파이크.

등이 가져올 부정적 결과에 대해 강연을 했다.

1859년, 최고위원회(남부 관할)의 대사령관으로 선출된 파이크는 당시 이루어지던 의식과 의례들을 조사해 '일관되지 못하고 의미도 없는 개념들'이 '극도의 혼란'을 불러일으키고 있다는 결론을 내렸다. 상징의 의미를 감추기 위해 너무도 애쓴 나머지 진정한 의미가 많은 부분 상실되고 '무지와 우둔함이 또 다른 무지를 낳게' 되었다는 것이었다. 일부 등급의 고유용어는 '도무지 이해할 수 없어 과거 진정한 의미는 구두로 전달하고 정해진 절차는 전적으로 혼란을 야기하려는 목적일 뿐이었다는 연금술사들을 연상시킬 지경'이라고도 했다.

모든 의식이 '통일성을 가지고 현실적인 형태를 띠도록 하기 위해' 파이크는 400쪽의 《비망록Memorandum Book》(이 책은 워싱턴의 최고위원회 문서 보관실에 보존되어 있다)을 만들어냈다. 이 기념비적 작업과 관련해 파이크는 '충분한 양의 자료를 수집, 분석한 후 나는 스코틀랜드 의식을 다루기 시작했다. 이는 무에서 유를 창조하는 작업과도 같았다. 우선 나는 각 등급의 기본 개념을 찾고자 했다. 그러고는 각 등급에 가능한한 가장 고매한 특징을 부여했다.' 라고 썼다.

훗날 그는 다음과 같이 회상했다.

나는 많은 등급들이 의도적으로 그 의미와 목적을 감추고 있음을 깨달았다. 특히 동방 기사와 예루살렘 왕자라는 열다섯 번째 및 열여섯 번째 등급이 그러했다. 하지만 그 의미를 헤아리거나 숨겨진 비유를 추적할 수는 없었다. 그래봤자 배울 수 있는 것도 거의 없을 듯했다. 종교적 전통, 상징주의, 수수께끼, 그노시스 교의, 헤브루와 알렉산드리아 철학 등에 대해 100여 권의 희귀 도서를 수집하고 읽은 후에도 처음에는 프리메이슨 의식의 많은 부분이 풀리지 않는 의문으로 남았다. 이집트 기념비의 상형문자는 내게 아무런 도움을 주지 못했다. 우리 등급 체계에는 지난 세월 동안의 연구 결과가 반영되어 있다. 나는 이를 발전시키고 묘사하기 위해 수백 권의 책을 참고했다. 여기에 바친 노력은 전문가들이 명예와 부를 얻기 위해 바치는 노력을 넘어서는 것이었다.

의식에 대해 연구하면서 파이크는 결국 의식이란 '대부분이 아무 필요 없는 쓰레기'라고 느꼈다. 1887년에 나온 《세르노주의의 아름다움*Beauties of Cerneauism*》이라는 소책자에서 그는 고대의, 그리고 현재 받아들여진 스코틀랜드 의식에 존재하는 등급 의식이 '전혀 인상적이지 않다'고 썼다. 지성과 학식을 가진 사람이라면 '전혀 중요하다고 생각지 않으리라'는 것이다. 하찮고 무미건조하며 독창성도 없어 '도무지 언급할 가치도 없는' 지루한 대상이라고도 표현했다.

파이크는 모든 자료를 복사해 아칸소의 집으로 가져갔다. 그리고 연구 결과물로 1859년에《고대의, 그리고 현재 받아들여진 스코틀랜드 의식이 갖는 도덕규범과 이념*Morals and Dogmas of the Ancient and Accepted Scottish Rite of Freemasonry*》이라는 책을 출판하였다. 철학서에 가까운 이 책은 과거의 종교와 철학을 이해하기 위한 틀을 만들고자 하는 시도였다. 파이크는 개념의 역사를 이해하지 못하는 한 누구도 개념 그 자체를 파악할 수 없다고 보았다. 초판 이후 재판이 나올 때마다 그는 '이 책 내용 중 진실하지 않다고 여겨지는 것이 있다면 서슴지 말고 반박하기 바란다. 독자들은 이 책이 말하는 바를 올바르게 파악하고 편견 없이 판단하여야 할 것이다.'라는 서문을 넣었다.

파이크는 자신의 책이 프리메이슨의 믿음을 담기보다는 고대의 문화, 종교, 믿음, 관습에 대한 정보를 모은 것이라 보았다. 또한 책의 내용이 그의 개인적인 믿음도, 프리메이슨의 기초도 아니라고 하였다. 그는 그저 자신이 발견한 것을 알렸을 뿐 결론은 독자들에게 맡겼던 것이다. 그 결과에 대해서는 2000년 5월, 스코틀랜드 의식을 따르는 회원들이 모인 어느 클럽에서 미주리의 연설가 필립

엘람Phillip Elam이 다음과 같이 말한 바 있다. "오늘날, 일부 회원들은 반프리메이슨 열풍의 잔재를 떨어버리기 위해 파이크의 중요성을 약화시키려 한다. 또 다른 회원들, 특히 파이크의 천재성이나 업적을 잘 모르는 이들은 그를 별 의미 없는 인물로 넘겨버린다."

당시 어렴풋이 나타나기 시작한 여러 국가적 이슈들을 상징화했던 파이크는 대부분의 미국인들이 독학으로 공부하던 시절을 대표하는 인물이다. 하지만 당시 세대의 미국인은 고상한 삶에 큰 가치를 두었다. 연주회장이나 강연장은 청중으로 넘쳐났다. 노래하는 것, 연기하는 것, 글 쓰는 것 등은 대단한 능력으로 여겨졌다. 파이크는 노래도 부르고 바이올린도 연주했으며 시를 써서 호평받기도 하였다. 그의 많은 연설이 신문과 책에 실렸다. 미국에서 가장 유명한 프리메이슨 회원이자 가장 활발한 활동을 보인 작가이자 철학가였던 그는 데이비 크로켓Davy Crokett, 샘 휴스턴Sam Houston, 해리엇 비처 스토우Harriet Beecher Stowe, 스티븐 크레인Stephen Crane, 헨리 워즈워스 롱펠로우Henry Wadsworth Longfellow, 에이브러햄 링컨Abraham Lincoln 등 다채로운 인물이 공존하던 시대를 살았다. 위의 사람들 중 여럿과 교류하고 절친한 친구이기도 했던 파이크는 미국 수도의 유명 인사로 존경받았다. 미국과 인류를 위한 최선의 것은 아직 오지 않았다고 굳게 믿는 행동파이기도 하였다.

철두철미한 휘그당원으로 분리 반대론자였던 그는 뛰어난 법률가였고 1861년까지는 리틀록의 대지주였다. 그는 남부 연방의 공무원으로 발령받아 인디언 구역의 여러 부족을 연방에 합류시키는 역할을 맡았고 크리크Creek, 세미놀Seminole, 촉토Choctaw, 치카소Chickasaw, 체로키Cherokee 족을 설득하는 성과를 거두었다. 이 인연으로 그는 남부 연방군의 준장으로 임명되기도 하였다. 피 리지Pea Ridge 전투에서 인디언 여단을 지휘함으로써 인디언 부대를 전투에 참여시킨 유일한 연방군 사령관이라는 기록도 세웠다. 하지만 인디언들이 자기 영토를 떠나 부대에 합류하는 것을 거절함으로써 부대 재편성에 실패했다는 비난을 들었다. 갈등 끝에 결국 그는 1862년 연방 공무원 직을 사퇴했다. 그리고 국가를 저버렸다고 비난받았던 당시 사퇴 공무원들이 흔히 그랬듯 반역죄로 기소되었지만 결국에는 시민권을 회복했다.

전쟁이 끝난 후 그는 멤피스에 정착해 1867년까지 〈멤피스 어필Memphis Appeal〉 지를 편집했다. 그 다음해에 수도 워싱턴으로 옮겨와 1880년까지 연방 법원에서 일했다. 그후 남은 삶은 법률 논문을 쓰고 프리메이슨을 알리는 데 바쳤다. 1891년 4월 2일 그는 워싱턴 스코틀랜드 의식 전당의 집무실 책상에서 사망했다. 그리고 오크힐 묘지Oak Hill Cemetery에 묻혔다.

그의 말 중에서 자주 인용되는 것을 몇 가지 소개하면 다음과 같다.

"인간의 사고는 실재하는 존재이자, 힘이자, 권력이다. 이를 통해 행동할 수도 있고 마음을 통제할 수도 있다."

"자기보다 우월한 이는 불火처럼 대해야 한다. 너무 가까우면 함께 불타버릴 것이고 너무 멀면 얼어붙고 만다."

"위대한 원칙을 위한 전쟁은 국가의 품위를 높인다."

워싱턴에서 인정받은 유일한 남부연맹 소속 군인이었던(그의 조각상은 주디셔리 광장Judiciary Square에 서 있다) 그는 아칸소 핫 스프링스에서 콜로라도의 콜로라도 스프링스를 잇는 앨버트 파이크 고속도로에도 이름을 남겼다. 또 그의 이름을 딴 국립공원과 학교들도 있다. 아칸소 총지부는 최근 프리메이슨 인터넷 사이트의 디자인과 컨텐츠에 공헌한 이에게 앨버트 파이크 상을 주기 시작했다.

미국의 프리메이슨 회원들에게 앨버트 파이크는 '통나무집에서 스코틀랜드 의식을 찾아내 프리메이슨 전당에 남겨준' 걸출한 지도자로 기억되고 있다.

12장
전장의 형제들

FREEMASONS

FREEMASONS

남북전쟁 시기 동안 미국에는 독립적인 총지부가 모두 38개 존재했다. 각각의 총지부는 관할 영역 내에서 자치권을 행사했다. 전국을 관할하는 조직이 없었으므로 남북전쟁 발발 시점의 프리메이슨은 다른 단체들처럼 지리적인 경계에 따라 나누어진 모습이 아니었다. 반면 침례교, 장로교 등 다른 조직에는 각 지역 대표자들로 이루어진 전국 규모 회의가 마련되어 있었다. 전쟁으로 국가가 분열되면서 이들 조직의 전국 회의 또한 쪼개졌다.

프리메이슨에는 '미국 총지부'라는 것이 존재하지 않았기 때문에 전국 회의도 없었다. 각각의 지부가 독자적으로 존립했던 것이다. 하지만 그렇다고 해서 프리메이슨이 분열의 고통을 몰랐던 것은 아니었다. 1861년 6월, 펜실베이니아 총지부는 테네시 총지부의 편지에 대해 다음과 같은 답장을 보냈다.

오늘날 이 나라의 비통한 상황 속에서 프리메이슨 회원들도 그 원인에 대해 다양한 의견을 가지고 있습니다. 일부 형제들은 주 연합에 반대해 무기를 들었고 또 다른 형제들은 주 연합을 수호하려 나서니 두려운 일입니다. 우리 회원들은 프리메이슨의 역사를 통해 배운 원칙을 현 위기상황에 적용하고 있습니다. 하지만 개개 회원들의 행동에도 불구하고 프리메이슨 조직 자체는 침묵한 채 상황을 지켜볼 뿐입니다.

우리는 여러분 형제와 함께 이 나라의 현 상황을 슬퍼합니다. 하지만 이 격변의 회오리가 우리를 위협하게 된다면, 프리메이슨의 믿음이 비로소 목소리를 낼 것입니다. "형제들이여, 여기 필요한 도움이 있습니다. 당신들의 신은 우리 신이요, 당신들의 믿음은 우리 믿음입니다. 당신의 기쁨이 우리 기쁨이고 당신의 재산이 우리의 만족이 될 것입니다."라고 말입니다. 그때가 되면 조직의 수호와 번영을 위해 힘을 합치도록 합시다. 우리는 위대한 연방국가의 형제와 시민들이 화합과 평화, 조화를 유지하도록 도울 것입니다. 인류 역사상 가장 지혜롭고 멋진 국가 조직이 기울고 파괴된다 해도, 모든 유대가 끊어진다 해도 프리메이슨 전당은 불굴의 형제애가 숨쉬는 피난처로 남을 것입니다.

앨런 로버츠Allen E. Roberts는 《프리메이슨과 남북전쟁 이야기 *The Story of Freemasonry and the Civil War*》라는 책에서 전쟁의 혼란 중에서

도 프리메이슨은 '애초부터 지니고 있던 유대와 이상주의'로 굳게 묶인 상태였다고 기록했다. 프리메이슨 회원 수천 명이 참전했다. 많은 수가 전사했지만 프리메이슨의 교의는 전쟁으로 인한 적의를 넘어설 수 있었다.

프리메이슨 역사가들은 그 이유를 다양하게 제시한다. 첫째로는 지부의 믿음과 교의가 남북전쟁은 물론이고 신대륙 발견이나 더 나아가 그리스도의 탄생보다도 앞서 확립되었다는 점이다. 둘째, 프리메이슨의 회원 가입이 자유 선택인 덕분이라는 주장도 나온다. 지부가 선발해 입회시킨 회원은 예나 지금이나 한 명도 없다. 규칙 자체가 그런 선발이나 모집을 금지하고 있다. 프리메이슨에 관심을 가지고 회원이 되고자 하는 사람은 '자유로운 의지'에 따라 스스로 지부의 회원을 찾아 가입 의사를 밝혀야 하는 것이다. 셋째 이유로는 프리메이슨의 구조가 언급된다. 내부의 규칙과 관습으로 인해 지부는 복잡한 정치나 전쟁의 혼란 중에서도 언제든 찾아가 도움을 청할 수 있는 공간, 시끄러운 세상을 벗어날 수 있는 피난처 역할을 담당하게 되었다는 것이다.

이러한 형제애 유대의 가장 유명한 사례는 게티스버그Gettysburg 전투 때의 상황이다. 전쟁의 분기점이 된 이 전투는 1863년 7월 1일부터 3일까지 계속되며 3만 5,000명의 사상자를 냈다. 프리메이슨 회원 1만 7,930명이 참전했고 5,600명이 죽거나 다쳤다. 전투 마지막 날 버지니아 리치먼드 51번 도브Dove 지부 회원인 조지 피켓George Pickett 소장이 이끄는 남부군 보병 1만 2,000명이 평원을 가로질러 무덤 능선Cemetery ridge으로 진격하였다. 진격 지휘관 중

프리메이슨 회원이며 남부군 지휘관으로 활약했던 아미스티드 준장.

에는 알렉산드리아 22번 알렉산드리아-워싱턴 지부 소속의 루이스 애디슨 아미스티드Lewis Addison Armistead 준장도 있었다.

본래 노스캐롤라이나에서 태어난 아미스티드는 웨스트포인트 출신으로 여러 해 동안 미군에 복무하다가 남군에 합류하기 위해 전역한 상태였다. 그는 과거 서부에 배치되었을 때 펜실베이니아 노리스타운 190번 채리틴 지부 소속인 윈필드 스콧 핸콕Winfield Scott Hancock을 만나 절친한 사이가 되었다. 하지만 아미스티드와 핸콕은 2년 반 동안 만나지 못한 상태였다.

7월 1일, 핸콕 준장은 무덤 능선을 지키는 북군을 지휘하고 있었다. 그는 남군이 사흘 간 총알을 퍼부어도 거뜬히 견뎌낼 만큼 강력한 방어선을 구축하였다. 7월 3일, 그의 부대는 북군 진영 한 가운데 놓이게 되어 남군의 집중 공격을 받았다. 전투 중 말을 타고 있던 아미스티드는 총에 맞아 치명상을 입었다. 핸콕도 말안장이 산산조각나면서 넓적다리에 못과 가죽 조각이 박혔다. 아미스티드는 프리메이슨 방식의 도움 요청 신호를 보냈다. 핸콕의 부관이자 펜실베이니아 캐논스버그 297번 챠티어 지부 소속이었던 헨리 해리슨 브리검Henry Harrison Brigham이 그 신호를 알아보았다. 그는 아미스티드에게 달려가 자신이 프리메이슨 회원이라고 밝혔다.

아미스티드는 브리검과 이야기를 나누던 중 그가 핸콕의 부관이라는 사실을 알았다. 그리고 프리메이슨 시계와 성경 등 개인 소지품을 맡겼다. 브리검은 작별 인사를 하고 북군 진지로 돌아와 핸콕에게 아미스티드의 소지품을 전했다. 아미스티드는 이틀 뒤 숨졌다.

전장의 대립을 뛰어넘어 프리메이슨 장례를 치른 사례는 수없이 기록되었다. 갤버스턴Galveston에서는 터커Tucker라는 남군 소령이 자신의 감옥에서 사망한 북군 대위 웨인라이트Wainwright에게 프리메이슨식 장례를 치러주었다고 한다. 전우와 적들이 함께 상장喪章을 달고 시신을 운구하여 감독파 교회 묘지에 묻었다는 것이다. 또 다른 예로는 해전 중에 배에서 숨진 북군 해군 사령관 하트가 있다. 백기를 단 작은 배가 루이지애나 항구로 들어와 프리메이슨 회원을 찾자 리크W. W. Leake라는 인물이 즉각 지부 문을 열고 프리메이슨 의례에 따라 장례를 진행하였다고 한다.

프리메이슨 회원들은 적군에 소속된 회원이 자신을 알아보도록 하기 위해 군복에 조직의 상징을 달기도 했다. 프리메이슨 회원들은 또한 전장의 병원 및 치료소에서도 중요한 역할을 했다. 병원 자체가 프리메이슨 회원이 소유한 빌딩이나 농장에 마련되었던 것이다. 빅스버그Vicksburg의 프리메이슨 전당은 처음에는 남군을 위한 병원이었다가 도시가 함락된 후에는 북군 병원으로 사용되었다.

1993년, 펜실베이니아 총지부는 미 정부의 도움과 지원을 받아 게티스버그 국립묘지에 기념비를 세웠다. '북군 장교로 아미스티드 형제를 보좌하고 있는 브리검 형제'를 표현한 이 조각상은 '프리메이슨 형제들의 기념비'라고 불린다. 기념비 제작에 참여한 프리메이슨 회원 셸던 문Sheldon A. Munn에 따르면 이는 '프리메이슨이 미국 역사상 가장 비극적인 시기에 벌어진 호된 시련에도 변치 않은 우정, 공감, 형제애를 가진 조직임을 세계 만방에 알리는'의 미를 가진다고 한다.

에이브러험 링컨은 프리메이슨 회원이 아니었다. 하지만 프리메이슨 역사가인 폴 베셀은 그가 '프리메이슨의 중요한 자질이라 할 수 있는 신념, 희망, 박애정신, 신앙, 만민 평등 사상, 인간 능력에 대한 믿음 등을 모두 가지고 있었다.'라고 지적하고 또한 '여러 프리메이슨 회원과 교류하며 살았다.'라고 썼다. 1860년의 대통령 선거전 동안 일리노이 총지부 모임이 링컨에게 연설을 부탁한 적이 있었다. 그때 링컨은 "저는 프리메이슨 형제애 조직에 늘 깊은 존경심을 가지고 있었고 오랫동안 회원이 될 날을 꿈꾸었습니다."라고 말했다고 한다. 또한 대통령 선거전에서 링컨의 적수

회원은 아니었지만 프리메이슨에 많은 관심을 보였던 에이브러햄 링컨.

가 모두 프리메이슨 회원이고 특히 스티븐 더글러스Stephen A. Douglas 같은 경우는 링컨 고향인 스프링필드 지부의 초창기 회원이라는 말을 들었을 때 링컨은 "나는 프리메이슨이 아니네. 하지만 그 조직에 대해 존경심을 품고 있지."라고 말한 것으로 전해진다.

링컨이 사망한 후 링컨의 친구이자 컬럼비아 지구 총지부장 벤저민 프렌치Benjamin B. French는 〈매소닉 트라우얼Masonic Trowel〉 편집장(일리노이 총지부의 총무이기도 한 인물이었다)에게 보내는 편지에서 '링컨은 프리메이슨을 존경한다는 말을 한 적이 있으며 정식 회원으로 가입할 작정도 했었다.'라고 썼다. 벤저민 프렌치는 또한 뉴욕 총지부장에게 보내는 편지에서도 '링컨이 한때 가입을 결심했으나 회의 참석의 의무를 소홀히 할 것이 두려워 결심을 실천에 옮기지 못했다.'라고 밝혔다.

링컨의 전기 작가인 칼 샌드버그Carl Sandburg는 "프리메이슨은 아니었지만 그는 1851~1857년 동안 열린 프리메이슨 회의 기록 사본을 가지고 있을 정도로 관심이 많았다."라고 언급했다.

1865년 4월 14일, 링컨이 암살당한 후 대통령 직을 승계한 앤드류 존슨은 1851년부터 프리메이슨 회원이었다. 그는 테네시 82번 그린빌 챕터 소속이었을 것으로 추측되며 로열 아치 등급이었다. 1859년에는 요크 의식의 최고 등급인 성전 기사에 올랐다. 대통령 직무를 수행하던 1867년, 그는 백악관에서 스코틀랜드 의식 등급을 받기도 했다. 미 상원은 남부에 대한 존슨 대통령의 정책이 너무 나약하다고 보았고 존슨이 반남부 성향의 전쟁부 장관 에드윈 스탠턴Edwin Stanton을 해임시킨 것을 구실로 존슨을 탄핵하려 시도하였다. 반프리메이슨 성향의 찰스 섬너Charles Sumner, 초임의원이자 프리메이슨인 벤저민 버틀러Benjamin F. Butler 장군, 반프리메이슨 당 당수를 지내면서 윌리엄 모건 사건 당시 반프리메이슨 열풍에 참여했던 태디어스 스티븐스Thaddeus Stevens 등이 상황을 주도했지만 탄핵안은 한 표 차이로 상원에서 통과되지 못했다.

민간 차원에서도 백인 우월주의를 옹호하는 단체들이 남부에서 속속 생겨났다. 정의의 인간Men of Justice, 흰 얼굴Pale Faces, 헌법적 동맹 수호자들Constitutional Union Guards, 백인 형제White Brotherhood, 흰 장미회Order of the White Rose 등이 그것이었다. 하지만 전면에 나선 것은 큐클럭스클랜Ku Klux Klan이었다. 1866년 5월, 남부군 병사 출신이 테네시 풀라스키Pulaski에서 만든 이 단체는 처음에는 제대로 조직화되지 못했다. 하지만 1867년 4월, 테네시 내슈빌에서 남

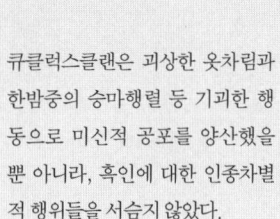
큐클럭스클랜은 괴상한 옷차림과 한밤중의 승마행렬 등 기괴한 행동으로 미신적 공포를 양산했을 뿐 아니라, 흑인에 대한 인종차별적 행위들을 서슴지 않았다.

군의 전설적 기병대장 나탄 베드포드 포리스트Nathan Bedford Forrest가 '제국의 대마법사Grand Wizard of the Empire'로 당선되었다. 각 주는 '거대한 용Grand Dragon' 아래 '왕국Realm'을 만들고 직원인 '히드라Hydra'를 8명씩 두었다. 카운티들을 묶어 '자치주Dominion'를 구성해 이를 '대大타이탄Titan'이 다스리게 하였고 '지방Province'에는 '대키클롭스Grand Cyclops'와 '밤의 매' 2명씩을 두었다. KKK 회원들은 '구울Ghoul'이라 불렸다.

KKK 역사가는 "괴상한 옷차림, 조용한 행진, 한밤중의 승마 행렬, 수수께끼 같은 언어와 명령어 등은 미신적 공포를 낳는 데 안성맞춤이었다. 이들은 말발굽에 천을 대어 소리가 안 나도록 하고 말 몸통도 흰 가운으로 감쌌다. 자신들은 흰 천을 두르고 흰 마스크로 얼굴을 가렸다. 안장에는 해골을 그려넣었는데 이는 죽은 남군들의 영혼이 전장에서 돌아왔다는 의미였다."라고 설명한다. KKK단은 공포감 조성만으로도 충분히 목적을 달성할 수 있었지만 흑인뿐 아니라 북부 출신의 뜨내기나 남부 출신 공화당 지지자에 대해서도 린치와 회초리 매질을 서슴지 않았다.

거침없이 불법을 자행하는 조직원들에게 경각심을 느낀 포리스트는 1869년 1월, KKK 해산을 명령하고 대마법사 자리를 사퇴했다. 다음해 미국 의회는 KKK 척결을 위한 법안을 통과시켰다. 법률이 효력을 발휘해 KKK는 잠잠해졌다가 1차 세계대전이 터지면서 다시 부활하였다. 전직 장관 출신으로 형제애 조직을 적극 지원하는 윌리엄 시몬즈William J. Simmons가 이끄는 KKK 첫 모임이 조지아 스톤 마운틴에서 열렸던 것이다. 이후 KKK는 오늘날까지 존속하고 있다.

프리메이슨이 남북전쟁 이후 KKK 조직 구조에 영향을 미쳤다는 점은 분명하다. 다만 여전히 논쟁거리로 남은 것은 앨버트 파이크가 스코틀랜드 의식의 대사령관(남부 관할)이었을 당시 재판장 자리에 있었는가의 여부이다. 그렇다고 보는 이들은 '흑인이 아닌 백인 앞에 의무를 진다'는 파이크의 발언을 근거로 든다. 파이크는 당시 "흑인을 형제로 받아들이거나 프리메이슨을 떠나거나 둘 중 하나라면 나는 떠나겠다."라고 선언했다고 한다.

파이크를 옹호하는 프리메이슨 회원들은 그가 KKK였다는 주장은 직접적인 증거가 없는 만큼 확인도 부인도 불가능하다고 설명한다. '1차 자료에 가깝다고 볼 수 있는 유일한 문서'는 1884년, KKK 창시자 중 한 명인 존 레스터John C. Lester가 쓴 소책자 하나뿐이다. 15년이나 지난 후에 씌어진 이 소책자에서 '파이크'라는 성씨가 한 차례 언급된 것이다.

이런 주장을 좀더 살펴보면 다음과 같다.

1905년, 월터 플레밍 박사가 존 레스터의 소책자를 다시 출판했을 때에야 KKK 핵심 구성원의 명단이 서문에 포함되었다. 수전 데이비스는 1924년에 역사서를 출간하면서 레스터의 많은 주장을 반박했고 플레밍의 피상적인 KKK 관련 지식을 비판하였다. 앨버트 파이크가 KKK와 관련된다는 주장을 보면 기껏해야 플레밍이나 데이비스를 인용했을 뿐이고 아무런 인용 없이 주장만 펼친 경우도 많다. 플레밍과 데이비스는 KKK 창립 회원들 몇몇의 50년 전 기억을 바탕으로 하여 책을 쓴 데 불과하다. 파이크가 KKK라는 점을 보여주는 제대로 된 참고 문헌도, 증거도, 증언도 없었다. 플레밍이 책을 출판하기 14년 전에 이미 고인이 되어버린 파이크에게는 물론 해명 기회가 전혀 없었다.

파이크 옹호론자들은 파이크와 KKK의 관련설은 풍문일 뿐이고 파이크가 인종차별적이었다 해도 그것은 "동시대의 기준에 비추어 보았을 때 극히 미약하다."고 설명한다. 1860년 말부터 1870년 초까지 파이크와 KKK를 연결시킬 수 있는 그 어떤 기록도 없다는 것은 파이크에 대해 박사논문을 쓴 월터 리 브라운 박사가 확언하

1827년 〈하퍼스 위클리Harper's Weekly〉에 실렸던 일러스트. KKK 단원 하나가 흑인 가정의 문 앞에 서서 총을 겨누고 있다.

는 점이기도 하다. 파이크 옹호자들은 또한 1872년에 나온 의회 조사 보고서인 '최근 폭동을 경험한 주들의 상황'에서 KKK 지도자로 의심되는 이들의 이름이 제시되었지만 파이크는 거기 포함되지 않았다는 점도 지적한다.

또한 KKK와의 관련성을 조금이라도 의심했다면 의회가 1898년 4월 9일, 파이크 기념비를 워싱턴 시내 연방 부지에 세우도록 허락하지도 않았을 것이다. 이 기념 조각상은 스코틀랜드 의식의 최고위원회가 당시 스코틀랜드의 의식의 전당 앞에 세운 것이다. 이를 허가한 법 조항에는 파이크가 남군에서 복무했다는 기록이 빠져 있다.

하지만 의회가 미국 프리메이슨에 대한 파이크의 공헌을 인정한 것도, 그가 KKK와 관련된다는 증거가 없다는 점도 아칸소 KKK의 '창설자'를 비난하기 위해 1992년 9월, 파이크 기념비 앞에 모여든 이들에게는 별 의미를 가지지 못했다. 이 반대 집회를 이끈 것은 논쟁을 몰고다니는 정치인 린든 라루슈Lyndon LaRouche였다. 프리메이슨이 주장하는 바에 따르면 파이크 반대 여론을 이끄는 안톤 체이트킨Anton Chaitkin 또한 라루슈와 긴밀한 관계라고 한다.

라루슈와 체이트킨은 KKK가 미국에서 옛 남부 동맹을 되살리려는 프리메이슨의 음모를 실현하기 위한 테러 조직이라고 주장한다. 또한 프리메이슨 역사가들이 미국 역사를 프리메이슨 음모의 역사로 고쳐 쓰는 중이라고 본다. 프리메이슨의 스코틀랜드 의식이란 대영제국의 노예 상태를 영속시키기 위해 만들어진 것이며 미국의 법체계는 스코틀랜드 의식에 휘둘리는 상태라고도 말한다.

한 주 동안 계속된 반파이크 집회 동안 기념 조각상은 마구 훼손당했고 KKK 상징물로 뒤덮였다. 1993년 4월 20일, 체이트킨과 레버런드 제임스 베벨Reverend James Bevel이라는 인물이 함께 조각상에 기어올랐다가 경찰에 체포되기도 했다. 재판정에 나가서도 이 두 사람은 판사가 텍사스 샌 안토니오의 앨버트 파이크 드몰레 지부 소속 프리메이슨 회원이라는 것을 이유로 폭언을 서슴지 않았다. 법원 바깥에서는 라루슈가 이끄는 시위대가 '파이크와 함께 꺼져버려라!'라는 피켓을 들고 시위했다.

프리메이슨과 KKK의 관계는 논란거리로 남겨둘 수밖에 없지만

19세기 후반에 프리메이슨이 다시 부상한 것이 미국인들의 가치관과 태도 변화를 반영한다는 데에는 의문의 여지가 없다. 역사가들은 프리메이슨이 '연회 등 사교적 기능으로부터 의례적 모임을 조심스레 분리시킨 18세기 신사 클럽'의 측면을 갖게 된 이유로 금주 절제 운동Temperance Movement의 영향을 지적한다. 반프리메이슨 기간 동안 표면화된 성직자들의 비판을 의식한 결과 프리메이슨의 가르침이 18세기의 계몽 철학 및 이신론으로부터 19세기 종교 쪽으로 보다 가까워졌다는 것이다.

당시는 남북전쟁을 통한 분열상의 직접적 영향하에서 여러 단체가 생겨나던 시기였다. 1864년, 미국에 형제애 정신이 절실히 필요하다고 주장하는 연방 관리들이 워싱턴에서 '피티아스의 기사들Knights of Pythias'을 만들었다. 기원전 4세기에 살았던 데이몬과 피티아스의 우정 이야기를 근간으로 하는 이 단체의 의례는 저스터스 래스본Justus H. Rathbone이 만들었는데 그 자신이 프리메이슨 회원이었던 탓에 프리메이슨과 흡사한 면이 많다. 하지만 《피티아스 기사정신Pythian Knighthood》이라는 책을 쓴 제임스 카나한James R. Carnahan은 비록 단체의 모토가 '우정, 박애, 선행'으로 프리메이슨과 유사하다고는 해도 자신들은 '프리메이슨이 그렇듯 수백 년 묵은 담쟁이를 주렁주렁 늘어뜨리지도, 중세와 그 이전 까마득한 옛날까지 거슬러 올라가는 수수께끼 같은 전설로 치장하지도 않으며 그저 당장 필요한 현재의 위안을 제공할 뿐'이라고 차이를 강조한다.

농업부 소속으로 남북전쟁 후의 남부 지역을 돌아보았던 프리메이슨 회원 올리버 허드슨 켈리Oliver Hudson Kelly는 '농업의 수호자들Order of the Patrons of Husbandry' 창립에 참여했다. 이는 '협력, 호혜, 개선'을 통해 농업을 발전시키기 위한 형제애 조직으로 '그레인지Grange'라고도 불린다. 켈리의 조카인 캐롤라인 홀Caroline Hall의 강력한 제안으로 인해 그레인지는 여성 회원을 받아들인 최초의 형제애 단체가 되었다.

'엘크스 자선보호회The Benevolent and Protective Order of Elks'는 본래 뉴욕 시의 배우 모임으로 출발하였다. 점심식사와 간식을 위해 모였던 이들은 곧 비밀 형제애 조직을 만들었고 그 상징을 사슴과의 동물인 엘크로 삼았다. 연극 영화계를 넘어서 회원을 모집하면서 엘크스 자선보호회는 프리메이슨의 영향을 많이 받았고 나중에는 '보호의 사슴뿔을 퍼뜨리기 위한' 자선 프로그램도 발전시켰다.

1888년, 켄터키 루이스빌에서는 '큰사슴단Loyal Order of Moose'이 조직되었다. 처음에는 그리 발전하지 못했지만 1906년, 정치인이자 노동운동가인 존 헨리 윌슨John Henry Wilson이 이끌게 되면서 급속히 확산되었다. 1911년에는 일리노이의 낙농가를 사들여 아버지나 어머니, 혹은 양친을 모두 잃은 어린이들을 위한 학교를 세우기도 하였다. 무즈허트Mooseheart 마을로 성장한 이곳은 이 단체의 본부가 되었다.

'노동의 기사단Order of Knights of Labor'은 1869년, 유라이아 스티븐스Uriah Stevens를 비롯한 의류업 노동자들이 만들었는데 미국 노동 계층을 대표하는 최초의 대규모 조직이 되었다. 프리메이슨 회원이었던 스티븐슨은 프리메이슨의 많은 요소를 차용했다. 이 단체는 1860년대에는 필라델피아 숙련공들을, 1870년대에는 탄광 노동자들을, 1880년대에는 도시 상인들을 대거 회원으로 확보했다. 노동의 기사단은 또한 남북전쟁 이후 노동 단체 중 흑인 회원을 환영했던, 극히 드문 조직이었다.

프리메이슨 역사가들은 19세기 말부터 20세기 초까지 미국에 쏟아져 들어온 유럽 이민자들이 만든 사회단체들과 프리메이슨을 연결시키기도 한다. 이런 단체에는 보험 가입과 영어 교육을 통해 유대계 미국인들의 정착을 도왔던 '노동자 모임Workmens' circle' (1894), 프랑스 출신 미국인들 사이의 형제애를 고양하고 복지를 증진한다는 목표하에 1900년에 로드아일랜드 운소킷Woonsocket에서 창립된 '세인트 존 유니온St. John Union' 등이 있다. 사회적 활동과 자선을 실천한 소규모 단체들 중에서는 '이탈리아의 자식들Sons of Italy'(1905)이 가장 크고 강력하게 성장해 전국적으로 12만 5,000명의 회원을 거느리게 되었다.

1882년에 만들어진 '콜럼버스의 기사들Knights of Columbus'은 로마가톨릭을 믿는 다양한 배경의 남자들이 가입할 수 있는 형제애 조직이었다. 교회가 비밀 결사를 비난하는 입장이었기 때문에 미국의 가톨릭교도들은 형제애 조직에 가입해 혜택을 받기 어려운 상황이었다. 코네티컷 뉴헤이븐의 성직자 마이클 맥기브니Michael J. McGivney가 설립한 콜럼버스의 기사들은 그 의식이나 등급 체계, '자선, 통일, 형제애, 애국'이라는 모토까지 프리메이슨과 유사한 구조를 가지고 있다.

콜럼버스의 기사들은 1884년, 로마가톨릭교회의 승인을 받았

콜럼버스의 기사들이 제작한 팸플릿 표지.

다. 하지만 프리메이슨에 대한 바티칸의 입장은 1739년의 클레멘트 12세 시절과 달라진 것이 없었다. 1884년의 레오 13세가 내린 교서를 보면 성직자들에게 가톨릭의 오랜 적을 물리쳐야 한다고 독려하면서 다음과 같이 말하고 있다.

존경하는 형제들이여, 우리 혈관을 타고 기어오르고 있는 사악한 역병을 뿌리뽑는 데 여러분의 힘을 합쳐주시기를 기원합니다. 프리메이슨의 가면을 벗기고 실체를 드러내는 것이, 또한 이런 조직의 유혹에 넘어가 사악한 주장을 펴는 이들을 설교와 교서로서 교화하는 것이 여러분의 첫 번째 임무임을 깨닫기 바랍니다.

교황의 이 교서가 전달되어 미국 각 도시에서 읽히게 될 무렵까지를 기준으로 보았을 때 남북전쟁 이후 각 주에 설립된 프리메이슨 총지부 수는 10개였다(당시에는 인디언 영역이라 불렸던 오클라호마도 포함한 수이다). 19세기 말엽이 되면 남부 관할의 36개, 북부 관할의 14개를 차지한 스코틀랜드 의식이 압도적이었다. 아서 에드윈 웨이트는 《프리메이슨 백과사전》에서 '서부의 위대한 땅'에서 미국 프리메이슨이 견지했던 민주주의는 영국 프리메이슨의 사회적 '배타성' 그리고 왕족 및 귀족주의 전통과 비교할 때 훨씬 더 현명한 방식이었다고 평가한다. 따라서 '위대한 발전'이 있다면 이는 미국에서 나타날 가능성이 많다고 하였다. '미국의 관대한 형제애'는 충분한 보상을 받을 것이고 '프리메이슨은 왕관을 쓰게 될 것'이라고도 하였다.

그리고 그 무렵 런던의 총지부가 영국 왕실과 각별한 공생 관계였던 탓에 프리메이슨은 세계 최초이자 가장 악명 높은 연쇄살인범과의 관련설에 휘말리는 상황에 처했다.

13장

살인마 잭은 프리메이슨이었나?

FREEMASONS

FREEMASONS

　　1888년 8월 31일 금요일, 창부 매리 앤 니콜라스가 런던 동부 화이트채플 지역에서 살해된 채 발견되었다. 8일이 지난 9월 8일 토요일에는 또 다른 창부 애니 채프먼의 사체가 핸버리 거리 뒷골목에서 발견되었다. 9월 30일 일요일에는 엘리자베스 스트라이드와 캐서린 에도우즈가 각각 버너 거리와 마이터 광장 근처에서 살해되었다. 채프먼은 자궁이 도려내진 상태였고 에도우즈는 자궁과 왼쪽 신장이 잘려나가 있었다. 그 다음 주 금요일에는 도셋 거리의 하숙집에서 매리 켈리가 침대에서 숨진 채 발견되었다.

　　런던 경찰 범죄수사부는 화이트채플 지서 소속 에드먼드 레이드 형사 혼자서는 감당할 수 없는 사건이라 보고 프레드릭 애버린, 워터 앤드류스, 제임스 맥윌리엄이라는 세 형사와 경찰관들을 사건

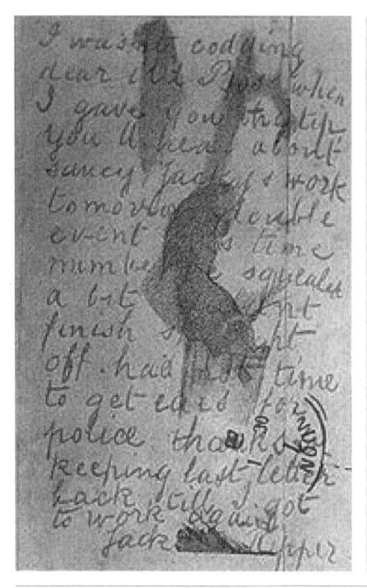

살인마 잭이 스스로를 '뻔뻔스러운 잭'이라고 적은 1888년 10월 1일자 엽서.

수사에 추가 배치하였다. 용의자는 없었다. 9월 29일, 범인의 이름이 알려졌다. '살인마 잭Jack the Ripper'이라고 서명한 편지가 도착한 것이다. 나흘 전에 씌어진 그 편지는 '나는 창녀가 싫다. 잡히기 전까지는 살인을 계속할 것이다.'라는 내용을 담고 있었다.

9월 30일에 두 건의 살인사건이 벌어진 후 또 다른 편지가 날아왔다. 붉은 잉크로 쓴 그 편지에서 '살인마 잭'은 스스로를 '뻔뻔스러운saucy 잭'이라 불렀다. 이 편지의 진위 여부에 대해서는 아직도 전문가들이 논란을 벌이고 있다.

목격자들은 범인이 검은 옷에 챙 넓은 모자를 쓰고 반짝거리는 검은 가방을 들고다니는 우아한 신사라고 진술했다. 10여 명의 남자들이 용의선상에 올라 조사를 받았지만 곧 풀려났다. 경찰이 집

당시 런던 시 경찰국장이었던 찰스 워렌.

집마다 돌아다니며 단서를 찾았고 수배 전단이 돌았으며 사설탐정 및 '화이트채플 방범단' 회원들도 수색전에 참여했다. 10월 16일, 화이트채플 방범단 대표인 조지 러스크에게 사람 신장 일부가 든 상자가 배달되었다. 가는 글씨체로 갈겨쓴 편지가 동봉되어 있었는데 신장을 튀겨 먹었더니 맛이 아주 좋았으며 할 수 있다면 자기를 잡아보라는 내용이었다. 맞춤법은 엉망이었다. 형사들과 경찰은 범인이 의과대학 학생일 것으로 추정하였다.

단서는 거의 없었다. 단 한 차례, 에도우즈 사건 직후 피로 얼룩진 앞치마가 화이트채플 굴스턴 거리에서 발견되기는 했다. 앞치마 위쪽 벽돌 담장에 '유다인Juwes은 비난받을 이유가 없는 존재이다.'라고 씌어 있었던 것이다.

하지만 그 현장에 갔던 런던 시 경찰국장 찰스 워렌Charles Warren

13장 살인마 잭은 프리메이슨이었나? 209

경은 그 글씨를 지워버리게 했다. 훗날 그는 '유다인'이라는 것이 '유대인'으로 해석될 경우 반유대 폭동이 번질 것이 두려워 그런 행동을 한 것이라 설명하였다. 하지만 그가 영국에서 아주 유명한 프리메이슨 회원이었던 탓에 그 행동은 오랫동안 구설수에 올랐다. 거의 100년이 지나 나온 책이나 영화들에서도 살인마 잭은 프리메이슨이 영국 왕실을 지키기 위해 음모를 꾸미는 과정에서 만들어진 가공의 인물이었다고 되어 있다. 또한 모든 살인은 프리메이슨 의식에 맞게 이루어졌다는 주장도 나온다.

군인이자 탐험가, 고고학자였던 찰스 워렌은 영국의 샌드허스트Sandhurst 사관학교를 졸업하였고 1867년에는 팔레스타인 탐사 재단의 일원으로서 솔로몬 신전 자리에 세워진 헤로드 신전을 조사하고 예루살렘에서도 중요한 발굴 작업을 하였다. 그 경험을 바탕으로 《신전 혹은 무덤 The Temple or the Tomb》 《예루살렘 아래 Under Jerusalem》라는 책도 출판하였다. 1859년 12월 30일에 프리메이슨 회원으로 가입한 그는 1863년에 거장 past master 등급이 되었고 1887년에는 지브롤터 278번 우정의 지부 소속으로 영국 총본부 대조합장 past grand deacon에 올랐다. 살인마 잭 사건이 터졌을 때 그는 2076번 쿠아투오 코로나티 Quatuor Coronati 지부의 대표였다. 이 지부의 모임 장소는 매리 켈리가 살해당한 곳에서 멀지 않았다. 찰스 워렌은 1884년에 이 지부의 초대 장인으로 선출되었고 1884년 11월 28일, 지부가 공식 승인받도록 공헌하였다. 이후 워렌이 아프리카 부쿠아나 Buchuana로 떠나게 되면서 이 지부는 그가 돌아온 1885년 말까지 모임을 갖지 않았다. 그는 1886년 1월 12일의 첫 공식 모임에 모습을 나타냈고 경찰국장을 지내는 3년 동안 열린 7차례 모임 중 세 번의 모임에 참석했다.

1888년 11월 7일, 그는 경찰국장 직에서 물러났다. 사직 이유는 내무장관 헨리 매튜스Henry Mathews와의 갈등 때문이라는 주장이 우세하다. 바로 그날, 살인마 잭의 마지막 희생자가 된 매리 켈리의 시체가 발견되었다.

《살인마 잭: 최종 해결Jack the Ripper: The Final Solution》을 쓴 스티븐 나이트Stephen Knight는 '워렌 경이 그토록 황급히 증거를 없애버린 이유는 무엇일까?' 라는 질문을 던진다. 그리고 '경찰 고위 간부가 정의 실현에 그토록 배치되는 행동을 하게 되는 이유가 오직 한 가지뿐이라는 점을 깨닫지 못한다면 이 사건은 미궁 속에 머무를 수밖에 없다. 워렌 경은 정의보다 더 높은 곳에 있는 무언가에 충성을 바쳤던 것이다. 자, 그러면 살인마가 남긴 메시지에서 프리메이슨을 겨눈 것은 무엇이었을까? 그 해답은 '유다인' 이라는 단어에 있다.' 라고 썼다.

'Juwes' 라는 그 단어는 유대인Jews의 오기가 아니라 히람 아비프를 죽인 세 장인(주벨라Jubela, 주벨로Jubelo, 주벨룸Jubelum)을 가리키는 말이었다는 것이다. 또한 이는 연쇄살인이 프리메이슨의 소행임을 보여준다고도 하였다. 스티븐 나이트의 설명에 따르면 워렌 경은 로열 아치 회원으로서 '어려움에 처한 다른 로열 아치 회원을 돕고 그를 곤경에서 구할 의무가 있다' 고 한다. 그가 저지른 일이 옳든 그르든, 살인이든 반역이든 간에 말이다.

수사 도중 용의자로 떠오른 사람 중에는 화이트채플에 사는 폴

1890년의 앨버트 왕자. 앨버트 왕자 사건은 살인마 잭과 프리메이슨의 관계에 대해 숱한 의혹을 낳았다.

란드 출신의 가난한 유대인 코스민스키, 31세의 법률가이자 교사였던 몬태규 존 드루이트(그는 1888년 12월에 자살했다), 러시아 태생의 절도범이자 사기꾼인 마이클 오스트로그, 56세의 미국인 퀘이커교도로 의사인 프랜시스 텀블티(56세의 미국 의사로 1888년 12월에 외설죄로 체포되었고 그달 말에 영국을 떠났다)가 있었다. 이 중 앞의 세 명은 런던 시경의 부서장 급으로 1889년 6월부터 범죄수사국 부국장이 된 멜빌 맥너튼Melville Macnaghten 경이 지목한 이들이었다. 그가 1894년 2월 23일에 작성한 보고서를 보면 범죄수사국의 로버트 앤더슨 국장과 도널드 스완슨 담당 수사관은 코스민스키를 유력한 용의자로 본다는 언급이 있다. 멜빌 맥너튼 자신은 드루이트가 가장 수상하다고 여겼다. 세 번째 용의자 오스트로그가 언급된 이유는 알려져 있지 않다. 네 번째 용의자인 텀블티는

1888년에 범죄 수사국장을 역임했던 존 조지 리틀차일드가 '심정적으로' 지목한 인물이었다.

하지만 그 중 누구도 범인으로 밝혀지지 않았다.

연쇄살인 사건 이후 근 한 세기가 지나 작가 스티븐 나이트는 자신이 사건을 해결했다고 주장했다. 이야기는 빅토리아 여왕의 손자인 24세의 앨버트 왕자가 글도 모르는 점원 출신의 가톨릭교도 애니 크룩이라는 여자와 남몰래 결혼해 아이를 낳았다는 데서 시작한다. 왕자의 친구는 유모를 고용했고 유모는 비밀리에 태어난 왕손을 돌보게 되었다. 하지만 당시 영국은 정치적 격변기를 겪는 중이었고 왕위계승 서열 2위인 왕자가 하류층의 무식한 가톨릭교도와 결혼해 자식까지 두었다는 사실이 알려졌다가는 자칫 왕실 자체가 붕괴될 수도 있었다. 그렇게 되면 고위층에 있는 프리메이슨 회원들도 지위와 권세를 잃을 판이었다.

얼마 후 창부가 되어버린 유모는 다른 창부 세 명에게 앨버트 왕자와 그 자식에 대한 비밀을 털어놓았다. 창부들은 사실을 만천하에 폭로하겠다며 위협을 가하기 시작했고 총리와 여왕은 왕실의 주치의에게 문제 해결을 명령했다. 프리메이슨 회원이었던 윌리엄 걸William Gull은 창부들을 죽이기로 하고 형제들을 불러 도움을 청했다. 서로를 보호한다는 형제애의 서약에 묶인 관계였으므로 충분히 믿을 수 있었던 것이다. 윌리엄 걸은 왕자의 비밀을 아는 창부들의 이름을 확인해 이들을 한 명씩 불러내 살해하고 프리메이슨 의식에 따라 사체를 훼손한 후 버렸다고 한다.

스티븐 나이트의 이러한 주장은 비밀 결혼을 지켜본 앨버트 왕자의 친구 월터 시커트Walter Sickert가 아들에게 해준 이야기에 바탕을 두었다고 한다. 1976년 작 영화 〈천명에 따른 살해Murder by Decree〉를 보아도 셜록 홈즈가 등장해 위와 똑같은 음모를 파헤치고 있다. 영화의 절정 부분을 보면 총리가 홈즈를 불러 수사 중단을 명령한다. 그때 홈즈는 프리메이슨 고유의 신호를 보내며 상대의 입을 막는다. 그리고 '주벨라, 주벨로, 주벨룸'의 히람 아비프 살해를 근거로 정부 고위층 프리메이슨 회원이 관련된 창부 살인 사건을 설명한다. 2001년 작 〈프롬헬From Hell〉에서도 비슷한 내용이 전개되는데 여기서는 탐정이 프레드 애벌린Fred Abberline(조니 뎁 분)이다.

스티븐 나이트의 책을 읽은 독자들, 그리고 위에 말한 영화 두 편을 관람한 수백만 명의 사람들은 연쇄살인 사건의 전모가 정말 그러했다고 생각하게 되었다. 이에 대해 프리메이슨은 '실제 사실'을 언급하며 해명하고 있다. 프리메이슨 역사가인 폴 베셀은 프리메이슨 관련설이 전적으로 월터 시커트의 아들 진술에 의존한다는 점을 지적한다. 하지만 1978년 6월 18일에 〈선데이 타임즈〉에 실린 기사를 보면 월터 시커트의 아들이 그 모든 이야기는 '자신이 지어낸 것'이었음을 인정했다는 내용이 있다.

살인마 잭 사건의 전문가인 도널드 럼블로우Donald Rumblelow도 월터 시커트의 이야기에 문제를 제기한다. 《살인마 잭: 완전한 사례집Jack the Ripper: The Complete Casebook》이라는 자신의 책에서 그는 '월터 시커트의 이야기에서 검증 가능한 부분들을 보면 사실이 아니라는 결론이 얻어진다.'고 하였다. 스티븐 나이트의 책에 대해서도 '증거가 대체 어디 있는가? 증거는 전혀 없다. 사실을 탐구해보면 이 책은 점점 더 신빙성을 잃는다. 어떤 시각에서 보든 스티븐 나이트의 주장을 뒷받침할 근거는 찾을 수 없다.'라고 썼다.

'프리메이슨이 범인'이라는 스티븐 나이트의 단언에 대해 폴 베셀이 쓴 글을 보자.

> 프리메이슨 의식을 알고 있는 사람에게는 그것이 살인마 잭의 사체 훼손과는 아무런 상관도 없다는 점이 분명하다. 유사하다는 주장은 그저 부정확한 오해일 뿐이다. 스티븐 나이트는 심장을 꺼내 왼쪽 어깨 너머로 던지는 프리메이슨의 형벌(이는 순수하게 상징적인 행동이다)을 언급한다. 하지만 살인마 잭이 희생자들의 '오른쪽' 어깨 위에 놓은 것은 심장이 아닌 장이었다.

이어 베셀은 담장 위에 쓰여 있던 단어 'Juwes'에 대해서도 설명한다.

> 그런 단어는 프리메이슨의 의식에서 한 번도 사용된 바 없다. 또한 히람 아비프를 살해한 세 악한의 이야기는 살인마 잭의 살인 사건이 일어나기 이미 70년 전부터 영국 프리메이슨 의식에서 사라진 부분이다. 살인 현장에서 그 단어를 지운 것은 무고한 사람들을 대상으로 한 반유대 폭동을 막기 위한 현명한 조치였다고 판단된다. 안 그래도 일부에서는 유대인 이민자들을 의심하는 목소리를 내기 시작하는 상황이었기 때문이다.

더욱이 앨버트 왕자의 소생이라고 하는 여자아이가 스티븐 나이트의 주장대로 1885년 4월 18일생이라면 그 아이는 왕자가 독일에 있을 동안 임신된 셈이다. 또한 왕자와 애니 크룩은 1888년, 시커트가 소유한 스튜디오에서 만났다고 되어 있는데 이는 불가능한 일이다. 그 건물은 1886년에 해체되었고 다음해 그곳에 병원이 지어졌기 때문이다. 또한 살인마 잭 사건에서 핵심 인물로 언급된 윌리엄 걸은 당시 이미 72세의 고령이었고 심장 발작으로 고생하는 상황이었다. 설사 그런 상태의 그가 상대적으로 젊고 힘센 창부 다섯 명을 죽이고 그 사체의 장기를 꺼냈다 해도 '살인마 잭'을 찾기 위해 이목을 곤두세우고 있는 런던 시민들이 전혀 모르게 일을 해치우기란 실질적으로 불가능했다는 것이 베셀의 의견이다.

마지막으로 당시와 현재의 영국 법에 따르면 왕족의 결혼은 군주가 얼마든지 취소할 수 있고 또한 가톨릭교도와 결혼한 왕족은 왕위를 계승할 수 없다. 따라서 앨버트 왕자의 결혼 이야기가 사실이라 해도 살인이 필요할 이유는 전혀 없었던 셈이다(또한 살인마 잭 사건 전문가들에 따르면 애니 크룩은 애당초 가톨릭교도도 아니었다고 한다).

스티븐 나이트의 이야기는 영국 국민들이 앨버트 왕자와 관련된 추문에 격분하여 왕실 및 영국 지도층에 대한 저항운동까지 일으키게 되리라는 가정에 바탕을 둔다. 베셀은 '경찰의 수사 실패는 그런 살인사건을 제대로 다뤄보지 못한 경험 부족 탓이다. 또한 경찰과 정부의 대처가 미숙한 부분도 있었다. 살인마 잭을 잡지 못한 것은 프리메이슨의 음모라기보다는 이러한 미숙한 대처 때문으로 보인다.'라고 썼다.

 2003년, 범죄소설 작가인 패트리셔 콘월Patrisha Cornwall은 《살인자의 초상: 살인마 잭의 실체》라는 책에서 범인은 다름 아닌 월터 시커트라는 주장을 펼치기도 했다.

 프리메이슨이 연쇄살인과 관련되었다는 주장이 아직까지도 제기되는 것은 지부의 닫힌 문 안쪽에 대한 의혹 때문으로 보인다.

14장

프리메이슨 지부

FREEMASONS

지부를 뜻하는 단어 '로지lodge'에는 프리메이슨의 조직, 그리고 조직이 모임을 갖는 방이나 건물이라는 두 가지 의미가 모두 담겨 있다. 몇몇 프리메이슨 건물은 '전당temple'이라고도 불린다. 앞서 설명했듯 '로지'는 중세 석공들이 성당을 짓는 동안 옆에 임시로 만들어두었던 작은 집의 명칭에서 기원했다. 지부에 대한 가장 오래된 기록을 보면 '프리메이슨의 비밀을 수호한다는 목적하에 모였으며 성경, 자와 컴퍼스, 규약집, 권한을 부여하는 인증서를 가진 형제들의 무리'라는 설명이 나온다. 이후에 나온 설명을 보면 지부는 '조직의 비밀을 설명하기 위한 프리메이슨 모임으로 정당성, 완벽성, 규범성이라는 속성을 갖는다. 정당성은 신성한 법의 많은 부분이 여전히 제대로 밝혀지지 못했기 때문이고 완벽성은 프리메이슨의 모든 하부조직에서 대표자를 출석시켜 모임 과정을 확인하게 되는 구성 인원의 측면을 뜻하며 규범성은 로지가 열리는 국가의 그랜드 마스터가 규약에 따라 모임을 허가한다는 의미이다.'라고도 되어 있다.

로버트 매코이의 《프리메이슨 사전》에서는 지부가 '직사각형 형태'이고 '합법적인 지부 회원이자 양식 있는 형제 세 명'이면 구성 가능하며 '다섯 명이면 더 좋고 일곱 명이면 완벽하다'라고 되어 있다. 프리메이슨 홀이라 불리는 지부 모임 장소는 다음과 같이 설명된다.

외부로부터 격리되어 있어야 하고 가능하다면 높은 담장에 둘러싸여 다른 건물과 분리된 안뜰 형태가 좋다. 이렇게 하여 외부인이 훔쳐보거나 엿들을 수 없도록 한다. 비밀 조직 프리메이슨에 대해 외부인들은 호기심이 많아 비밀을 훔쳐보려 하고 옳지 못한 방법으로라도 프리메이슨 사이에 교환되는 지식을 알고자 한다. 하지만 대부분의 프리메이슨 모임이 열리게 되는 대도시에서 이런 장소를 찾기란 쉽지 않으므로 높은 층을 고르도록 하고 잇닿은 건물들이 있다면 창문이 지붕에 있거나 바닥에서 높은 곳에 뚫린 방을 선택해야 한다.

지부는 동서로 긴 형태이다. 지부 위쪽은 '푸른 창공'이다. 지부 동쪽이 반드시 정동향이어야 하는 것은 아니다. 동쪽은 '빛과 가르침'을 베푸는 지부장의 자리이다. 지부를 지탱하는 세 버팀 기둥은 지혜, 힘, 그리고 아름다움이며 이들은 지부에 '고정된' 세

가지 보석인 직각자, 연추, 수평기에 각각 연결된다.

지부의 또 다른 특성은 '지부의 장식'이라 불리는 것들이다. 이는 '모자이크 장식 바닥' '가장자리가 톱니 모양인 타일' 그리고 '반짝이는 별'이다. 이들은 선과 악, 밤과 낮, 뜨거움과 차가움, 사랑과 미움이라는 상반된 것들을 대표한다.

회원들에게만 개방되는 로지는 두 가지 종류의 모임이 열리는 장소이다. 정규모임에서는 이전 회의의 회의록을 읽고 가입 희망자에 대한 투표를 실시하거나 자선사업을 계획하고 아프거나 도움을 필요로 하는 다른 회원(형제)들의 소식을 교환한다. 두 번째 유형의 모임은 '등급'이라 불리는 회원 위계의 조정 의식이다.

미국의 지부들은 천장 색깔이 푸르다고 하여 '푸른 지부blue lodge'라 불린다. 이 푸른 지부들은 해당 주나 지역의 총지부로부터 승인을 받아야 공식 지위를 가진다. 그렇지 못한 지부는 비정상이거나 비밀스러운 것으로 간주된다. 총지부의 수장은 '총지부장' 혹은 '그랜드 마스터'라 불리는데 일년 임기로 선출된다. 그랜드 마스터는 언제 어디서 열리는 모임이든 참석할 수 있고 지부의 운영 문제를 결정한다. 푸른 지부들은 각기 원하는 방식으로 프리메이슨을 정의하고 있기 때문에 매우 다양한 정의가 나오게 되었다. 프리메이슨은 모든 교과를 더 많이 공부함으로써 지식을 퍼뜨리는 것이라는 주장이 있는가 하면 인류의 도덕성을 강화하고 법과 통치체제를 개선해 인간을 완벽하게 만드는 것이라는 시각도 있다. 혹은 프리메이슨이 신과 신의 작업을 파악하기 위한 수단으로서 철학 및 종교의 전통을 점검하는 임무를 맡았다고도 한다. 앨버트 파이크는 프리메이슨이 '우주의 원칙'을 드러내기 위해 기본적인 원칙들을 공부하는 방법이라고 말했다. 우주(절대적 존재)를 완전히 이해하려면 프리메이슨에서 사용되는 모든 비유와 상징을 연구해 '빛'을 발견해야 한다는 것이다.

18세기 초반에는 프리메이슨의 '현대적' 목적이 '인류의 보편성과 인류 결속의 오랜 전통이라는 원칙'을 유지, 발전, 계승하는 것이라 설명되었다. 프리메이슨 이론가인 윌리엄 해먼드William E. Hammond는 프리메이슨이 '우정과 상호 도움을 통해 최고의 인간상과 문화'를 만들어내게끔 해주는 '도덕적 훈련'이라고 말한다. 또 다른 프리메이슨 지도자인 조지프 포트 뉴턴Joseph Fort Newton은 이를 '공동체 속에서 이웃을 돕고 자유로운 마음을 키우며 민주주의를 유지하기 위한, 그리하여 인류를 위한 봉사 속에서 사람들을 하나로 묶기 위한 공공서비스와 공동체 의식의 형태'라고 정의한다. 앨런 로버츠와 앨버트 맥케이는 프리메이슨이 '삶과 죽음의 의미를 가르침으로써 자기 자신뿐 아니라 서로서로 발전하도록 만드는 윤리와 형제애 체계'로서 '삶 속에 존재하는 신의 진실'을 찾고 '잃어버린 단어'를 탐색하는 과정을 거치게 된다고 말한다.

아서 에드워드 웨이트와 윌름셔스트는 프리메이슨을 영적 활동으로 설명한다. 웨이트는 '아직 이해의 경지에 도달하지 못한 이들을 위해 상징으로 신을 체험하도록 하는' 신비주의라 정의한다. 윌름셔스트는 '일상적으로 거치는 삶의 여정보다 훨씬 높은 수준으로, 우리가 배워야 할 고대의 비밀이 존재하는 내적 세계로 이끌어주는 프리메이슨 의식과 상징의 의미'로서 영적인 삶을 언급한다. 워드J.S.M. Ward는 프리메이슨 조직 안에서 정치적, 사회적, 제례적, 역사적, 그리고 신비적 사고가 '위대한 형태로' 결합되어 있다고 설명한다. 커크 맥널티W. Kirk MacNulty는 프리메이슨이 '우리 자신의 마음을 좀더 잘 알고 더 높은 수준에서 재탄생하기 위한 방법'이라 정의한다. 헤이우드는 프리메이슨이 새로이 태어나 (히람 아비프 드라마로 상징화되듯이) 성스러운 힘을 얻기 위한 방법을 보여주는 윤리체계라고 본다. 누구의 설명과 견해에서든 프리메이슨은 누구든 자신의 마음, 능력, 자유를 사용하고 스스로를 통제할 권리를 동등하게 가진다고 본다는 점은 동일하다.

프리메이슨은 '중세 시대 석공들의 조합에 기원을 두고 고대의 책무, 규칙, 관습, 전설 등이 결합되어 있는 형태로서 서약으로 맺어진 형제애 집단'이라 정리할 수 있다. 소속된 통치체제에 충성하면서 프리메이슨은 비유, 강의, 책무 등의 방법으로 과거 석공들이 사용하던 작업 도구에 상징적인 의미를 부여하고 도덕적, 사회적 미덕을 가르친다. 회원들은 형제애, 평등, 상호 도움과 조력, 비밀 엄수, 자기 확신 등의 원칙을 준수해야 한다. 회원들 사이에는 공공장소에서든 로지 내부에서든 서로를 알아볼 수 있는 비밀스러운 방식이 있다.

오늘날 이 형제애 조직은 전세계에 퍼져 있고 조직, 기본 신조, 관행 등의 측면에서 변화를 거듭하는 중이다. 지부들은 그랜드 마스터가 이끄는 총지부에, 그리고 국가와 지역의 정치체제에 복종하게 되었다. 회원이 되고자 하는 후보들에게는 자유의지를 확인시키고 '절대자' 및 영혼의 불멸성에 대한 믿음을 표현하도록 요구한다. 성경이나 기타 '신성한 법령'에 관한 책이 지부 안에 전시되고 신입 도제, 숙련공, 장인(마스터)으로 이어지는 승급 단계마다 사용된다.

어느 역사가는 이렇게 썼다.

가장 광범위하고 포괄적으로 설명해보면 프리메이슨은 도덕성과 사회적 윤리의 시스템이자 삶의 철학이다. 그 근본은 인도주의를 바탕으로 삶을 실제적인 경험으로 보며 물질적인 것이 영적인 것에 종속된다고 하는 단순한 원칙이다. 특정 종파나 교파에 속하지 않으며 모든 것에서 진실을 찾는다. 도덕적이지만 위선적이지 않다. 고결함보다는 온건함을 요구하며 인내심을 지녔지만 태만하지는 않다. 진실을 찾지만 그것을 정의하지 않는다. 추종자들에게 생각할 것을 요구하지만 무엇을 생각할지는 말해주지 않는다. 무지를 미워하지만 무지한 자를 배척하지 않는다. 교육을 장려하지만 교육 내용은 정해주지 않는다. 정치적 자유와 인간의 존엄성을 신봉하지만 강령을 정하지도 선전에 나서지도 않는다. 삶의 숭고함과 유용함을 믿는다. 겸손하며 호전적이지 않다. 절제되고 보편적이며 누구든 프리메이슨이 무엇이고 어때야 하는지를 나름대로 생각하고 표현할 수 있도록 허용하고 또 이야기를 나누게 할 정도로 자유롭다.

프리메이슨은 자유의지로 신의 존재를 믿고 도덕성 체계인 지부의 등급을 받아들여 다른 이들의 믿음을 용인하며 애국하고 법을 지키고 불행한 이를 돕고 형제애를 실천하고 엄숙한 의무를 받아들며 그것을 행하는 남성들로 이루어진 형제애 조직이다.

미국 프리메이슨은 함께 시작하고 끝나는 두 갈래 계단과도 같은 모습이다. 첫 번째 계단은 신입 도제이다. 신입회원은 숙련공을 거쳐 세 번째 단계인 장인에 이른다. 그 이상의 승급을 원한다면 스코틀랜드 의식이나 요크 의식 중 하나를 따르게 된다. 스코틀랜드 의식에는 32등급이 있다. 그 각각의 등급은 '솔로몬 왕' '키루스Cyrus 왕' '조지 워싱턴' 등의 이름으로 불린다. 서른세 번째 등급은 최고위원회에서 수여한다. 요크 의식을 따르게 되면 10개 등급이 있다. 이 역시 '신전 노동자' '대가' '이스라엘 원주민' '유대의 고위 성직자' '두로의 히람 왕' '몰타의 기사' '성전 기사' 등의 명칭이 있으며 스코틀랜드 의식의 등급과 동일한 권위를 가진다.

미국에서는 1840년 중반까지 지부 내에서 장사를 하는 회원은 첫 번째 등급만 받을 수 있었다. 하지만 1800년대 후반에는 도제와 숙련공 등급은 제외하고 장인 등급만 사업이 가능했다. 최근에는 일부 총지부들이 규칙을 바꾸어 어느 등급 회원이든 사업을 할 수 있도록 하였지만 투표권은 장인 이상으로 한정했다(2000년 1월 기준으로 이렇게 허용한 곳은 전체의 24퍼센트인 12개 지부이다).

지부는 지부장의 통제를 받는다. '존경받는 장인Worshipful Master'이라 불리는 지부장은 모임의 회장에 해당한다. 수석 감독관senior warden과 하위 감독관junior warden이 부회장이 된다. 총무와 회계도 있다. 조합장deacon은 연락책이고 스튜어드는 다과 담당이다. 지부가 모임을 가질 때에는 반드시 망 보는 이를 두어야 한다. 망 보는 이는 출입문을 지키면서 비회원이 들어오거나 모임을 엿듣지 못하도록 한다.

승급 의식은 결속과 명예, 신뢰, 자기 통제, 진실성, 인간의 영적 본질에 대한 깨달음, 사랑하고 사랑받는 방법에 대한 가르침, 비밀 유지 등의 중요성을 가르치는 드라마로 이루어진다. 프리메이슨의 학습은 의식에 따라 이루어지고 이 때문에 회원들은 비회원에게 의식 내용을 알리지 않으려 한다. 프리메이슨 의식에 사용되는 언어는 총지부에서 통제한다. 프리메이슨의 의식이 항상 비밀리에 진행되는 것은 바로 이 때문이다. 이미 등급 체계에 들어간 회원임을 증명할 수 있어야 입장이 허락된다.

프리메이슨의 가르침은 장인 등급에 올라갔을 때 받게 되는 작은 책에 담겨 있다. 이 책의 내용과 배포는 총지부가 관리한다. 책에는 프리메이슨 의식에서 사용되는 주요 상징의 의미, 그리고 의식의 의미가 설명된다. 널리 사용되는 것은 1862년에 앨버트 매키Albert G. Mackey가 쓴 책이다. 《지부 매뉴얼》이라는 제목의 이 책 내용을 일부 소개하면 다음과 같다.

이교의 암흑 속에서 고대의 의식과 수수께끼들이 가졌던 목적은 단 하나, 영혼의 불멸성을 가르치는 것이었다. 이는 프리메이슨의 세 번째 등급에서도 마찬가지이다. 의식의 목표는 바로 거기 있다. 장인은 젊음과 장년, 노년의 인생을 모두 그림자처럼 흘려보

프리메이슨의 《지부 매뉴얼》을 쓴 앨버트 매키.

내고 죄악의 무덤에서 일어나 다른 존재, 더 나은 존재가 되고자 하는 인간을 상징한다. 전설과 의식을 통해 프리메이슨은 우리가 죄의 죽음과 오염의 무덤에서 구출될 수 있음을 알려준다. 그리하여 우리는 올바로 인도된 젊음은 영예롭고 덕 있는 성장을 가져오며 도덕, 신념, 정의의 규제를 받는 인간 삶은 마지막 순간에 영원한 빛으로 보상받는다는 결론에 이르게 된다.

맥키는 또한 등급 조직이라는 것이 '육신의 부활과 영혼의 불멸이라는 위대한 신념을 형상화하는 것이고 따라서 이는 프리메이슨 조직의 학식 있는 필자에 의해 결정된다.'라고 설명한다.

등급 위계의 출발점은 신입 도제이다.

15장

형제 조직으로의 가입

FREEMASONS

앨버트 매키는 《프리메이슨 백과사전》에서 '등급degree이란 그 본래 의미로 보면 '발걸음'이다. 프리메이슨의 등급 체제는 결국 회원들이 낮은 수준에서 높은 수준의 지식으로 올라가는 발걸음이다.'라고 썼다.

각 등급으로 올라갈 때마다 지원자는 '프리메이슨 교리문답'이라 불리는 드라마에 참여해야 한다. 이를 통해 등급마다 서로 다른 질문과 대답들을 외우도록 되어 있다. 조직에 가입하려는 사람은 교리문답을 잘 아는 회원과 만나 그의 도움을 받으며 질의응답을 암기한다. 첫 번째 등급은 '신입 도제'이다. 기본 자격조건은 성년에 달했을 것(18세 혹은 21세 이상), 범죄 전과가 없을 것, 훌륭한 도덕적 성품일 것, 초월적 존재와 영혼의 불멸을 믿을 것 등 세 가지이다.

지원자가 가입 신청을 하면 그의 배경 정보를 철저히 조사한 후 지부 회원들이 비밀투표로 가입 허용 혹은 불허를 결정한다. 이 비밀 투표는 '시련Ordeal'이라 불린다. 회원이 되려면 만장일치로 찬성을 얻어야 한다. 투표에는 희고 검은 공 혹은 정육면체가 사용된다. 여기서 'black-balling(자격을 빼앗거나 참여를 막음)'이라는 말이 유래했다. 한 사람이라도 검은 공이나 정육면체를 던지면 회원가입은 불가능하다. 하지만 가입이 불허되는 경우보다는 허용되는 경우가 훨씬 더 많다.

프리메이슨은 종교집단이 아니라 주장하지만 그 의식을 보면 그리스도교의 세례나 견진성사 등과 비슷한 점이 많다. 종교인이 되기 위한 절차가 그렇듯 프리메이슨이 되기 위해서도 교리문답을 공부하며 '성실하게 준비하여야' 한다. 첫 번째 등급의 회원이 되기 위한 의식은 '결핍의 의식rite of Destitution'이라 불린다. 속세의 성취가 아닌 내적인 연마를 강조하기 위해 지원자는 지부가 제공하는 특별한 의복을 걸친다. 지부 방 안으로는 세속적인 옷을 가져오지 못하고 이와 함께 '열정이나 편견'도 버려야 한다. 그렇지 않으면 프리메이슨의 핵심이라 할 수 있는 조화가 파괴되기 때문이다.

옷차림을 갖춘 지원자는 눈이 가려지거나 두건이 씌워진다. 이는 프리메이슨의 수수께끼를 둘러싼 비밀과 침묵의 장막을 상징하는 동시에 지원자의 무지와 암흑 상태를 나타낸다. 의식 중간에 눈가리개나 두건이 벗겨지면서 지원자는 '빛'을 받아들일 준비를 마친다.

두건이 씌워진 지원자는 밧줄로 인도된다. '밧줄 끌기Cable tow'라 불리는 이 의식은 프리메이슨 조직의 요구라면 무엇이든 자발적이고 완전하게 받아들이며 따르겠다는 태도를 상징한다. 지부 방으로 첫 걸음을 내디디면서 신입 도제는 '새로운 존재로서 빛과 따뜻함을 얻기 위해 세상의 어둠, 빈곤, 무력감'을 버리게 된다.

한 프리메이슨 회원은 이러한 의식이 '우스꽝스러운 형식은 전혀 아니며 의무와 권리, 특권이 수반되는 새로운 자격으로 나아가는 진정한 경험'이라고 단언한다. 지원자가 이름뿐인 도제가 아니라면 그는 '자신을 다른 사람으로 만들어줄 일을 해낼 준비가 되어 있어야만' 한다는 것이다. 이들은 '노동자'이고 지부는 '채석장'이자 '고통의 현장'이다. 프리메이슨은 '스스로 얻으려 하지 않는 한 특혜나 보상을 거저 주지는 않는다.' 회원이 되려면 삶의 방향을 바꿀 수도 있는 '진지하고 엄숙한 임무'를 받아들여야 한다.

지원자를 지부 방에 들이는 절차는 의식의 엄숙함과 비밀스러움을 상징한다. 이는 또한 모든 행동이 보상이든 처벌이든 '결과를 가져올 수밖에 없다는 것'을 나타내기도 한다. '프리메이슨의 수수께끼로 들어갈 허락을 얻는 데 필요한 미덕'이 무엇인지 가르쳐준다는 의미도 있다. '한 바퀴 돌기circumambulation'라 불리는 의식은 시계방향으로 진행되는데 지구에서 바라보는 태양의 움직임에 따라 지원자가 동쪽에서 서쪽으로 한 바퀴를 돈다. 그동안 모든 형제들이 지원자를 지켜보며 제대로 준비를 갖췄는지 확인할 수 있다.

지부에서 중심을 이루는 곳은 제단이다. 제단은 지부의 방 한가운데 마련되는데 이는 프리메이슨의 중심에 신이 존재하기 때문이다. 지원자는 빛을 찾아 제단에 다가간다. '신과 형제들 앞에서' 그는 우주의 최고 건축가 및 인류에게 자신을 바치기로 약속한다. 이 첫 번째 등급의 핵심은 바로 이러한 '의무'이다. 지원자는 의무 이행을 다짐하며 프리메이슨의 일원임을 고백하고 남은 평생 주어진 임무를 다하겠다고 약속한다. 그 임무 중에는 프리메이슨의 상징 체계에 대한 비밀 준수도 포함된다.

신입 도제의 가입 의식이 절정에 달하면 '프리메이슨의 위대한 빛 세 가지'가 등장한다. 이는 '성스러운 법전(미국의 경우 성경이다)' 직각자와 컴퍼스(방향 표시 도구가 아닌 건축과 설계 도구)이다. (펼쳐진) 성경은 프리메이슨 회원이 그 가르침에 따라 행동해야 한다는 의미이다. 직각자는 도덕성, 진실성, 정직함을 상징한다. 컴퍼스는 절제, 기술, 지식을 상징한다. 직각자와 컴퍼스는 프리메이슨의 상징 기호를 이루는 것들이기도 하다.

세 가지 위대한 빛은 인간을 몸(직각자), 마음(컴퍼스), 영혼(성스러운 법전)으로 나누어 보는 미국 프리메이슨의 사고관과도 일맥상통한다. 신입 도제는 세 가지를 받으면서 과거의 장인들이 사용하던 연장을 떠올리게 된다. 생각이 깊은 프리메이슨 회원들에게는 이들 연장이 인간 본성을 형성하고 변화시키는 도덕적 습관과 힘을 상징한다.

건물의 북동쪽 모서리가 전통적으로 주춧돌이 놓이는 자리이기 때문에 신입 도제는 지부의 북동쪽 모서리에 서게 된다. 그곳에서부터 '프리메이슨의 원칙에 따라 자신의 성전을 세우는' 것이다.

말콤 C. 던칸이 1866년에 쓴 《던칸의 프리메이슨 의식과 모니터Duncan's Masonic Ritual and Monitor》에 실린 삽화. 지원자가 신입 도제로서의 서약을 하는 장면이다. 제일 왼쪽은 마스터, 가운데가 지원자, 오른쪽은 안내자Conductor이다.

북동쪽 모서리는 또한 '어둠'의 북쪽과 '빛'의 동쪽 사이에 놓인 '평형'을 의미한다.

지부장은 지원자에게 의식의 각 단계를 설명하고 관용, 강인함, 신중함, 정의의 미덕을 강조한다. 의식이 끝나면서 지원자는 프리메이슨의 임무를 다할 '의무를 지게' 된다. 이어 지원자는 모두가 지켜보는 가운데 '숙달Proficiency'이라 불리는 내용을 외워야 한다. 이는 지원자에게 프리메이슨의 언어를 가르치고 등급 체계의 구조와 가르침을 기억하게 하며 인식 속에 의무를 각인시키고 등급에 숨은 의미를 숙고하는 '고대의 방법'을 전달하기 위함이다.

프리메이슨의 언어는 18세기 초반 수십 년에 걸쳐 만들어진 것으로 당시 언어를 많이 반영하고 있다. 의식에 사용되는 단어들을 시간과 노력을 들여 공부한다면 자신에게 전달된 사고와 가르침이 몇 마디 말에 담길 수 없음을 깨닫게 되리라는 것이 조직의 믿음이다.

전통적으로 프리메이슨은 지부 내에서 종교나 정치 문제에 대한 토론을 금지한다. 일단 표결이 이루어지고 결정이 내려졌다면 모든 회원이 결과를 받아들여야 한다.

지부장을 뜻하는 'worshipful master'는 고대 영어로 '존경받을 만한 가치가 있는'이라는 의미이다. 지부장은 '빛을 찾아 동쪽으로 나아가는' 회원들에게 프리메이슨 지식의 원천으로 여겨진다. 그리고 상위 서열임을 나타내는 모자를 쓴다.

첫 번째 등급의 의식이 끝나면 신입 도제에게 흰 양가죽 앞치마가 주어진다. 프리메이슨 의식에서 앞치마는 영혼의 상태를 상징한다. 영적인 발전을 통해 등급이 올라가면 앞치마 색깔도 함께 바뀌어 그 발전을 드러낸다. 신입 도제의 깨끗하고 흰 앞치마는 순결함을 나타낸다. 이는 깨끗한 생각과 삶, 조직의 법칙에 대한 순종, 형제에 대한 선량한 마음을 뜻한다. 앞치마는 또한 프리메이슨 회원이 노동자이자 건축자라는 점도 상기시킨다. 어느 프리메이슨 역사가는 양이 언제나 순결과 희생의 상징이었다고 설명했다(아브라함은 신에게 아들 대신 양을 바쳤고 예수는 '신의 양'이라 불린다). 앞치마는 또한 가입 의식을 가진 유대교 에세네Essene파, 이집트, 그리스, 로마 등의 고대 조직들에서 공통적으로 발견되는 요소이기도 하다.

신입 도제에게 주어지는 권리는 제한적이다. 투표권도 없고 조직의 일도 하지 못한다. 장례식에는 참석할 수 있다. 프리메이슨의 자선을 먼저 조직하지는 못하지만 형제들의 도움은 받을 수 있다. 신입 도제의 책무는 믿고 맡겨진 모든 것에 대해 비밀을 지키는 것, 예절바르게 행동하는 것, 숙달해야 할 내용을 열심히 공부하는 것, 그리고 다음 등급으로 오르기 위해 준비하는 것이다.

16장

숙련공

FREEMASONS

프리메이슨의 두 번째 등급은 숙련공 fellowcraft이다. 이는 성년 단계, 그리고 지구 위 삶에서의 책임을 상징한다. 숙련공은 자신을 닦고 사회를 개선하기 위해 필요한 지식을 습득하며 이를 실천해야 한다. 프리메이슨 지도자이자 이론가인 윌리엄 프레스턴William Preston은 프리메이슨이 '인문학과 과학을 통해 인간을 교육하는 수단'이라고 본다. 숙련공 단계로 승급되는 회원은 의식을 통해 이 분야의 교육을 향상시키도록 요구된다. 신입 도제 등급의 상징성은 출발, 영적 탄생, 빛으로의 방향 결정이다. 숙련공 단계는 프리메이슨 내에서의 발전과 개선, 그리고 영적인 인간성의 등장을 상징한다. '숙련공 등급에 들어가는 사람은 형제애 조직의 가르침을 들을 수 있고 이를 가슴 속에 간직하게 된다.'라고 어느 작가는 설명했다.

이 두 번째 단계에서 진보, 여정, 가르침, '동쪽'으로의 접근이라는 상징은 조직과 더욱 깊은 관련을 맺게 되고 새로운 헌신이 더해진다. 중심적인 상징은 '구부러진 계단winding staircase'이다. 이는 '성전의 중간층 방'으로 오르기 위한 계단이다. 새로운 높이까지 올라서기 위한 상징으로는 계단, 사다리, 수직으로 늘어뜨려진 밧줄, 산 등 여러 가지가 사용된다. 이 두 번째 등급이 되면 신입 도제 시절에는 허락되지 않았던 혜택에 접근 가능하다. 이러한 보상은 옥수수, 포도주, 기름으로 상징된다.

두 번째 등급으로 올라가는 의식은 이미 두 번째 등급을 거친 회원들에게만 공개된다. 망토 쓰기, 밧줄 끌기, 한 바퀴 돌기 등 기본적인 과정은 신입 도제의 가입 의식과 동일하다.

숙련공 등급에 대해 어느 전문가는 이렇게 기록하고 있다. '의식 절차가 비슷해 보인다 해도 실제로는 아주 다르다는 점이 승급자에게 분명히 인식되어야 한다. 신입 도제를 위한 의식과 정반대되는 측면들도 있다. 여기서는 향후 탐색을 위한 길들이 반드시 제시되어야 한다. 우리는 다양한 강의를 통해 이 의식의 의미를 설명한다.'

숙련공에게 주어지는 도구는 직각자(도덕성, 진실성, 정직함의 상징), 수준기(평등의 상징), 그리고 연추(곧은 행동의 상징)이다. 또 다른 중요한 상징으로는 '현관의 기둥Pillars of the Porch'이 있다. 강인함과 확립된 체계, 다시 말해 힘과 통제를 나타내는 것이다. 이는 히람 아비프 이야기에 나오는 한 쌍의 기둥을 상기시키고 또한 성전의 수호, 하늘과 땅의 연결을 뜻하게 된다. 솔로몬 신전 앞에 세워진 기둥 한 쌍은 이스라엘인들을 사막 너머 약속의 땅으로 이끌었던 '구름의 기둥'과 '불의 기둥'이라고 보는 연구자들도 있다. 이 기둥 한 쌍은 프리메이슨을 지탱하는 세 가지, 즉 지혜와 힘, 아름다움(혹은 균형)과 상응한다.

프리메이슨에서 3이라는 숫자는 큰 의미를 가진다. 세 등급이 있고 위대한 빛 세 가지가 있으며 기둥도 세 개, 그랜드 마스터도 세 명, 근본 원칙도 세 개다. 3이라는 수는 믿음, 소망, 자선이라는 세 가지 종교적 덕성을 말하기도 한다. 숫자 7도 중요하다. 구부러진 계단의 7개 층은 인문학과 과학 일곱 가지를 상징한다. 330년경에 형성되어 그리스도교 학자들에게 받아들여진 7학문은 신의 지식을 아는 방법이라 여겨져왔다. 이 원칙은 고딕 양식의 샤르트르 성당Cathedral of Chartres 건축 때 반영되었다. 사상 최초로 인문학 일곱 가지의 상징이 성당 서쪽 문에 조각된 것이다. 프리메이슨 역사가는 이를 두고 '샤르트르 성당 건축가들이 7학문을 제대로 익히면 세계 뒤에 감춰진 빛에 접근할 수 있다는 점을 알려준 것이다. 현실 구조 아래 숨어 보이지 않는 진실은 바로 이런 방법으로 이해할 수 있다.'라고 하였다.

13세기 중반 무렵, 7학문을 다 익힌 석공은 '건축가' 혹은 '예술 장인'이라는 호칭을 받았다. 오늘날의 숙련공이 7학문에 통달해야 하는 이유는 바로 여기 있다. '중간층의 방Middle Chamber'에 들어갈 허락을 받으려면 이러한 공부가 요구되는 것이다. 이 과정에서 숙련공에게는 옥수수, 포도주, 기름이 주어진다. 이들은 정신적 영적 세상에서의 부를 상징한다. 옥수수는 삶을 유지하는 양식이다. 포도주는 휴식, 건강, 영성, 평화를 뜻한다. 기름은 즐거움, 기쁨, 그리고 행복을 의미한다. 옥수수와 포도주, 기름 이 세 가지는 훌륭한 삶을 사는 것에 대한 보상인 동시에 연장을 성실하게 제대로 사용하는 것, 프리메이슨의 의무를 다하는 것, 조직의 구조와 목표 및 가능성에 대해 관심을 가지고 공부하는 것에 대한 대가이다.

옥수수나 곡물(밀이 종종 사용된다)은 또한 부활을 상징하기도 한다. 포도주는 신비한 체험, 신성한 도취, 그리고 황홀한 상태를, 기름은 종교적 정화를 상징한다.

숙련공 등급에 오르려는 지원자는 또한 지부 안에서 문자 'G'가 갖는 의미에 대한 깨달음을 얻게 된다.

프리메이슨의 어느 학자는 이를 다음과 같이 설명한다.

피라미드 앞에 스핑크스가 놓이듯이 (G라는 글자는) 침묵과 수수께끼로 가득 찬 채 우리 앞에 놓인다. 프리메이슨 세계 어디에서나 글자 G를 내세우는 것은 아니다. 일부 프리메이슨 학자들은 이 절차를 없애야 한다고 여기기도 한다. 두 번째 등급 지원자에게는 G라는 글자의 의미가 설명된다. 우리는 이것이 기하학 geometry의 첫 글자이자 절대자의 이름 첫 글자라고 들었다. '고대의 규약'과 문서 시절부터 오늘날에 이르기까지 기하학과 프리메이슨의 동일한 본질은 명백히 언급되었다. G라는 글자가 신God의 첫 글자라는 점도 분명하다. 이것만으로도 G라는 글자를 내세울 이유는 충분할지 모른다.

여기까지 듣고 나면 몇 가지 의문점이 생길지도 모르겠다. 우선 기하학이 그토록 대접을 받는 이유가 무엇일지 궁금할 것이다. 신God이란 단어는 이름이 아닌 존재의 부류 명칭이라는 점에서 의문을 가질 수도 있다. 초월적 존재의 이름은 어떤 전통을 따르느냐에 따라 달라진다. 따라서 초월자의 진정한 이름은 끝내 알 수 없는 것이라 말해도 틀린 얘기는 아니리라.

숙련공 등급의 지원자는 또한 프리메이슨의 사고에서 기하학이 갖는 중요성을 배우게 된다. 기하학이 프리메이슨의 기본임을 알게 되는 것이다. 이러한 연결 관계는 해마다 나일 강이 범람하여 경작지 경계를 없애버리는 탓에 측량술을 발전시킨 고대 이집트인으로 거슬러 올라간다. 이들은 해마다 새로이 경계를 정해야 했다. 그리스인들은 이러한 토지 측량을 '기하학'이라 부르며 이를 연역적 추론의 이론 차원으로 확대시켰다. 이 분야에서 피타고라스가 큰 역할을 했다. 훗날 플라톤은 기하학이 자연의 모습, 그리고 더 나아가 신의 존재까지 발견하게 해주는 신성한 과학이라 주장했다. 플라톤에 따르면 기하학은 영원에 대한 지식이며 영혼을 진실로 이끄는 영원한 힘이었다. 유클리드는 《기하학 원론*Elements of Geometry*》이라는 저서에서 선과 각, 도형에 대한 다섯 가지 원칙에서 출발해 컴퍼스와 직각 모서리만을 사용해 그림을 그리고 증명하며 해를 찾는다.

고대 철학자들은 기하학이 우리 마음을 현상 세계로부터 신적 질서에 대한 고민으로 이끄는 힘을 가졌다고 믿었다. 이 때문에 숙련공 등급의 교육은 수, 수열, 대칭, 비율에 대한 공부를 강조한다. 이러한 원칙은 일곱 가지 학문의 도야에서도 나타난다. 교양 교육을 뜻하는 영어 단어 'liberal arts'는 그 학습이 마음을 자유롭게 한다는 의미를 가진다.

상급 조합장에 이끌려 지부장 앞에 나선 지원자는 오른쪽 무릎을 꿇고 왼쪽 다리는 직각으로 만들며 몸을 곧게 펴고 오른손은 신성한 책에 얹고 왼손은 직각을 이룬 컴퍼스에 의지한 채 다음과 같은 서약문을 읽는다.

저 _____는 우주의 위대한 기하학자가 계신 이곳, 지부장과 기존의 숙련공들이 계신 이곳, 규정에 맞게 조직되고 정기적으로 모임을 가지며 주어진 역할을 다하는 이 지부에서, 자유의지에 따라, 향후 프리메이슨의 이름으로 알게 되는 비밀이나 수수께끼를 기꺼이 받아들이고 간직하며 신입 도제나 비회원에게 절대 발설하지 않을 것을 약속하고 맹세합니다. 또한 진실하고 믿을 수 있는 프리메이슨 회원으로 행동하며 상징에 복종하고 첫 번째 등급에서 익힌 원칙을 계속 유지해나갈 것을 진심으로 다짐합니다. 도피하거나 주저하는 일 없이 모든 원칙을 지킬 것입니다. 혹시라도 그렇게 하지 못한다면 내 왼쪽 가슴을 베어 심장을 뜯어내고 이를 하늘에 던져 굶주린 새가 먹게 하거나 들판에 내버려 짐승의 먹이가 되게 하여 마땅할 것입니다. 전능한 신이여, 저를 도우시어 프리메이슨 숙련공으로서 가지게 된 위대한 책무를 다하게 하소서.

서약을 하고 나면 프리메이슨의 규칙을 지키고 '권장할 만한 모든 미덕을 꾸준히 실천해야' 할 뿐 아니라 '교양 학문을 닦아야' 한다. 교양 학문은 마음을 닦고 가꾸는 데 가장 효과적이고 유용한 지식을 길러주며 자연의 특징과 도덕성의 진실을 드러내기 때문이다. 특히 기하학 공부가 필요하다. 첫 번째 등급에서와 마찬가지로 솔로몬 신전의 이야기, 히람 아비프의 살해, 세 악한이 맞이한 운명에 대한 강의가 이루어진다. 이 강의에는 지부장이 질문을 던지고 숙련공이 대답하는 순서도 있다. 질문 중에는 "프리메이슨 체계는 어떤 방법으로 확장될 수 있는가?"라는 내용도 있다.

이에 대해 숙련공은 "우리 위대한 솔로몬을 본받아 프리메이슨이 도입한 엄격한 규칙의 효과를 지켜보면서, 모든 나라의 현명하고 선한 이들이 힘을 합침으로써, 형제애 속에서 학문적 성취를 추구함으로써 가능합니다."라고 대답한다.

피타고라스까지 거슬러 올라가는 질의응답에서 지부장은 "피타고라스의 가르침에서 우리는 어떤 점을 발견하게 되는가?"라고 묻는다.

이에 대한 숙련공의 대답은 "피타고라스는 모든 제자들이 서로에 대해 비밀을 유지하고 사랑과 신뢰를 실천하도록 요구했습니다. 그리고 비밀 신호로 서로를 알아보게 하였고 능력과 지식에 따라 계급을 구분해 나누었습니다."이다.

두 번째 등급으로 올라가는 의식의 마지막은 회원의 앞치마에 푸른 장미꽃 장식을 붙이는 것이다. 이는 '재탄생의 학문'에서 진전이 이루어졌다는 점, 그리고 지원자의 영성이 발전했다는 점을 의미한다. 푸른색은 영적 관심의 집중을 뜻한다.

지부장이 새로 숙련공 등급에 올라간 회원에게 '우리가 어디서 무엇을 하고 있든' 우주의 위대한 기하학자는 '모든 것을 보는 눈으로 우리를 보호하며 숙련공으로 합당하게 행동하는 한 신에 대해 의무를 다하는 데서도 실패하지 않을 것'이라 말해주는 것으로 승급 의식의 마지막을 장식한다.

이에 대해 회원들은 그리스도교의 '아멘'에 해당하는 응답, 끝맺음과 동의를 함께 표시하는 인사인 '그렇게 되리라 So mote it be'로 대답한다.

숙련공 등급의 의식에서 구부러진 계단이 갖는 상징성에 대해 다루면서 윌름셔스트는 이를 먼 나라에서 방황하다 돌아온 탕아 이야기에 비유한다. '너는 마치 구부러진 계단을 타고 내려가듯 낮은 세계로, 불완전한 존재의 형상으로 계속 아래로 움직였다. 이제 마침내 너를 위한 시간과 계기가 찾아왔다. 이제 내적 세계로 방향을 돌리고 발걸음을 되돌려라. 더이상 바깥을 보지 말고 내면을 향하라. 구부러진 계단을 되짚어 오르라. 그러면 네가 출발했던 인생의 중심으로, 지성소 Sanctum Sanctorum로 돌아가게 될 것이다.'

신입 도제에서 숙련공으로 올라간 프리메이슨 회원은 이제 윌름셔스트가 '힘과 충실성에 대한 최후의, 그리고 가장 커다란 시험'이라 부른 다음 단계를 거치게 된다.

17장

장인

FREEMASONS

'푸른 지부의' 왕관'이라 여겨지는 세 번째 등급은 앞선 두 의식에서 지원자들이 행했던 모든 것의 정점이다. 신입 도제 지원자는 내적 본성의 균형을 맞추고 이를 영적 부분과 적절히 조화시키게 된다. 물리적 본성이 정화되고 높은 수준으로 발전한다. 정신적 역량이 가다듬어지고 그 지평도 넓어진다. 다음 등급인 숙련공에서는 '인간 본성의 가장 깊은 곳으로 내려가 성전의 지성소에 닿게 되며 가슴 속의 가장 신성한 존재를 탐구한다'고 되어 있다. 장인 등급은 '노년의 상징으로 제대로 방향을 잡고 보낸 인생을 행복하게 반추하며 영광스러운 불멸성을 확신하며 숨을 거두는 것'이라고 한다.

장인 승급 의식에 포함된 드라마 안에서 지원자는 '위대한 히람 아비프'의 역할을 맡아 죽음, 매장, 부활을 상징적으로 경험한다.

이 의식은 고대 수수께끼 학파와 '완벽하게 상응하는' 히람 아비프 전설을 형제애 조직의 '내적 영혼'과 연결하기 위한 것이다. 어느 프리메이슨 학자는 이를 두고 '우리 전통의 기초가 되는 원형적인 힘들을 익히는 것'이라 표현한다. 히람 아비프는 '수수께끼 학파의 영웅들과 동일한' 모습이라고 한다. 그리고 히람 아비프 이야기와 마찬가지로 이집트 오시리스 신에 대해서도 드라마가 있다. 여기서도 이야기는 오시리스의 비극적인 죽음으로 시작된다. 이시스 신은 오시리스의 몸을 찾아 소생시킨다. 그리스의 디오니소스도 타이탄들의 공격을 받아 사지가 잘려나가지만 레아Rhea 여신의 도움을 받아 온전한 모습으로 영광을 찾는다. 이들 고대의 이야기들은 대지가 성스러운 힘으로 다시 태어나게끔 자신을 희생해야 하는 운명을 가진 신성한 왕의 모습을 보여준다.

솔로몬 신전 건축에는 장인이 세 명 있었다. 이스라엘의 왕 솔로몬, 두로 왕 히람, 그리고 히람 아비프가 그들이다. 이들에게만 알려진 비밀은 성스러운 진리Divine Truth, 자신의 영적 성전을 완성하지 못한 사람에게는 전달될 수 없는 그 진리를 의미한다. 이들 비밀을 알게 된 이는 잘 산 인생이라는 보상을 얻고 '미지의 나라'를 여행할 수 있다. 프리메이슨에서 말하는 여행은 지리적인 이동이 아닌 영적 불멸 상태로의 이동을 말한다. 이 여행은 암호, 기호, 비밀의 단어 등을 통한 '깊숙한 내부 침잠'이라는 방법으로 이루어진다.

히람 아비프 의식에 등장하는 무법자 세 명, 권리를 갖지 못했으면서도 비밀을 차지하려 하다가 그 행동의 대가를 치르게 된 그

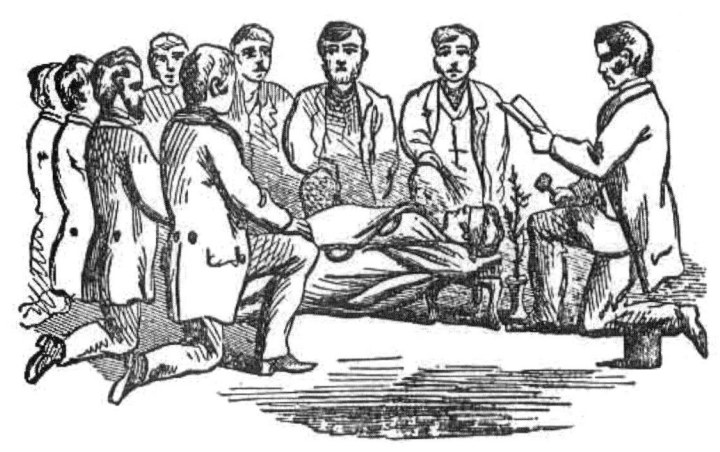

장인으로 승급하는 지원자는 히람 아비프 역할을 맡아 그의 죽음, 매장, 부활을 상징적으로 경험하게 된다.

들은, 믿음에 대한 보상이 아닌 다른 방법으로 성스러운 진실을 얻으려는 자는 결국 도둑이나 살인자가 될 수밖에 없음을 보여준다. 이들 무법자는 무지, 열정, 잘못된 태도의 상징이다.

히람 아비프의 죽음이 '성스러운 언어Divine Word'라는 지식의 큰 손실을 가져왔기 때문에 이 이야기를 바탕으로 이루어지는 프리메이슨 의식은 '삶의 원천'을 상실하고 쫓겨난 상황을 상징한다. 프리메이슨 회원들은 자신이 '성스러운 진리'를 추구한다고 믿으며 프리메이슨이 '빛'을 통해 '성스러운 힘과 진리'에 연결된다고 생각한다.

세 가지 등급을 거쳐가는 것은 그 진리를 얻기 위한 여정이다. 마지막 단계에서 얻는 교훈은 누구나 죽지만 빛에 도달한 이는 죽음을 극복하고 불멸을 얻는다는 것이다. 커크 맥널티는 《프리메이슨: 의식과 상징을 통한 여행 Freemasonry: A Journey through Ritual and Symbol》이라는 저서에서 '세 번째 등급 지원자가 당면하는 죽음은 그가 심리적인 존재인 동시에 물리적 존재라는 깨달음을 준다. 하지만 그는 영혼과 몸을 함께 가진 영적 존재이기도 하다. 그리하여 이 의식은 지원자 자아의 죽음(심리적 핵심)을 요구한다. 자아란 존재와 동일시되는 것이기 때문에 이 죽음은 대단히 힘들고 두려운 과정이다.'라고 설명한다.

장인이 되고자 하는 지원자는 다음과 같은 서약을 한다.

저 _____는 자유의지에 따라, 전능한 신과 신을 위해 세워져 성 요한에게 헌신하는 이 지부에서, 향후 장인 등급으로서 알게 되는 비밀이나 수수께끼를 기꺼이 받아들이고 간직하며 장인 등급의 정식회원으로 확인되는 경우를 제외하고는 누구에게도 절대 발설하지 않을 것을 약속하고 맹세합니다. 또한 저는 장인 등급과 지부가 가진 모든 규칙과 규범을 준수하며 규약과 총지부의 명령을 유지, 수호할 것을 맹세합니다. 그리고 저를 묶은 밧줄의 길이가 허락하는 한 장인 지부나 장인 회원이 보내는 신호를 인식하고 따를 것을 약속합니다. 힘이 닿고 저 자신이나 가족들에게 물질적 피해를 입히지 않는 한 가난하고 불행한 장인들, 그 미망인과 고아들에게 필요한 바를 이해하고 항상 도울 것입니다. 더 나아가 살인과 반역을 제외하고는 장인 형제의 비밀을 절대 발설하지 않겠습니다. 여성이나 노망 든 노인, 미성년자, 무신론자, 바보, 정신병자 등이 프리메이슨에 가입하는 것을 도와주지 않겠습니다. 공식 승인받지 못한 지부에 참여하지 않을 것이고 그러한 지부 회원 혹은 공식 지부에서 추방되거나 자격이 정지된 회원과 프리메이슨의 문제를 논의하지도 않겠습니다. 장인 지부나 그 지부 회원에게 속임수를 쓰거나 해를 입히지 않으며 위험이 예상될 때에는 적절한 사전 경고를 다하여 피해가 없도록 하겠습니다. 제 가족이나 재산을 보호하기 위해 필요한 경우가 아니라면 장인 형제에게 화를 내거나 신체적 공격을 가하지 않겠습니다. 장인의 아내, 어머니, 여자 형제나 딸과 불륜 관계를 맺지 않으며 힘이 닿는 한 남들에게 그런 일을 당하는 것도 막겠습니다. 위대한 프리메이슨의 말들을 제가 들었던 것과 다른 방식으로 전달하지 않겠습니다. 가장 위급한 경우가 아니라면, 적법한 지부 안이 아니라면, 또한 교육을 위한 것이 아니라면 몸짓 신호Grand Hailing Sign를 보내지 않겠습니다. 곤란에 빠진 형제가 그런 신호를 보내고 있다면 내 목숨을 잃을 가능성보다 그의 생명을 구할 가능성이 더 큰 한 그를 도우려 달려갈 것입니다. 이 모두를 주저함 없이 성실히 행하겠다고 진심으로 약속하고 맹세합니다. 제가 장인으로서의 이 의무를 어긴다면 제 몸을 갈라 내장을 꺼내 태우고 그 재를 사방의 바람에 날려보내 한 점의 기억도 남기지 않는 벌을 기꺼이 받을 것입니다. 신이여, 저를 도우시어 꾸준히 해야 할 바를 다하게 하소서.

장인의 앞치마를 주기 전에 지부장은 다음과 같이 말한다.

솔로몬 왕의 신전 건축 때부터 일꾼들은 앞치마 입는 방법으로 서로를 구분했다는 점을 이미 알고 있을 것입니다. 장인은 앞치마를 사각형으로 하여 스스로 장인 혹은 작업 감독임을 알립니다. 사려 깊은 장인으로서 당신도 이렇게 앞치마를 입음으로써 전 인류를 향한 당신의 행동이 완벽하도록, 신에 대한 총체적 봉사를 상징하도록, 국가, 이웃, 가족, 당신 자신에 대한 네 종류 의무를 기억하도록 하십시오.

장인 등급의 연장은 24인치 자와 망치이다. 의식에서는 "망치는 히람 아비프를 살해한 연장이며 삽은 그를 파묻은 연장, 관은 그의 사체를 담은 것이고 아카시아 어린 가지는 그의 무덤가에 자라난 식물이다."라고 설명한다. 프리메이슨 전통에서 앞의 세 가지는 도덕성의 상징으로 '생각 깊은 모든 사람에게 진지한 반성'을 하도록 만든다. 하지만 이는 '무덤가에 자라남으로써 우리 안의 초월적 지식이 절대로 절대로 죽지 않음을 보여주는 어린 아카시아 가지가 없다면' 그저 어둡고 우울한 존재에 불과하다고 지부장은 설명한다.

장인 승급 의식에는 또 다른 상징들도 사용된다.

- **향로** : 신에게 늘 희생을 바칠 수 있는 순수한 마음의 상징이다. 향로가 뜨거운 열기로 달구어질수록 우리 마음도 우리 존재를 만든 분이 베푸는 축복과 편안함에 대한 감사로 불타게 된다.

- **벌통** : 산업을 상징하며 하늘 높은 곳의 천사부터 땅의 파충류에 이르기까지 모든 피조물에 대한 생산적 활동을 장려한다. 이성적, 지적 존재로 태어났으므로 우리는 생산적이어야만 한다. 주위 피조물들이 도움을 청하는 상황에서 그저 스스로 만족스럽다고 방치해서는 안 된다. 특히 별 불편 없이 문제 해결이 가능한 상황이라면 더욱 그렇다.

- **규약집과 이를 지키는 문지기의 칼** : 우리가 생각, 말, 행동에서 주의를 기울이고 스스로를 지켜야 한다는 점, 특히 프리메이슨의 적 앞에서 그렇게 해야 한다는 점을 상기시키는 상징이다. 프리메이슨 회원으로서의 미덕과 침묵, 신중함을 간직해야 한다.

- **심장을 가리키는 검** : 정의가 곧 찾아올 것임을 상징한다. 우리의 생각, 말, 행동이 사람의 눈에는 보이지 않는다 해도 모든 것을 보는 분, 태양과 달, 별들에게도 복종받는 분, 그 보살핌 안에서 혜성도 움직일 수 있게 되는 분은 우리 가슴 속을 훤히 들여다보고 상을 내리실 것이다.

- **닻과 방주** : 굳건한 희망과 잘 보낸 삶을 상징한다. 방주는 우리가 고난의 바다를 헤쳐가도록 돕고 닻은 안전한 항구에 정착하게 해준다. 그곳에서 우리는 걱정을 잊을 것이다.

- **유클리드의 49번째 문제** : 예술과 학문을 사랑하도록 가르쳐준다.

- **모래시계** : 인간 삶의 상징이다. 모래가 얼마나 금세 떨어지는지, 우리 삶이 얼마나 빨리 흘러가는지 살펴보라. 우리는 모

래시계의 모래 알갱이들이 미처 알아차리지도 못하는 사이에 조금씩 떨어져내려 결국은 위쪽이 텅 비는 모습을 보면서 감탄하지 않을 수 없다. 사람도 마찬가지이다. 오늘 여린 희망의 잎이 돋아나 내일 만개하지만 그 영광을 누리기 무섭게 한파가 닥쳐와 잎사귀는 얼어붙고 영광은 가을 낙엽처럼 떨어져 어머니 대지로 되돌아간다.

- **낫** : 삶이라는 가는 줄을 끊고 우리를 영원으로 인도하는 시간을 상징한다. 시간의 낫이 인간에게 얼마나 큰 혼란을 가져오는지 살펴보라. 우리가 어린 시절과 젊은 시절의 수많은 불행을 피했다 하더라도 모든 것을 삼켜버리는 시간의 낫에 잘려 나가고 조상들이 갔던 곳으로 향하는 것은 똑같다.

장인의 권리는 프리메이슨에 대한 원조, 방문, 그리고 장례이다. 어느 프리메이슨 회원의 설명을 보자.

프리메이슨 장인의 원조는 소속 지부에, 혹은 다른 장인에게 주어진다. 원조를 요청받은 개인은 원조가 필요한 것인지, 그리고 그로 인해 자기 가족에게 물질적 피해는 없는지 판단할 권리를 갖는다. 원조는 지부와 개인 모두의 자발적인 기능이다. 지부의 재정 상태가 나빠 도울 상황이 못 된다면 총지부에 도움을 요청할 수도 있다. 프리메이슨의 원조를 받으려면 과거 5년 동안 회원 자격을 상실한 적이 없어야 하고 요청 시점에 진행 중인 고소 건이 없어야 한다. 사망 시점에 프리메이슨 회원이었던 장인의 미망인이나 자제들도 원조를 요청할 자격이 있다.

장인 등급의 가장 큰 특혜 중 하나가 다른 지부를 방문할 권리이다. 물론 여기에는 지위가 높고 대상 지부의 회원이 아니며 회비를 완납한 경우라는 전제조건이 있다. 프리메이슨 식의 장례는 회원이나 직계 가족의 요청이 있을 경우에만 처러진다. 장례식장은 교회, 지부, 장례식장, 묘지 등 모두 가능하다.

장인은 '프리메이슨의 명예가 훼손되지 않도록 할' 책임을 가진다. 자신에게 '프리메이슨의 빛'을 주고 회원으로서의 혜택을 받게 해준 지부에 충성해야 하는 의무도 있다. 그리하여 가능한 자주 지부 모임에 참석해야 한다.

세 번째인 장인 등급을 받은 사람은 '장인의 위대한 등급까지 올라섰다'고 표현된다. 상징적인 프리메이슨의 정점에 선 '장인의 삶과 죽음, 그리고 다시 올라섬'은 '성실, 믿음, 힘'의 미덕을 가르쳐주는 드라마이다.

가장 활발한 저술로 권위를 얻고 있는 프리메이슨 작가 중 한 명인 칼 클라우디Carl H. Claudy는 《프리메이슨 핸드북》에서 다음과 같이 썼다.

장인은 프리메이슨 회원인 동시에 훌륭한 시민이다. 아니, 회원이기에 앞서 시민이 되어야 한다. 장인의 영예, 통합과 성실의 가르침, 그림자의 계곡 등 시험과 위기의 순간에 나타나는 강인함 등 장인으로서 배워야 할 것들은 시민으로서의 존엄성을 지지하는 차원이다. 새로운 시대의 장인은 '모든 상황에서 존엄성을 지킬 것'이 요구된다. 장인은 일반인보다 더 훌륭한 시민이어야 한다. 그는 더 많은 것을 배웠고 성스러운 영예를 맹세한 사람이기 때문이다.

앨버트 매키의 《프리메이슨 백과사전》에서 '등급degree이라는 단어는 본래 걸음을 의미했다. 따라서 프리메이슨의 등급은 낮은 지식 수준에서 높은 지식 수준으로 올라가면서 지원자가 내딛는 걸음걸음이다.'라고 설명된다.

푸른 지부의 장인이 자신의 경험을 더욱 확대시키고자 한다면 그는 더 높은 등급으로 올라가며 '고대 프리메이슨의 빛'을 찾을 수 있다.

18장

스코틀랜드 의식과 요크 의식

스코틀랜드 의식 The Scottish Rite

'순수한 고대의 프리메이슨'은 신입 도제, 숙련공, 장인의 3개 등급으로 이루어진다. 스코틀랜드 의식과 요크 의식은 그보다 상위의 등급들을 정한 체제이다. 스코틀랜드 의식은 1801년 미국에서 조직되었다. 프랑스의 '스코틀랜드 완성 의식 Rite of Perfection'에 바탕을 두었으며 32개 등급에 33번째 명예 등급이 합쳐진 형태이다. 스코틀랜드 의식과 요크 의식은 미국의 푸른 지부에서 장인 등급에 오른 회원이 향후 승급할 수 있는 두 가지 종류의 체제이다. 32번째 등급의 프리메이슨은 '밸리 Valley'라 불리는 센터에서 모임을 갖는다. 17세기에 프랑스 보르도 지방에서 만들어진 스코틀랜드 의식에는 도제, 숙련공, 장인으로 이어지는 기본 등급에서 더 나아가 승급할 필요성을 느끼는 회원들을 포함하며 그 중에는 스코틀랜드인과 영국인도 있다.

'프리메이슨의 교육 조직'이라고도 불리는 스코틀랜드 의식은 기본 3개 등급에서 가르치는 역사와 교훈을 바탕으로 하여 이를 전통, 전설, 도덕의 차원까지 확장시킨다. 4번째에서 14번째 등급은 '미국의 지부가 역사에 남긴 자취를 찾고 주님에 대해 탐구하도록 하며 주님은 앎이 아닌 믿음의 대상임을 깨닫도록' 만든다. 다음 4개 등급은 솔로몬 왕의 신전이 파괴되면서부터〈요한계시록〉이 씌어지기까지의 시기에 해당하며 종교적, 역사적, 도덕적, 철학적이다. 19번째에서 30번째까지의 등급은 십자군 시대에 해당하며 기사의 미덕을 강조한다. 도덕성과 미덕의 실천이 프리메이슨에 왜 그렇게 중요한지를 가르치기 위해 신비한 상징을 살피기도 한다. 31번째와 32번째 등급은 '정의를 실현하기 위한 인간의 법, 그리고 이상으로서의 신성한 정의 사이에서 끝없이 변화하는 관계'를 살핀다. 33번째 등급과 '명예의 궁정 기사단장 Knight Commander of the Court of Honor'은 명예 등급으로, 노력한다고 주어지는 것이 아니다.

스코틀랜드 의식의 원칙은 다음과 같다. '참여하고자 하는 모든 사람은 각자 자기 자리를 가진다. 참여한 모든 사람에게는 각자 가장 잘 할 수 있는 일이 있다. 핵심은 무엇을 하는가가 아니라 어떻게 하는가이다. 모든 사람은 평등하고 모든 일은 중요하다. 지원자가 관리이든 의식 주관자든, 문지기든, 강연자든, 반갑게 맞아들여 옷차림과 음식 등 필요한 것을 준비하라.' 여자와 가족들도 월례

비공개 모임을 제외하고는 거의 모든 활동에 참여할 수 있었다. 스코틀랜드 의식 등급은 다음과 같이 구성된다.

- **완성의 지부** Lodge of Perfection

네 번째 : 비밀 장인 Secret Master

다섯 번째 : 완벽한 장인 Perfect Master

여섯 번째 : 정통한 비서 Intimate Secretary

일곱 번째 : 헌병과 재판관 Provost and Judge

여덟 번째 : 건물 감독관 Intendant of the Building

아홉 번째 : 아홉에서 뽑힌 자 Elect of the Nine

열 번째 : 열다섯에서 뽑힌 자 Elect of the Fifteen

열한 번째 : 열둘에서 뽑힌 자 Elect of the Twelve

열두 번째 : 그랜드 마스터 건축가 Grand Master Architect

열세 번째 : 솔로몬의 로열 아치 Royal Arch of Solomon

열네 번째 : 완벽하고 위대한 뽑힌 자 Grand Elect Perfect and Sublime

- **장미 십자가의 지부** Chapter of Rose Croix

열다섯 번째 : 동방의 기사 혹은 검의 기사 Knight of the East of Sword

열여섯 번째 : 예루살렘의 왕자 Prince of Jerusalem

열일곱 번째 : 동쪽과 서쪽의 기사 Knight of the East and West

열여덟 번째 : 장미 십자가 기사 Knight Rose Croix

● 장로회의 Consistory

열아홉 번째 : 대주교 Grand Pontiff

스무 번째 : 불멸의 장인 Master ad Vitam

스물한 번째 : 노아 대주교 Patriarch Noachite

스물두 번째 : 리바누스 왕자 Prince of Libanus

스물세 번째 : 예배소의 책임자 Chief of the Tabernacle

스물네 번째 : 예배소의 왕자 Prince of the Tabernacle

스물다섯 번째 : 놋쇠 뱀의 기사 Knight of the Brazen Serpent

스물여섯 번째 : 자비의 왕자 Prince of Mercy

스물일곱 번째 : 신전의 사령관 Commander of the Temple

스물여덟 번째 : 태양의 기사 Knight of the Sun

스물아홉 번째 : 성 앤드류의 기사 Knight of St. Andrew

서른 번째 : 카도시의 기사 Knight Kadosh

서른한 번째 : 조사 및 재판 사령관 Inspector Inquisitor Commander

서른 두번째 : 왕실의 고귀한 비밀을 지키는 위대한 왕자 Sublime Prince of the Royal Secret

고대로부터 전수된 스코틀랜드 의식이 현대적으로 수립된 것은 찰스턴에 최초의 최고위원회가 만들어진 1801년으로 거슬러 올라간다. 대규약의 규정에 따라 두 번째 최고위원회가 만들어졌고 최초의 위원회는 미합중국 남부를 관할하기 위한 최고위원회라는 명칭을 갖게 되었다. 현존하는 가장 오래된 위원회로서 이것은 '세계의 어머니위원회'로 자리잡았다. 1813년, 북부 최고위원회가 결성되었다. 처음에는 메인, 뉴햄프셔, 버몬트, 매사추세츠, 코네티컷, 로드아일랜드, 뉴욕, 뉴저지, 펜실베이니아, 델라웨어, 오하이오, 일리노이, 인디애나, 미시간의 14개 주를 포함했으며 1818년에 위스콘신이 추가되었다.

남부 위원회는 미국의 나머지 주, 그리고 1813년 이후 미국에 편입된 지역 및 스코틀랜드 의식을 따르는 다른 나라들을 관할한다. 여기에는 앨라배마, 애리조나, 아칸소, 캘리포니아, 콜로라도, 플로리다, 조지아, 아이다호, 아이오와, 캔자스, 켄터키, 루이지애나, 메릴랜드, 미네소타, 미시시피, 미주리, 몬태나, 네브래스카, 네바다, 뉴멕시코, 노스캐롤라이나, 노스다코타, 오클라호마, 오리건, 사우스캐롤라이나, 사우스다코타, 테네시, 텍사스, 유타, 버지니아, 워싱턴, 웨스트버지니아, 와이오밍, 알래스카의 34개 주와 컬럼비아 특별구, 육군과 해군(군대는 북부 관할 위원회와 나누어 관할한다), 중국, 일본, 하와이, 푸에르토리코, 필리핀, 파나마 운하 지역이 포함된다.

스코틀랜드 의식은 당초 유럽 대륙에서 실시된 것을 근간으로 하였다가 이후 1761, 1762, 1786년의 규약을 통해 정식으로 확립되었고 이 때문에 '대륙 프리메이슨'이라고도 불린다. 이 의식은 남미, 아시아, 아프리카, 오스트레일리아와 뉴질랜드에도 퍼져 있다.

북부 관할은 4번째에서 14번째 등급을 완성의 지부, 15번째와 16번째를 예루살렘의 왕자위원회, 17번째와 18번째를 장미 십자가 지부, 19번째부터 32번째를 장로회의라고 구분한다. 캐나다에는 완성의 지부, 장미 십자가 지부, 장로회의라는 세 가지 구분만 존재한다.

스코틀랜드 의식이 '무종파nonsectarian'로 정의되기는 하지만 북부와 남부의 최고위원회는 부활절 전 주 목요일과 부활절 일요일에 '상징적인 빛을 꺼뜨렸다가 다시 밝히는' 의식을 치른다. 스코틀랜드 의식의 종교에 대해 남부 관할의 고故 제임스 리차드슨 대사령관은 다음과 같이 썼다.

스코틀랜드 의식은 신에 대한 믿음과 선한 행동이라는 단순하고도 심오한 원칙 외에 그 어떤 교리도 퍼뜨리고자 하지 않는다. 신이 인간의 가슴에 심어놓은 변치 않고 영원한 종교 외에는 그 어떤 종교도 내세우지 않는다. 유대교, 이슬람교, 그리스도교 어디에서나 이러한 종교를 찾을 수 있다. 이는 모든 종교의 도덕 교사이고 악이 아닌 선의 교사, 오류가 아닌 진실의 교사이다. 단테 시절에 그랬듯 그 사명은 인류가 전제정치를 딛고 영혼의 폭정을 밟아 누르도록 조력하는 데 있다.

스코틀랜드 의식은 미국의 여러 주에 자신의 건물을 갖게 되었다. 수도 워싱턴에 있는 '하우스 오브 템플House of the Temple'은 남부 관할 최고위원회 본부이다. 여기에는 커다란 도서관, 그리고 최고위원회가 2년마다 모임을 갖는 회의실이 마련되어 있다.

요크 의식 York Rite

고대 요크 의식을 따르는 이들은 '현재 존재하는 모든 총지부가 936년의 프리메이슨 요크회의를 정통으로 이어받은 것'이고, 또한 1717년 런던에서 만들어진 최초의 총지부가 고대의 모든 규약 문서를 확인하면서 '요크 규약을 근본으로 삼았다는 것'에 대해 자부심을 감추지 않는다.

프리메이슨 역사에서 요크 의식이 두드러지는 이유는 핼리웰 문서, 혹은 '왕의 시Regius Poem' 때문이다. 프리메이슨 운영 규칙을 담은 이 문서를 보면 알프레드 대왕의 손자인 애설스탄Athelstan이 924년부터 940년까지 영국을 다스렸다고 되어 있다. 그는 할아버지가 시작한 영국 군소 왕국들의 합병 과정을 끝내고 영국 전역을 다스리는 최초의 왕이 되었다. 왕의 시와 기타 고대의 전설에 따르면 애설스탄은 프리메이슨의 열렬한 후원자였고 수많은 교회, 수도원, 성채를 지었다고 한다. 기하학을 공부했고 그 분야 학자를 해외에서 초빙하기도 했다. 조직의 질서를 유지하고 잘못을 바로잡기 위해 애설스탄 왕은 매년 요크에서 프리메이슨 모임을 열 수 있는 권리를 주었다. 그는 또 주위의 여러 사람을 프리메이슨 회원으로 만들었다고 한다.

더 나아가 애설스탄은 형제인 에드윈을 장인으로 임명했고 최초의 총지부 모임이 926년 요크에서 열리도록 했다고 전해진다. 영국 프리메이슨 규약은 바로 그곳에서 그리스어, 라틴어 등으로 된 고대 문서들을 참고해 만들어졌다. 오늘날 학자들은 왕과 왕자가 프리메이슨의 실제 활동회원이라기보다는 명예회원이었으리라 추측한다. 17~18세기에 고위층 명예회원들이 아주 많았던 것이 여기서 기인한다고도 한다.

요크 의식의 역사가들은 런던에서 4개 총지부가 연합한 이후 프리메이슨의 기원을 찾는 이들이 고대 이집트, 솔로몬 신전, 로마 건축 조합, 중세 성당 건축가 등에 주목했다고 지적한다. 하지만 18세기 초 새로운 이론이 등장했다. 프리메이슨이 십자군 및 성전 기사들이 활동한 성지에서 시작되었다는 이론이었다. 열띤 논쟁을 불러일으킨 이 주장은 1737년, 파리에 살던 앤드류 마이클 램지Andrew Michael Ramsey가 들고 나왔다 해서 램지 이론이라 불린다. 일부 프리메이슨 회원들이 애초부터 반대 주장을 펼치기는 했지만 어떻든 성전 기사단에서 프리메이슨의 뿌리를 찾는 이론은 영국의 군대 지부를 통해 식민지 미국에 전해졌고 뜨거운 환영을 받았다.

요크 의식의 최고 등급(로열 아치)이 등장하는 미국 최초의 기록은 1753년 12월 22일에 버지니아 프레데릭스버그의 프레데릭스버그 지부에서 씌어진 것이다. 미국에서 가장 먼저 성전 기사 등급에 올라선 이는 윌리엄 데이비스였다. 그는 1769년 8월 28일에 보스턴의 성 앤드류 로열 아치 지부에서 로열 아치 및 성전 기사 등급을 받았다. 약제사였던 그는 벙커힐 전투에 참전한 용사였다. 폴 리비어는 1769년 12월 11일에 성전 기사 등급에 올랐다. 다섯 달 후에는 조지프 워렌도 성전 기사 등급에 이름을 올렸다.

이 기간 동안 식민지 미국의 지부들은 로열 아치 등급도 부여하기 시작했다. 어느 역사가는 프리메이슨 구조 내에서 이들 등급을 어떻게 대우해야 할지를 둘러싸고 '많은 논쟁과 혼란'이 빚어졌다고 기록했다.

국가 혹은 주 단위의 조직이 형성되고 프리메이슨 전체를 포괄하는 합리적인 구조가 마련되었다. 오늘날의 요크 의식에서 장인은 로열 아치 장인위원회, 로열 셀렉트 장인위원회, 그리고 성전 기사 지휘단 등 세 그룹의 구성원이 될 수 있다. 하지만 그 어느 그룹에서도 신입 도제, 숙련공, 장인의 승급 과정에서처럼 긴 의식을 암기하도록 요구하지는 않는다.

요크 의식에는 마크 장인mark master, 거장past master, 가장 위대한 장인most excellent master, 로열 아치 장인royal arch Mason의 4개 등급이 존재한다. 마크 장인은 기술자의 마크를 등록하도록 하는 의식에서 기원했으리라 여겨진다. 이 등급이 가장 먼저 나타났고 그 외의 등급들은 여러 해 후에 생겨났다고 믿는 학자들도 있다.

'가장 위대한 장인'은 미국에서 생겨난 등급이다. 1783년의 코네티컷 미들타운 기록을 보면 로열 아치 지부에 이 등급이 포함되어 있다. 어느 프리메이슨 학자는 이것이 '솔로몬 왕 신전의 완성'이라는 문제에 강제적으로 관심을 집중하도록 만드는 유일한 등급이기 때문에' '프리메이슨을 통틀어 가장 극적인 등급'이라고 부른다.

로열 아치 등급은 '고대 프리메이슨 조합의 정점' 그리고 '프리메이슨의 근간이자 정수'라 불린다. 이 승급 의식의 드라마는 솔로몬 신전 파괴와 유대인의 바빌론 유수에서부터 신전 재건축을 허락받고 돌아오기까지를 다룬다. 재건축 과정에서 오랫동안 잃어버렸던 '장인의 말Master's Word'을 되찾게 되는 것이다. 이 때문에 로열 아치 등급은 프리메이슨 교육의 완결로 여겨진다. 그것은 '고대 프리메이슨이 가진 완전한 빛을 드러내며 최초의 계획과 합치된 완벽한 체계를 보여준다.' 따라서 이 등급을 가진 이는 '장인이라는 고귀한 이름'에 걸맞는 자격을 갖출 수 있다.

기타 프리메이슨 조직

그밖의 여러 프리메이슨 조직은 매우 흥미롭다. 미국에서 가장 유명한 것은 '신비로운 묘 귀족들의 고대 아랍 모임Ancient Arabic Order of the Nobles of the Mystic Shrine'이다. 32등급의 회원 혹은 성전 기사 등급 회원들이 가입할 수 있는 이 슈라이너 모임은 1871년 뉴욕에서 만들어졌다. 프리메이슨 내에서 공식 지위를 가진 모임은 아니지만 미국 프리메이슨 사이에서는 아주 유명하다. '번쩍거리는 동양 의상, 길고 복잡한 명칭, 농담과 장난, 이슬람교를 희화하는 의식'이 특징이다.

회원수가 80만 명에 달하는 이 모임은 장애 어린이를 위한 정형외과 병원을 지원한다. 로스앤젤레스에 위치한 슈라인 회관은 아카데미 시상식을 포함해 다양한 연예 행사가 열리는 장소이다. 이

미국 캘리포니아 주 로스앤젤레스에 위치한 슈라인 회관 Shrine Auditorium.

런 식으로 외부에 노출되면서 슈라이너는 유명해졌지만 영국 프리메이슨은 슈라이너 가입을 금지하였고 이를 어길 경우 회원 자격을 정지시키고 있다.

박애와 자선을 통한 삶의 즐거움 추구를 특징으로 하는 슈라이너는 '절제된 즐거움, 무례하지 않은 호의, 거칠지 않은 환락'의 철학을 믿고 실천한다.

그 역사는 1870년에 뉴욕 맨해튼에 살던 프리메이슨 회원 수천 명이 모였던 데서 시작된다. 맨해튼 인구를 전부 합해봐야 90만 명에 불과했던 시절이었으므로 이는 상당히 많은 수였다. 그중 한 명이었던 윌리엄 플로렌스는 프리메이슨 회원 형제들과 함께 의식儀式보다는 '즐거움과 동료의식'이 강조되는 조직을 구상하곤 했다.

유럽을 여행하면서 플로렌스는 아랍 외교관이 주최하는 파티에 참석한 자리에서 코미디 음악 드라마를 보았다. 공연 말미에 손님들이 가짜 '비밀 단체'에 가입하는 순서가 있었다. 그는 깊은 인상을 받고 비슷한 파티에 두 번 더 참석하면서 그 분위기를 꼼꼼히 기록했다. 뉴욕으로 돌아온 그는 친구 월터 플레밍 박사에게 그 경험담을 털어놓았다. 두 사람은 의식을 재현해내면서 비밀 단체를 만들어냈고 이것이 바로 슈라이너이다(슈라이너의 공식 명칭인 '신비로운 묘 귀족들의 고대 아랍 모임Ancient Arabic Order of the Nobles of the Mystic Shrine의 머리글자들을 재조합하면 프리메이슨 회원이라는 뜻의 'a mason'이 된다). 1872년 9월 26일, 미국 최초의 슈라이너 전당이 만들어져 '메카 전당Mecca Temple'이라는 이름을 얻었다. 당시에는 회원이 별로 없었다. 하지만 1876년에 '신비로운 묘 귀족들의 고대 아랍 모임 최고위원회The Imperial Grand Council of the Ancient Arabic Order of the Nobles of the Mystic Shrine'가 생겨났다. 그로부터 채 2년이 지나지 않아 슈라이너 회원 수는 43명에서 400명 이상으로 늘었고 전당도 13개로 많아졌다. 1888년이 되자 회원 수는 7,000명을 넘어섰고 미국에 48개, 캐나다에 1개 전당이 활동하고 있었다. 1880년대의 슈라이너는 기본적으로 사교 조직이었지만 황색열 전염병 때나 존스타운 수재 때 희생자를 돕는 데 앞장섰다. 1898년에는 회원 수 5만 명에, 총 79개 중 71개 전당이 자선사업을 펼치는 조직으로 성장했다.

자선사업은 1920년 6월, 오리건의 포틀랜드에서 열린 최고위원회 회의에서 공식화되었다. 장애 어린이를 위한 병원을 만들기로 한 것이다. 1922년 6월, 루이지애나 슈레브포트에 장애아를 위한 최초의 슈라이너 병원을 짓기 위한 주춧돌이 놓였다. 슈라이너는 어린이들에게 무료로 정형외과 치료를 해주었다. 1962년, 토론토에서 열린 최고위원회 회의에서는 어린이 화상 환자를 위한 병원 개원이 결정되었다. 다음해 텍사스대학 존 실리 병원에 병상 7개의 임시 병원이 문을 열었다. 이어 신시내티와 오하이오, 보스턴의 종합병원에 각각 비슷한 임시 병원이 마련되었다. 33개 병상 규모의 슈라이너 화상 치료병원 건축은 1968년에 끝났다. 그밖에도 슈라이너는 필라델피아의 척추 재활센터, 수많은 정형외과 및 화상 치료병원, 척추피열 관리 프로그램, 화상 환자 이송을 위한 항공 응급수송 등을 운영하고 있다.

슈라이너의 가장 눈에 띄는 상징은 검은 술이 달린 붉은 모자이다. 이 모자는 공식행사 때나 행진, 여행, 서커스, 댄스 파티, 식사, 스포츠 모임 등에 어김없이 등장한다. 슈라이너 회원은 자동차 경주단, 드럼과 나팔 연주단, 동양 악기 연주단, 자동차 순찰대, 기마 순찰대, 어릿광대 모임 등에 참여할 수 있다. 오늘날 미국, 캐나다, 멕시코, 파나마 공화국에 슈라이너 전당 191곳이 운영되고 있고 회원 수는 75만 명을 헤아린다. 비공식 슈라이너 클럽은 전세계에 존재한다.

'나일의 딸들 Daughters of the Nile'은 슈라이너 회원의 여자 형제나 아내로 구성된 국제적인 형제애 조직으로 미국과 캐나다에 149

개 전당을 보유하고 있다. 1913년, '미래에 대한 전망을 공유하는 진취적인 여성' 22인으로 시작된 조직은 북미 전역에 걸쳐 5만 4,000명의 회원을 확보했다. 나일의 딸들 회원은 북미와 하와이의 슈라이너 어린이 병원 22곳에서 환자들을 보살핀다. 매년 150만 달러 이상의 기금을 마련해 인공 수족, 부목, 환자용 특수신발 제작 등을 지원한다. 그밖에 옷과 장난감을 마련해 어린이를 위한 파티를 열고 병원 자원봉사활동을 벌인다.

'그로토Grotto'와 '레바논의 키 큰 삼목Tall Cedars of Lebanon'도 이와 비슷하게 자선과 즐거움을 함께 추구하는 조직이다. 공식 명칭이 '황홀한 왕국을 은밀히 예언하는 신비의 조직Mystic Order of Veiled Prophets of the Enchanted Realm'인 그로토는 슈라이너의 그것과 비슷한 술 달린 모자가 상징이다.

'동방의 별Eastern Star'은 프리메이슨과 아주 비슷한 조직이다. 장인 등급의 프리메이슨 회원과 가족 관계인 여성들이 회원인데 지부마다 후견인 역할을 하는 프리메이슨 회원이 있어야 한다. 1850년에 5개 등급으로 이루어진 의식이 만들어졌다. 회원 수는 300만 명 정도이다. 프리메이슨의 '여성 지부'라고도 볼 수 있다. '예루살렘의 흰 슈라이너White Shrine of Jerusalem'나 '아마란스Amaranth'도 비슷한 모임이다. 가톨릭교회는 이들 조직 참여를 금지한다.

프리메이슨 회원과 가족 친척관계인 14~21세 청소년은 '드몰레 조직Order of DeMolay'에 가입할 수 있다. 성전 기사단의 마지막 단장이었던 자크 드몰레의 이름을 딴 이 조직은 1919년에 캔자스

시티에서 결성되었다. 드몰레 조직 회원들이 성인이 된 후 대부분 프리메이슨 지부에 들어가기 때문에 이는 프리메이슨의 수습생 양성 역할을 한다고도 할 수 있다. 미국 프리메이슨이 지원하는 또 다른 청소년 단체로 '건축가 조직Order of Builders'이라는 것도 있다. 소녀들은 '욥의 딸들Order of Job's Daughters' 이나 '무지개 조직Order of Rainbow'에 들어갈 수 있다. 프리메이슨 회원 자격을 요구하는 특별 조직으로는 현역 및 퇴역 군장교들로 이루어진 '내셔널 소저너스National Sojourners' '아카시아 대학 조직' '필라레테스 Philalethes' 등이 있다. '자와 컴퍼스 클럽Square and Compass club'이라 불리는 조직들은 프리메이슨 회원들의 사교 및 문화 생활을 담당한다. 1918년에 발족한 미국 프리메이슨 서비스 협회는 회원 복지와 대외 관계 업무를 처리하고 있다.

흑인 프리메이슨 회원들이 만든 조직으로는 '신비로운 묘 귀족의 고대 이집트 아랍 모임Ancient Egyptian Arabic Order of the Nobles of the Mystic Shrine'이 있다. 여기에는 스코틀랜드 및 요크 의식에 대응하는 체계도 갖춰져 있다.

필라레테스 모임은 국제적인 프리메이슨 연구 단체인데 전세계의 프리메이슨 관련 소식을 모아 잡지를 발간한다. '프리메이슨 장미십자 모임Societas Rosicruciana in Civitatibus Foederatis'은 가장 비밀스러운 단체로 장인 등급 이상의 프리메이슨 회원만이 추천제로 가입된다. 그 외의 프리메이슨 유관 단체를 소개하면 다음과 같다.

● 아카시아Acasia : 대학의 사교 모임으로 1904년에 창립되었다.

장인 두 명의 추천을 받은 개신교도에게 가입 자격이 주어진다.

● **미국 장인들의 연구 지부** American Lodge of Research Master Masons : 프리메이슨 역사 연구가 주된 관심사이다.

● **샤렘쿠 공주들의 고대 이집트 모임** Ancient Egyptian Order of Princesses of Sharemkhu : 슈라이너 회원들의 여성 친척들로 이루어져 있다. 자선과 사교 활동을 벌인다.

● **사이어츠 고대 이집트 모임** Ancient Egyptian Order of Sciots : 매달 지부 모임에 참석하기로 서약한 프리메이슨 회원들의 모임이다. 1905년에 만들어졌으며 회원들의 유대 강화와 불우 아동 원조를 목적으로 한다.

● **모카나의 딸들** Daughters of Mokana : '황홀한 왕국을 은밀히 예언하는 신비의 조직' 회원과 가족 친척 관계인 여자들이 모인 조직이다.

● **조지 워싱턴 프리메이슨 국가기념회** George Washington Masonic National Memorial Association : 1912년에 결성되었으며 총지부 회원만 가입할 수 있다. 버지니아 알렉산드리아의 워싱턴 프리메이슨 기념관을 맡아 관리한다.

● **고대 프리메이슨 의식을 연구하는 그랜드 칼리지** Grand College of Rites of the U.S.A. Studies Ancient Masonic Rites : 장인 등급의 프리메이슨 회원이 추천에 의해 가입할 수 있다.

● **미국 프리메이슨 등급 연합 대위원회** Grand Council of Allied Masonic Degrees of the U.S.A. Members : 로열 아치 장인 등급 회원들로 구성되며 고대의 프리메이슨 의식을 실천하려는 목적을 가진다.

- 국제 하이 투엘브High Twelve International : 장인 등급 회원들로 구성되며 국제적 유대를 높이고 프리메이슨의 이상을 뒷받침한다는 목적을 가진다.
- 성스러운 도시를 지키는 기사단Holy Order of Knights Beneficient of the Holy City : 신앙심을 돈독하게 만들기 위해 장인 등급 회원들이 조직한 모임이다. 추천에 의해 가입 가능하다.
- 북미 여성 슈라이너Ladies Oriental Shrine of North America : 슈라이너 회원과 가족 친척관계인 여자들로 구성되며 상호 교류와 자선활동을 목적으로 한다.
- 영예의 군단Legion of Honor : 1931년에 결성된 전국 조직으로 미국 현역 및 퇴역 군인인 동시에 슈라이너 회원인 경우 가입 가능하다.
- 프리메이슨 클럽Masonic Clubs : 장인 등급 회원들의 사교 조직이다. 프리메이슨 지부에서는 술을 팔지 않는다. 하지만 클럽은 지부 홀에서 바를 운영하고 있다. 클럽의 전국 조직은 1905년에 결성되었다.
- 미국 프리메이슨 원조협회Masonic Relief Association of the U.S.A. : 프리메이슨 내부와 외부 모두에서 자선사업을 벌이기 위해 1885년에 만들어졌다.
- 미국 프리메이슨 서비스협회Masonic Service Association of the United States : 참전용사 병원 방문이나 재해 구조사업 등 교육과 복지 프로그램을 실시하는 총지부들의 연합 조직이다. 전국 조직이긴 하지만 각 주의 총지부보다 상위에 위치하지는 않는다.

1919년에 창립되었으며 본부는 워싱턴에 있다.

- **상호 길드** Mutual Guild : 성전 기사와 로열 아치 등급 공무원들의 모임이다.
- **내셔널 소저너스** National Sojourners : 1900년에 만들어졌으며 장인 등급의 현직 혹은 전직 미국 장교들로 구성된다. 형제 단체로 '76의 영웅들 Heroes of the 76' 도 있다.
- **아마라스 모임** Order of Amarath : 장인 등급 회원들의 여자 친척들 중심으로 구성된 자선 조직이다. 회원들은 '남에게 받고자 하는 대로 남을 대접하라' 는 말씀에 대한 믿음을 몸으로 실천하고 조직이 지향하는 진실, 믿음, 지혜, 자선을 따라야 한다.
- **데솜 조직** Order of Desoms : 장인 등급 회원과 가족 친적 관계인 청각 장애인들로 구성된다. 상호 도움을 주고받는 것이 목적이다.
- **기사 회원 조직** Order of Knight Masons : 추천을 받은 장인 등급 회원들이 가입할 수 있다. 여기서 초록 등급 green degrees 상을 수여한다.
- **무지개 소녀 조직** Order of the Rainbow for Girls : 1922년에 결성되었으며 프리메이슨 장인 등급 회원이나 동방의 별 회원과 가족 친척 관계인 12~18세 소녀들로 구성된다. '올바른 삶을 교육한다' 는 목적을 가진다.
- **콘스탄틴 적십자위원회** Red Cross of Constantine-United Imperial Council : 프리메이슨 철학을 연구, 정화한다는 목적을 가진 조직이다. 로열 아치 등급의 프리메이슨 회원이 가입할 수 있다. 1870년에 창립되었다.

- **왕립 어릿광대 조직**Royal Order of Jesters : '유쾌함이 최고다'라는 모토를 따르는 모임이다. 슈라이너 회원들이 추천에 의해 가입할 수 있다.
- **스코틀랜드 왕립 조직**Royal Order of Scotland : 5년차 이상의 스코틀랜드 혹은 요크 의식 회원으로 그리스도교도여야 가입가능하다. 나름의 등급 체계를 가진다.
- **미합중국 레바논의 키 큰 삼목**Tall Cedars of Lebanon of United States of America : 사교 목적으로 모인 장인 등급 회원들의 모임이다.

최하 등급인 신입 도제부터 최고 등급에 이르기까지 모든 회원에게 비밀 엄수를 요구해온 탓에 프리메이슨은 외부인에게 두려움의 대상이 되었다. 닫힌 문 안쪽에서 무언가 불길한 일이 벌어지고 있다는 오해를 불러일으켰던 것이다.

19장

세상을 통치했던 이들

FREEMASONS

FREEMASONS

프리메이슨 역사 전체를 통해 외부로부터의 비난과 의혹은 끊임없이 제기되었다. 프리메이슨은 이교 사상의 씨앗, 반그리스도, 암흑의 신비주의, 사탄 숭배, 기존 질서에 대한 혁명적 위협 등 다양한 혐의를 받았다. 18~19세기에 유럽 전제 왕조들은 프리메이슨이 혁명을 조장한다고 생각해 억압정책을 폈다. 1919~1920년에 헝가리에서 정권을 잡은 미클로스 호르티 Miklos Horthy는 군 장교들이 프리메이슨 지부를 습격하도록 했고 그 과정에서 도서관, 각종 기록과 자료, 예술품 등이 파괴되었다. 프리메이슨 소유 건물은 압수당했고 반프리메이슨 전시회 장소로 이용되었다. 1920년에는 공식적으로 프리메이슨이 불법화되었다.

독일에서는 앞서 설명한 대로 제1차 세계대전의 영웅인 에리히 폰 루덴도르프 Erich von Ludendorff 장군 부부가 1920년대 내내 반프리메이슨, 반유대 운동을 주도했다. 이들은 조직의 비밀을 샅샅이 파헤쳐 프리메이슨을 말살하자는 내용, 그리고 1차 대전에서 독일의 패배는 유대인과 프리메이슨 탓이었다는 내용을 담은 소책자를 만들어 퍼뜨렸다. 이보다 늦게 나온 히틀러의 《나의 투쟁》(1920년대 히틀러가 민주정부 전복을 시도했다가 감옥에 갇혀 쓴 책)에도 프리메이슨이 유대인 휘하에 있으며 유대인을 위한 '훌륭한 도구' 역할을 담당한다는 주장이 포함되어 있다. 히틀러는 또한 1차 대전 이후 독일이 '자기 보호라는 국가적 본능을 잃고 마비 상태에 빠진' 것도 프리메이슨이 조장한 결과라고 보았다.

1931년, 나치당원들에게 배부된 '행동 지침'을 보면 '유대인에 대해, 그리고 유대인의 종복인 프리메이슨에 대해 농부들이 가진 적대감은 더욱 고조되어야 한다.'라는 말이 있다. 1933년 1월에 히틀러가 정권을 잡은 이후 히틀러의 심복 헤르만 괴링은 나치 독일에 프리메이슨이 설 자리는 없다고 공언했고 이를 독일 총지부 그랜드 마스터에게 알렸다. 당시 독일에는 총지부 9개에 회원은 8만 명 정도였다. 규모가 큰 지부로는 '세 구球의 총지부Grand Lodge of the Three Globes' '독일 전체 프리메이슨을 위한 국가 총지부' '우정의 로열 요크 총지부'가 있었다. 이들 총지부 대표들에게 나치 정부의 지침이 전달되었다. 지부 활동이 전면 금지되는 것은 아니지만 향후 '프리메이슨'이나 '지부'라는 용어는 쓰지 못하고 해외 교류를 중단하며 독일인으로 회원을 한정하고 비밀 유지 원칙을 파기하고 구약성서를 바탕으로 만들어진 의식은 폐지하라는 것이었다. 독일 프리메이슨 협회는 명칭을 '프레데릭 대제의 전국

1920년대에 반프리메이슨 운동을 주도했던 에리히 폰 루덴도르프.

그리스도교 조직'으로 바꿔야 했다.

독일 농업부 장관인 발터 다레Walter Darre 박사는 대중 앞에서 프리메이슨은 '독일 농민의 원수'이며 나치 정책에 대한 반대 '파업을 계획 중'이라고 말했다. 작센Saxony 지방정부는 중앙정부의 입장을 받아들여야 한다면서 프리메이슨 회원이 교육 등 공공서비스 분야에서 일하지 못하도록 했다. 1934년, 괴링은 프로이센의 총리 자격으로 프로이센에서 가장 오래되고 영향력이 컸던 총지부들을 해산시켰다. 이들은 '국제 프리메이슨 조직과 연계되어 새로운 정부에게 적대적'이라는 것이 그 이유였다. 베를린의 나치당은 몇 년 동안 프리메이슨 회원이었던 자 혹은 고위 등급에 올랐던 자는 당원이 될 수 없다는 규정을 발표했다. 프리메이슨 지부들은 '유대 문화'에 뿌리를 둔 교리와 의식을 가졌다는 이유로 공격당했다. 국방장관은 군인들의 프리메이슨 신규 가입을 금지했고 기존 회원은 즉각 조직에서 탈퇴하라고 요구했다. 프리메이슨 회원인 예비군 장교들은 훈련에서 제외되었다.

아돌프 아이히만Adolf Eichmann이라는 젊은 오스트리아인 하사관이 1934년, 독일 폭풍 부대의 정보과에서 일하게 되었을 때 그가 맡은 비밀 임무는 유명한 독일 프리메이슨 회원들의 명단을 작성하는 것이었다. 프리메이슨의 '국제적 성격'에 대한 분석이 이루어지면서 유대인 문제를 심각하게 인식한 아이히만은 상사인 라인하르트 하이드리히와 함께 '최종적 해결Final Solution'이라는 유대인 말살정책을 기안한다. 1835년 8월 8일, 나치 신문인 〈민족관찰자Voelkischer Beobachter〉는 독일 내 모든 프리메이슨 지부를 해산한다고 선언하였다. 프리메이슨은 또한 1차 세계대전을 촉발했던 프랜시스 페르디난트 대공의 사라예보 암살 사건(1914년)의 배후로도 비난받았다.

폰 힌덴부르크 대통령이 프리메이슨의 국가 전복활동 연루 혐의를 발표하자 내무장관은 즉각 모든 프리메이슨 지부를 해산하고 그 재산을 압수하라고 명령했다. 나치의 교육 감독관들은 독일 전역을 다니며 국민들에게 프리메이슨의 만행을 선전했다. 1918년에 독일군 지도 제작 부서에서 일하던 프리메이슨 회원들이 군사 기밀을 영국에 넘겼다는 것이었다. 1936년에는 독일 내무장관이 히틀러 집권 시기인 1933년 1월에 프리메이슨 회원이었던 이들은 공공서비스 분야에 종사할 수 없고 나치 당에서도 배제된다고 공표했다. 나치 선전가들은 '유대-프리메이슨의 음모'를 경고하였다. 나치 정보부 수뇌였던 괴벨스Paul Joseph Goebbels는 민주주

'반프리메이슨 박람회'를 개최했던 나치 선전장관 괴벨스.

의란 '프리메이슨 음모가들'이 좌지우지하는 제도라고 설명했다.

1937년이 되면서 수많은 프리메이슨 회원들이 강제수용소로 끌려갔다. 비밀경찰 게슈타포는 프리메이슨 회원 명부를 압수했다. 괴벨스는 뮌헨에서 '반프리메이슨 박람회'를 개최했다. 정보 부서에 프리메이슨을 담당하는 특별과가 만들어졌고 결국 프리메이슨은 '유대인 문제'에 관련되었을 뿐 아니라 언론과 여론을 조작하는 '정치적 힘을 가진 자율적 이데올로기'로 전쟁과 혁명을 꾀한다는 결론이 내려졌다.

1938년 3월 12일, 나치가 오스트리아로 진주하면서 게슈타포는 비엔나의 총지부를 접수하고 군중들이 난입해 문서, 은그릇, 그림, 조각상, 가구 등을 파괴하도록 만들었다. 그랜드 마스터인 리하르트 슐레징거는 체포되었다가 석방 직후 고문 후유증으로 숨졌다. 총지부가 두 곳 존재하던 체코슬로바키아에서는 1939년 3월의 독일군 점령 후 프리메이슨 회원 4,000명이 체포되었다. 그 대부분은 강제수용소에 보내졌다. 5퍼센트 미만의 회원들만이 영국으로 무사히 탈출했고 그곳에서 망명 총지부를 만들었다.

1923년 2월 23일, 이탈리아의 베니토 무솔리니 파시스트위원회는 프리메이슨 회원인 파시스트는 프리메이슨과 파시즘 중 하나를 선택하라고 발표했다. 이탈리아의 프리메이슨 총본부는 파시스트를 선택하기 위해 프리메이슨 회원 자격을 포기한다 해도 이는 조직에서 가르치는 국가애에 해당하므로 거리낄 필요가 없다고 응답했다. 그러자 많은 회원들이 탈퇴했다. 독재자 무솔리니는 1924년 8월에는 파시스트 정부에 동조하지 않는 프리메이슨 회원들을 색출해야 한다고 선언했다. 여러 위원회들이 프리메이슨 관련 정보 수집 임무를 부여받았다. 1925년의 어느 인터뷰에서 무솔리니는 영국, 미국, 독일의 프리메이슨은 자선 및 박애단체이지만 이탈리아의 프리메이슨은 프랑스 총본부에 종속된 '정치 조직'이며 프리메이슨 회원은 영국이나 프랑스의 첩자이자 이탈리아 군사행동의 반대자라고 말했다. 저명한 프리메이슨 회원들이 줄줄이 암살당했다. 1925년 1월, 무솔리니는 이탈리아의 모든 프리메이슨 조직을 해산했다. 이탈리아 총본부의 그랜드 마스터인 코미지오 토리지아니Comizio Torrigiani는 1932년에 리파리Lipari 제도로 추방당했다가 곧 사망했다. 그밖에 사회 지도층의 프리메이슨 회원들이 수백 명이나 추방되었다. 1925년부터 1927년까지 무솔리니의 검은셔츠 부대는 밀라노, 플로렌스 등 도시에서 프리메이슨 회원 집을 습격했고 최소한 100명 이상을 죽였다.

　마드리드와 바르셀로나에 총지부가 설치되어 있던 스페인에서는 마드리드 총지부가 폐쇄되고 반정부 음모 죄로 수많은 프리메이슨 회원들이 체포되었다. 1935년, 군인의 프리메이슨 가입을 금지하는 법안이 통과되었다. 1936년에 스페인 내전이 시작되자 총지부는 브뤼셀로 옮겨갔다. 그해 10월, 프리메이슨 회원 6명이 교수형을 당했다. 내전 동안 프랑코 장군의 군대는 프리메이슨 건물을 파괴하고 재산을 압수했으며 회원들을 처형했다. 코르도바에서는 프리메이슨 회원이라 추측된 이들이 모두 죽임을 당했다. 그라나다에서는 회원들에게 구덩이를 파게 한 후 총살시켰다. 스페인 전역과 스페인 령 모로코와 카나리아 제도에서 프리메이슨 회원들은 수백 명씩 죽임을 당하거나 감옥에 갇혔다. 카디스Cadiz에서는 고문을 당한 후 처형되었다. 세르비아에서는 누구나 프리메이슨 회원을 찾아 죽일 수 있도록 신문에 명단이 공개되기도 했다. 말라가에서는 프리메이슨 회원 80명이 목을 조르는 방식의 스페인 전통 교수형에 처해졌다. 1938년, 스페인 내 프리메이슨 묘지에 새겨진 조직의 상징을 모두 없애라는 프랑코의 명령이 떨어졌다. 1939년에는 정식으로 프리메이슨이 불법화되고 회원 가입이 형사 범죄로 다루어졌다. 프리메이슨을 공개 비난하지 않는 사람, 자신이 아는 회원 이름을 경찰에 밝히지 않은 사람은 체포 구금되었다.

프랑스에서는 파시스트에 동조하는 상하원 의원들이 모여 1935년, 반프리메이슨 의회행동연합Interparliamentary Group of Action against Free Masonry이라는 단체를 결성하였다. 이들은 '프리메이슨을 쳐부술 때가 왔다. 프랑스 군은 프리메이슨의 최후를 향해 퇴각이나 휴식 없이 싸워야 한다.'라고 선언했다. 1940년 6월, 프랑스가 독일에 점령당했을 때 꼭두각시 비시 정부는 프랑스 프리메이슨 총본부를 해산하고 그 재산을 압류했다. 프리메이슨 건물은 폐쇄되었고 출입하는 자는 사형에 처한다는 경고가 뒤따랐다. 다른 나라에서처럼 그 건물은 반프리메이슨 박물관으로 바뀌어갔다. 프리메이슨 회원들은 가택 수색을 당했고 하던 사업이나 직장에서 밀려났다. 2차 대전 당시 침략 당한 나라 어디에서나 이런 일이 벌어졌다.

1942년에는 히틀러가 직접 '프리메이슨을 비롯한 국가 사회주의의 적들이 오늘날 벌어진 전쟁의 원인'이라고 천명했다. 프리메이슨 도서관이나 문서고, 지부들은 '과학 연구'를 위해 몰수당했다. 압수된 자료들은 나중에 박물관에 전시되었다. 반프리메이슨 박람회에 게시되었던 설명을 보자.

'프리메이슨의 수수께끼 같은 어둠은 오래전에 거두어졌다. 1933년의 음모가 분쇄된 후 그 비밀이라고 하는 것이 만천하에 공개된 것이다. 온 세계가, 특히 우리 독일이 영국의 권력 강화를 위해 창설, 확대되어온 프리메이슨의 본질을 깨닫지 못했다면 그 마수는 한층 널리 뻗어나갔을 것이다.'

1945년에 〈뉴스위크〉는 다음과 같이 보도했다.

지난 20년 동안 유럽의 프리메이슨은 역사상 그 어느 때보다도 철저하게 박해를 받았다. 무솔리니가 1925년에 이탈리아 프리메이슨을 압사시켰고 히틀러는 권력을 잡으면서부터 독일의 지부들을 없애더니 체코슬로바키아, 폴란드, 노르웨이, 네덜란드, 벨기에, 그리스 등지에서 같은 정책을 폈다. 유럽의 프리메이슨 회원들은 죽거나 지하로 숨어들거나 탈출할 수밖에 없었다.

뉘른베르크 전범재판에서 검사장 역할을 했던 미국 대법원 판사 로버트 잭슨Robert H. Jackson은 "현대의 독재자들이 가장 일찍부터, 가장 잔혹하게 타도한 대상이 프리메이슨이었다는 점은 쉽게 이해되지 않는다. 아마도 독재자들은 이 조직이 개인의 자유에 큰 가치를 두는 만큼 경찰국가 편을 들지 않으리라 판단했을 것이다."라고 말했다.

나치 독일이 패배하고 동유럽이 소련 수중에 떨어졌을 때, 조직 재건을 향한 프리메이슨의 희망은 곧 꺾이고 만다. 체코슬로바키아의 총지부가 활동 재개 준비를 마쳤을 때 체코의 애국자이자 프리메이슨 회원이었던 에두아르드 베네스Eduard Benes 대통령이 암살되고 공산정권이 들어선 것이다. 헝가리에서는 1946년 3월에 1920년의 반프리메이슨 법령이 폐지되고 합법화되었지만 1950년 6월 13일, 소련 지원을 받은 정부가 다시금 프리메이슨 지부를 '인민민주주의 공화국의 적들, 자본주의와 서구 제국주의 동조자들이 모이는 장소'라고 비난하면서 해산시키고 말았다. 결국 철의 장막 뒤쪽의 모든 나라들이 비슷한 정책을 택하게 되었다.

냉전 시기 동안에는 권력자들이 세계 지배의 음모에 관련되어 있다는 믿음이 널리 퍼졌다. 인류 역사에서 불안과 공포의 시기마다 늘 그랬듯 이때에도 소수의 사람들이 상황을 장악하고 미래의 방향을 결정하기 위해 비밀리에 모임을 결성했다는 의혹이 일어났다. 고대에 그 소수인은 부족장이나 종교인이었다. 18세기가 되면 일루미나티Iluminatic(광명회)가 표적이 되었다. 그 회원들은 초자연적인 능력을 가지고 삶의 방법을 설파할 수 있다고 여겨졌던 것이다.

산업혁명이 일어나고 현대 자본주의가 부상하면서는 사회주의자들이 권력 집중을 제기하고 나섰다. 소수의 개인이나 가문이 국가를 통제하고 특정 이데올로기를 퍼뜨리는 것은 대중 억압의 음모라는 것이다. 20세기 전반부, 러시아의 볼셰비키나 독일의 나치는 모두 이 점을 강조하였다.

나치 독일에 뒤이어 소련의 붉은 군대가 동유럽 국가들을 장악하고 서구와 소련 사이에 냉전이 시작되자 미국 정부와 산업계에는 '공산주의자 색출' 바람이 몰아쳤다. '국제 공산주의'가 가하는 위협에 맞서기 위한 조직들도 속속 만들어졌다. 하지만 많은 미국인들이 보기에 이런 조직은 공산주의를 막기에 역부족이었다. 아니, 그보다는 세계의 경제, 정치, 사회를 장악하려는 목적이 더 큰 것처럼 보였다. 그런 의혹을 산 조직들로는 대외관계위원회 Council of Foreign Relations(1921년 창립), 빌더버그 그룹Bilderberg Group(1954), 트라이래터럴 커미션Trilateral Commision(1973)이 있다.

엘리트층에 대한 의혹이 이는 것과 함께 세계 통치를 꿈꾸는 이들은 프리메이슨 회원이거나 그 동조자라는 믿음이 퍼져나갔다. 미국의 프리메이슨 세력에 대해 가장 오랫동안 이어진 주장 중에 미국의 국새, 그리고 수도 워싱턴의 도로 계획 및 연방 건물 설계가 프리메이슨 원칙에 따라 만들어졌다는 것이 있다. 도로 계획을 보면 거꾸로 선 십자가나 피라미드 상징이 나타난다고 하며 그런 지점들은 각각 '저명한 프리메이슨 회원과 관련되어 있다'는 주장이다. 백악관 북쪽 건너편에 위치한 마르퀴 드 라파예트 공원처럼 말이다. 워싱턴 기념비나 국무성 건물 또한 프리메이슨 방식에 따라 5각형으로 설계되었다고 한다.

1달러짜리 미국 달러에 프리메이슨 상징이 숨어 있다는 주장도 있다. 지폐 뒷면에 그려진 옥새를 보면 깃털 32개(프리메이슨의 등급 수)가 난 독수리가 있다. 독수리는 프리메이슨의 수호자인 성 요한을 상징하기도 한다. 왼쪽 발톱으로 움켜쥔 화살들은 이스라엘 데이비드 왕(솔로몬 왕의 아버지이다)을, 오른쪽 발톱의 올리브 가지는 솔로몬을 나타내며 독수리 머리 위 13개의 별은 야곱과 열두 아들, 즉 이스라엘 종족들을 상징한다는 것이다. 이중 삼각형 안에 든 별 13개는 이스라엘의 자식들이 압제자에게서 벗어나 자유를 얻는다는 의미다. 지폐에 씌어진 라틴어 'E Pluribus Unum(많은 것 중 하나)'는 프리메이슨 형제애 조직을 나타낸다고 한다.

지폐에서 프리메이슨을 찾는 이들이 내세우는 가장 명백한 근거는 프리메이슨 회원이었던 조지 워싱턴의 초상화이다. 미완성의 피라미드도 프리메이슨과 연결된다. 피라미드의 빛나는 상부에는 '모든 것을 볼 수 있는 눈'이 존재하며 이는 다름 아닌 '우주

프리메이슨의 다양한 상징들로 이루어져 있다는 의혹이 제기된 1달러 지폐 뒷면.

의 위대한 건축가'를 상징한다. 그 전능한 건축가가 미국을 내려다보는 것이다.

피라미드 아래쪽 미국 옥새에 새겨진 라틴어 'Novus Ordo Seclorum(시대의 새 질서)'도 문제가 된다. 이 말은 연방정부의 주권과 독립성의 붕괴, 다시 말해 미합중국과 헌법의 종말을 의미한다는 것이다. 그 주장에 따르면 세계 정부가 등장해 미국을 복속시키고 세계 군대, 세계 의회, 세계 법원, 지구 공공의 세제 등이 형성되어 인류의 생활 전체를 통제하게 된다고 한다. 새로운 세계 질서에 대한 논의는 아주 다양하지만 그 기본 원칙은 동일하다고도 한다.

자유의 여신상이 '머리부터 발끝까지 프리메이슨의 여신'이라고 주장하는 역사가도 있다. 프랑스 프리메이슨 회원인 프레데릭-오귀스트 바르톨디(그는 독립선언 서명 100주년을 기념하여 뉴욕시에 세워진 마르퀴 드 라파예트의 조각상도 만들었다)의 손으로 '프리메이슨의 목표에 맞춰, 그 의식을 위해' 제작되었다는 주장이다.

미국 역사에 프리메이슨이 엄청난 영향을 미쳤다고 보는 이들은 역대 대통령의 3분의 1이 프리메이슨 회원이었다는 점을 지적한다.

- 조지 워싱턴George Washington: 1752년 11월 4일, 버지니아 프레데릭스버그의 프레데릭스버그 4번 지부에서 가입했다. 지부장과 대통령을 겸임한 최초이자 유일의 프리메이슨 회원이다.
- 제임스 먼로James Monroe: 1775년 11월 9일, 대륙군의 성 요한 연대 지부에서 가입했다. 당시 먼로는 18세가 되지 않았지만 당시는 성년의 기준이 21세로 명확히 정해지지 않은 시점이었다. 이후 먼로는 버지니아 윌리엄스버그의 윌리엄스버그 6번 지부 소속으로 활동했다.
- 앤드류 잭슨Andrew Jackson: 가입 일자는 불명확하다. 1800년 이전부터 테네시 내슈빌의 성 태머니 1번 지부 소속 회원이었다. 테네시 최초의 지부는 1789년, 노스캐롤라이나 총지부 관할로 탄생하였다. 지부 이름은 1800년 11월 1일에 조화의 1번 지부로 바뀌었다. 앤드류 잭슨은 1805년에 테네시 총지부로 돌아간 것으로 되어 있다. 1813년 12월 27일에 테네시 총지부는 나름의 규약을 발표했다. 앤드류 잭슨은 1822년 10월 7일, 테네시의 6번째 그랜드 마스터가 되었고 1824년 10월 4일까지 그 등급을 유지했다.
- 제임스 폭James K. Polk: 1820년 6월 5일, 테네시 컬럼비아의 컬럼비아 31번 지부에서 가입했다. 1847년 5월 1일에는 워싱

턴의 스미소니언 연구소 기공식에서 주춧돌을 놓는 데 참여
하기도 하였다.

- 제임스 부캐넌James Buchanan: 1816년 12월 11일, 펜실베이니아 랭카스터의 43번 지부에서 회원 가입하였다. 43번 지부의 지부장을 지내다가(1822~1823) 1824년에 랭카스터, 레바논, 그리고 요크 지역의 그랜드 마스터로 임명되었다.

- 앤드류 존슨Andrew Johnson: 1851년 5월 5일, 테네시 그린빌의 그린빌 119번 지부에서 가입하였다.

- 제임스 가필드James A. Garfield: 1861년 11월 19일, 오하이오 콜럼버스의 매그놀리아Magnolia 20번 지부에서 가입했다. 남북전쟁 참전으로 인해 1864년 11월 22일에야 세 번째 등급으로 올라섰다. 1866년 10월 10일에 오하이오 가레츠빌의 가레츠빌 246번 지부로 들어가 1869년까지 목사를 지냈다. 1869년 5월 4일에는 워싱턴의 펜탈파Pentalpha 23번 지부의 초대 구성원이 되어 지부 승인을 탄원하기도 하였다.

- 윌리엄 맥킨리William McKinley: 1865년 5월 1일, 버지니아 윈체스터의 히람 21번 지부에서 가입했다. 1867년 8월 31일에는 오하이오 캔턴Canton의 캔턴 60번 지부로 들어갔다. 얼마 후 다시 캔턴의 이글 431번 지부 초대 구성원이 되었다. 1901년 9월 14일, 맥킨리가 사망한 후 이 지부 명칭은 윌리엄 맥킨리 지부로 바뀌었다.

- 시어도어 루즈벨트Theodore Roosevelt: 1901년 1월 2일, 뉴욕 오이스터베이의 마티네콕 806번 지부에서 가입했다. 조지 워싱

턴 회원 가입 150주년을 축하하기 위해 펜실베이니아 총지부를 방문하였다.

- 윌리엄 하워드 태프트William Howard Taft: 1909년 2월 18일에 가입했다. 그랜드 마스터 찰스 호스킨슨Charles S. Hoskinson에 의해 오하이오 신시내티의 킬위닝 356번 지부에서 장인 등급에 올랐다. 대통령으로 당선된 후 그는 프리메이슨 형제들에게 "이곳에 있게 되어, 또한 프리메이슨 회원이어서 기쁩니다. 하느님 아버지와 인간 형제들의 손길을 인식하면서 행복한 전율을 느끼게 됩니다."라고 말했다. 1912년 3월 12일, 프리메이슨 전당에서 열린 특별회의에 참석하기 위해 펜실베이니아 총지부를 방문하기도 하였다.

- 워렌 하딩Warren G. Harding: 1901년 6월 28일, 오하이오 마리온의 마리온 70번 지부에서 가입했다. '개인적인 반항'이라는 이유 때문에 하딩은 대통령에 지명된 1920년까지도 승급을 하지 못했다. 친구들이 발 벗고 나선 끝에 1920년 8월 27일, 가입 19년 만에 마침내 장인 등급에 올랐다. 하딩은 소원대로 조지 워싱턴이 취임 선서할 때 사용했던 바로 그 성경에 손을 얹고 대통령에 취임했다.

- 프랭클린 루즈벨트Franklin D. Roosevelt: 1911년 10월 11일, 뉴욕의 홀랜드 8번 지부에서 가입했다. 1933년 2월 17일에 뉴욕시 아키텍트 519번 지부에서 열린 아들 엘리오트의 승급 의식에도 참석하였다. 다른 두 아들 제임스와 프랭클린 2세도 같은 지부에서 1935년 11월 7일에 가입하였다.

- 해리 트루먼Harry S. Truman: 1909년 2월 9일, 미주리 벨튼의 450번 지부에서 가입했다. 지부 회원 일부가 독립해 미주리 그랜드뷰 618번 지부를 창립했을 때 트루먼은 초대 지부장을 지냈다. 1940년 9월 24~25일의 미주리 총지부 연례회의에서 그는 97대 그랜드 마스터로 선출되었다. 1945년 10월 19일에는 워싱턴의 남부 관할 본부 최고위원회에서 33번째 등급으로 올라갔다. 1959년 5월 18일, 전前 대통령 트루먼은 프리메이슨 회원 50주년을 맞았다. 미국 대통령 중에서 프리메이슨 회원 활동 50주년을 기념한 이는 그가 유일하다.

- 제럴드 포드Gerald R. Ford: 1949년 9월 30일, 미시간 그랜드 래피즈의 말타 465번 지부에서 이복형제들인 토머스, 리처드, 제임스와 함께 가입했다. 1962년 9월 26일에 필라델피아의 뮤직 아카데미에서 열린 북부 관할 최고위원회에서 최고 대감찰관이자 명예위원이 되었다. 1975년 4월 6~9일에 플로리다 올랜도에서 열린 드몰레 조직의 국제 최고위원회에서 비밀투표를 거쳐 회원으로 선출되기도 하였다. 1977년 1월까지 직을 수행한 후 그는 명예 그랜드 마스터가 되었고 1978년 10월 24일, 캔자스 토페카에서 드몰레 조직의 그랜드 마스터인 토머스 라움 3세로부터 옷깃과 보석을 전달받았다.

- 린든 존슨Lyndon B. Johnson: 1937년 10월 30일, 텍사스 존슨시 561번 지부에서 신입 도제가 되었지만 2번째나 3번째 등급으로 올라가지 않았다. 따라서 그를 프리메이슨 회원으로 볼 수 있는지는 논쟁의 대상이다.

- 로널드 레이건Ronald Reagan: '형제애, 원조, 진리에 대한 굳은 믿음을 증명하는' 삶을 살았으며 사회에 봉사하는 과정에서 '전 인류를 위해 인내, 강인함, 신중함, 그리고 정의를 실천했다'는, 그리고 더 나아가 그 노력이 '온 세계에 걸쳐 선한 의지와 상호 이해를 드높였다'는 내용의 '명예 인증서'를 수여받았다. 워싱턴 총지부가 배포한 보도자료에 따르면 당시 스코틀랜드 의식 인증서와 슈라이너 인증서가 함께 수여되었다고 한다. 1988년 2월 22일에 쓴 편지에서 레이건은 '미국에서 가장 유서 깊은 형제애 조직인 프리메이슨이 벌이는 활발한 자선활동'을 칭찬했고 회원 자격을 부여한 스코틀랜드 의식에 감사를 표한 뒤 자신이 '프리메이슨과 관계를 맺은 역대 대통령 16분과 같은 위치에 서게 되어 영광'이라고 말했다.

프리메이슨이었던 미국의 부통령은 다음과 같다.

- 6대 대니얼 데시우스 톰킨스Daniel Decius Tompkins, 1817~1825.
- 14대 존 캐벨 브레킨리지John Cabell Brekinridge, 1857~1861.
- 16대 앤드류 존슨, 1865(17대 대통령).
- 24대 가렛 어거스터스 호버트Garrett Augustus Hobart, 1897~1899.
- 26대 찰스 워렌 페어뱅크스Charles Warren Fairbanks, 1905~1909.
- 28대 토머스 라일리 마셜Thomas Riley Marshall, 1913~1921.
- 33대 헨리 월리스Henry A. Wallace, 1941~1945.
- 34대 해리 트루먼, 1945(33대 대통령).

● 40대 제럴드 포드, 1973~1974(38대 대통령).

이 밖에도 미 국무장관, 대법원장, 상하원의원, 5성급 이상의 장성들 중 프리메이슨 회원이었던 사람은 헤아릴 수 없을 만큼 많다.

미 연방수사국FBI 국장이었던 에드거 후버J.Edgar Hoover 역시 26세 생일을 두 달 앞둔 1920년 11월 9일, 워싱턴의 페더럴 1번 지부에서 장인으로 승급되었다. 프리메이슨 회원으로 52년을 보내면서 그는 수많은 메달과 상을 받았다. 1955년에는 33번째 등급인 명예 감찰관이 되었고 1965년에는 스코틀랜드 의식에서 가장 높은 지위인 '명예의 대십자가Grand Cross of Honor'에 올랐다.

텍사스 공화국 정부에서 프리메이슨이 얼마나 큰 역할을 했는가 하는 것은 공화국의 모든 대통령과 부통령이 프리메이슨 회원이었다는 점을 보면 분명히 드러난다. 네 개의 행정부를 거치는 동안 요직에 프리메이슨 회원 비율이 가장 낮았던 때가 85퍼센트였으니 더 말할 필요가 없을 정도이다. 결국 텍사스가 연방에 합류할 당시의 행정부를 보면 모든 고위직을 프리메이슨 회원들이 차지하고 있었다.

프리메이슨은 모르몬 교회의 기부 의식Endowment Ceremony에도 큰 영향을 미쳤다고 평가된다. 역사가인 빌 맥키버Bill McKeever는 기호, 맹세, 암시 등 여러 측면에서 모르몬교는 의심할 여지 없이 프리메이슨과 유사하다고 지적하며 이는 모르몬교 창시자인 조지프 스미스Joseph Smith가 1842년 3월 15일에 프리메이슨 회원이 되

52년 간 프리메이슨 회원이었던 전 미 연방수사국 국장 에드거 후버.

면서 차용하게 된 것이라 설명한다. 또 다른 역사가 리드 더럼 2세 Reed C. Durham Jr.도 모르몬교 의식은 프리메이슨 의식을 바탕에 두고 있다고 주장한다. 그는 '기부라는 명칭으로 알려진 모르몬교 의식은 창시자 조지프 스미스가 프리메이슨 회원이 된 후 겨우 한 달이 지났을 때 만들어졌고 당연히 프리메이슨 요소가 직접적으로 개입되었다고 확신할 수 있다.'라고 썼다.

모르몬교의 솔트레이크 시市 전당 건물 외관에도 프리메이슨의 특징적인 모습이 나타난다. 모든 것을 보는 눈, 동방의 별이라 불리는 뒤집힌 별 문양, 마주잡은 손 등이 그것이다. 이는 조지프 스미스가 도입하기 훨씬 전부터 프리메이슨에서 사용하던 상징들이다. 모르몬 교도들이 사용하는 '성스러운 사제의 표지'라는 것도 프리메이슨의 컴퍼스, 직각자, 수준기와 비슷하다.

19장 세상을 통치했던 이들 305

모르몬교 지도자인 동시에 프리메이슨 회원이었던 인물 중에는 조지프 스미스의 아버지와 형제였던 하이럼 스미스Hyrum Smith와 윌리엄 스미스William Smith, 브리검 영Brigham Young(모르몬 교의 부총재), 존 테일러John Taylor, 4대 총재인 윌포드 우드러프Wilford Woodruff, 5대 총재인 시드니 릭던Sydney Rigdon, 총재 보좌관 존 베넷John C. Bennett, 브리검 영의 자문관이었던 윌라드 리처드Willard Richards, 주교 뉴얼 휘트니Newell K. Whitney, 브리검 영의 제1 자문관 히버 킴벌Heber C. Kimball, 모르몬 주교 오손과 팔리 프랫Orson and Parley Pratt, 역시 주교였던 오린 포터 록웰Orin Porter Rockwell, 조지프 스미스의 경호원 라이먼 존슨Lyman Johnson, 조지프 스미스의 비서였던 윌리엄 클레이턴William Clayton 등이 있다.

이반 프레이저Ivan Frazer와 마크 비스턴Mark Beeston이 쓴 《형제애 단체와 사회 조작 *The Brotherhood and the Manipulation of Society*》이라는 책을 보면 프리메이슨을 둘러싼 의혹의 한 가지 사례가 나타나 있다. '엘리트 계획을 진전시키기 위한 회원 모집은 프리메이슨의 비밀 결사 네트워크를 통해 이루어진다. 성전 기사라고 알려진 그리스도 군대 조직은 십자군 전쟁 당시 막대한 부와 지식을 얻었다. 11~13세기에 이루어진 원정은 진정한 그리스도교도들을 유대인과 이슬람교도 살육 현장으로 내몰았다.'

이 저자들은 대다수 회원들이 33개 등급의 첫 3개 등급에 위치하며 감춰진 내용을 알지도 못한 채로 '조직을 모든 것 위에 두는' 충성을 서약한다는 점을 지적한다. 이는 '권력, 부, 지식의 유혹이 거절하기 어려울 정도로 강하고 조직을 배반하고 비밀을 밝혔다가는 벌을 피할 수 없기 때문'이며 또한 '높은 등급의 누군가에게 선택받지 못하면 그 이상의 승급이 불가능하기 때문'이라는 것이다.

'형제애 피라미드의 정상'에 선 '선택받은 소수'는 '전세계 경찰과 군 조직의 상부를 장악하고 있으며 사회 전 영역의 지도층을 형성'한다고 한다. 그리하여 프리메이슨은 '지상에서 사탄이라는 존재가 영원히 존재하도록 하는 도구'가 되며 여기서 프랑스의 총본부, 몰타 기사 등급, 성전 기사 등급이 큰 역할을 맡는다는 것이다. 형제애 결사는 '자신의 법률, 자신의 군대, 자신의 석유 회사와 제약 회사 등 세상을 유지하기 위한 모든 수단을 보유'한 것으로 설명된다.

프리메이슨에 대한 또 다른 시각으로는 '일원론적 범신론을 진흥시키기' 위해 새로운 세대New Agers와 협력해왔다는 것이 있다. 새로운 세계 질서는 원죄를 스스로 깨닫고 변화하게 되는 인간의 신성함을 바탕으로 한다. 또한 프리메이슨의 의식들은 고대 이집트의 수수께끼를 새로운 세계 질서에 되살린다는 목적을 가진다고 한다. 《프리메이슨의 의미》라는 윌름셔스트의 1927년 저서 중 다음과 같은 내용은 이 주장을 뒷받침하는 근거로 제시된다.

> 많은 개인과 단체들이 수수께끼의 궁극적 복원을 위해 애쓰고 있는 이 새로운 가능성의 시대에 프리메이슨이 대단히 유용하다는 인식이 점차 높아지는 추세이다. 프리메이슨 회원은 자연인으로 출발하지만 훈련을 거쳐 새로 태어난다. 인간이 초인간으로 진화하는 이러한 과정이 곧 고대 수수께끼의 목적이 되어왔다. 현대

프리메이슨의 목적 또한 사회 공헌이나 자선이 아닌, 타고난 본성을 완전하게 하고 신과 같은 경지에 이르고자 하는 이들의 영적 진화를 촉진시키는 데 있다.

1991년, 복음전도자인 팻 로버트슨Pat Robertson이 《새로운 세계 질서The New World Order》라는 책을 출판했다. 새로운 세계 질서에 관련된 프리메이슨의 실체를 밝히려 했던 이 책에서는 '프리메이슨의 권력' '암흑의 측면' '국제적 음모' '신비의식' '부' '비밀결사' '세계 권력'과 같은 표현이 사용되었다. 동시에 다른 그리스도교 지도자들도 프리메이슨이 악마 숭배를 퍼뜨려 신자들의 마음을 어지럽힌다고 비난하였다.

이에 대해 프리메이슨 측은 자신이 새로운 세계 질서 확립이라는 음모와는 아무런 관련도 없다고 부정하면서 나치와 파시즘 등 역사상의 온갖 박해를 이겨낸 프리메이슨의 과거는 '선량한 사람이라면 프리메이슨을 포함한 그 어떤 형제애, 인종, 종교 단체에 대한 탄압과 맞서 싸워야 한다는 의미'일 뿐이라 설명한다.

이처럼 정치적, 경제적 야심을 감춘 거대 비밀 조직이라는 의심을 받는 프리메이슨이지만 역설적이게도 그 미래는 대단히 불투명하다.

20장

프리메이슨의 미래

FREEMASONS

FREEMASONS

590만 명으로 추산되는 전세계의 프리메이슨 회원 중 대다수인 400만 명은 미국에 살고 있다. 나머지도 대부분 영어권 국가에 거주한다. 한 명이 둘 이상의 지부에 속할 수 있기 때문에 회원 수 통계는 정확하지 않다. 그래도 국가별 회원 수를 보자면 영국과 웨일즈에 55만 명, 스코틀랜드에 40만 명, 아일랜드에 4만 7,000명, 캐나다와 미국에 410만 명, 유럽에 8만 명, 오스트레일리아에 37만 5,000명, 라틴 아메리카에 5만 명, 필리핀에 1만 명, 기타 지역(인도, 일본, 대만, 아프리카, 이스라엘)에 28만 8,000명이다.

1960년대 중반 이후 미국의 회원 수는 계속 감소 추세이다. 사회가 점점 더 세속적, 물질적으로 변하면서 'MTV 세대' 젊은이들이 단체활동보다는 쇼핑, 영화, 로큰롤 콘서트 등을 더 선호하게 된 것이 그 이유 중 하나이다. 프리메이슨과 같은 조직의 의례와 의식이 개인 삶에는 아무런 관련도 없다고 여기는 것이다.《프리메이슨의 잃어버린 비밀 Born in Blood: The Lost Secrets of Freemasonry》을 쓴 역사가 존 로빈슨 John J. Robinson도 '개인의 도덕성, 자부심, 영예 등이 구식으로 여겨지게 된 사회 분위기'를 원인으로 분석한다.

하지만 그렇다고 해서 프리메이슨이 소멸할 것이라는 뜻은 아니다. 데이비드 코디 David F. Coady는 《프리메이슨과 그 미래 Freemasonry and Its Future》라는 저서에서 '비관적 전망이 있긴 하지만 프리메이슨은 미국 젊은이들과 미래를 함께 할 것'이라고 썼다. '프리메이슨이 성전을 떠나 노동자들의 일터로 들어가게 되면 오늘의 젊은이들이 내일의 회원이 되어 터널 끝의 빛을 발견하게 되리라'는 것이다.

앨런 웨이크험 Allan D. Wakeham은 1898년, 오스트레일리아 노스 퀸즐랜드 총지부에서 연설하면서 '우리가 먼저 사회의 요구에 맞춰가지 않는다면 우리 조직은 원하는 사람을 끌어오지도, 조직으로서의 가치나 의의를 인정받지도 못할 것'이라고 경고했다.

뉴질랜드 오클랜드의 목사 라이머는 J.O. Rymer는 '현대 세계의 프리메이슨'이라는 제목으로 다음과 같이 연설했다.

현대 세계라고 해서 이해하기 쉬운 것은 아니다. 적어도 내 생각에는 그렇다. 정지 상태인 것은 아무것도 없다. 우리는 변화의 세계에 살고 있다. 삶의 모든 것이 계속 바뀐다면 인류는 세대마다 동일한 실수를 반복할 수밖에 없다. 하지만 그 무엇이 변한다 해도 지속되는 가치가 존재한다. 그리스도교도이든, 지배계층이든 프리메이슨이든 누가 되었든 보존해야 하는 것이 바로 이 가치이다. 프리메이슨에게 그것은 우리가 절대 굴복하지 않는다는 깨달음이다. 신에 대한 믿음은 어느 문명이든 필요하다. 함께 모여 살아야 한다면 높은 도덕 기준도 받아들여져야 한다. 개인으로 하여금 자신의 잠재력을 깨닫게 하려면 그 개인의 가치에 대한 존중이 요구된다. 프리메이슨은 이들 믿음과 가치를 높이는 데 기여해야 한다. 프리메이슨은 불변의 원칙을 가진 굳건한 토대로서 윤리성을 도야하는 장이 될 수 있다. 하지만 프리메이슨이 지부 바깥의 더 큰 사회에 대해 연구를 게을리하고 내부에만 초점을 맞춘다면 그 효율성과 미래에는 어두운 그림자가 드리울 것이다.

뉴욕 주 총지부의 거장 겸 총무인 개리 헤닝슨Gary A. Henningsen은 '앞을 바라보라. 프리메이슨에 감출 것은 없다. 우리는 인류의 상상력을 고양하는 형제애 조직이며 새로운 세기에도 여전히 그런 역할을 할 것이다' 라는 제목의 연설에서 다음과 같이 말했다.

인류의 상상력은 늘 프리메이슨 안에서 꽃피었다. 우리는 예술가, 시인, 전사, 발명가, 제조업자, 탐험가, 개척자, 정부 지도자, 사업가, 가족의 가장 등 우리 다양한 회원들을 더욱 좋은 사람으로 만들어왔다. 이는 우리 조직의 시작 시기부터 그래왔다. 시작 시기를 영국 총지부 형성으로 잡든, 십자군 시대의 성전 기사단으로 잡든, 드루이드나 이집트인들로 잡든 이는 마찬가지이다.

신에 대한 믿음, 영혼의 불멸성, 서로를 돕고 보살펴야 할 의무를 고백하고 실천하는 이들이 있는 곳이라면 언제 어디서든 인간의 상상력이 활짝 펼쳐졌다. 그런 이들이 프리메이슨 회원이든, 향후 회원이 될 사람들이든 상관없이 우리는 21세기라는 불확실한 시대를 맞이하면서 감사하지 않을 수 없다. 우리에게는 기대고 모방할 과거의 경험이 존재하는 것이다. 역사상 처음으로 우리 프리메이슨의 행동이 우리 조직 환경뿐 아니라 지구 전체에 영향을 미치게 되었다. 과거에는 이런 위치에 서본 적이 없었다. 이 점을 진지하게 받아들여야 한다.

프리메이슨을 '18만 개 횃불'이라 부르면서 그는 다음과 같이 연설을 계속했다.

신을 믿는 사람, 영혼의 불멸을 믿는 사람, 자신이 대접받기를 원하는 대로 남을 대접하는 의무를 다하는 사람이 600만 명이다. 우리는 인간의 상상력을 인도해나갈 기회가 있고 이를 통해 우리 지구를 파괴하려는 시도를 막을 수 있다. 프리메이슨에 가입하면서 느끼게 된 개인과 조직의 무한한 가능성은 그 전에 미처 몰랐던 것이었다.

캘리포니아 지부들의 회원 수가 1960년대의 절반 이하 수준에 불과하다는 점, 이로 인해 2030년이면 프리메이슨 지부가 완전히 사라질 수 있다는 우려가 팽배하다는 점, 신입회원 가입이 줄고 있다는 점을 지적하면서 〈캘리포니아 프리메이슨〉의 편집장인 랠프 히드Ralph Head는 다음과 같이 썼다.

우리 사회에 일어나는 변화에도 불구하고 프리메이슨의 도덕적 실용적 원칙을 도입, 실천해야 할 필요성은 오늘날에도 여전하다. 회원 수 감소를 해결할 방법이 있을까? 그 방법은 있다. 그것도 손닿을 만큼 가까운 곳에 있다. 프리메이슨은 먼저 나서서 회원을 모집해본 적이 없다. 엘리트 지향의 조직이어서가 아니다. 조직의 문을 두드리는 사람은 자기 의지를 따라야 한다고 믿었기 때문이다. 이 원칙은 잘 지켜졌고 그 결과 높은 도덕 기준을 따르면서 남에게 대접받고 싶은 만큼 남을 대접하고 동료를 돕는 이들의 무리가 만들어졌다.

폴 베셀은 2000년 9월 8일, 워싱턴의 라프랑스La France 93번 지부에서 다음과 같이 말했다.

프리메이슨은 늘 모든 방법을 통해 인내심을 키우고 정직한 만남을 추구하는 세계 유일의 제도였고 지금도 그렇다. 우리는 인종의 조화, 종파를 초월한 유대, 남녀의 협력, 정치적 신념이나 삶의 방식이 다른 이들 간의 이해를 추구하는 과정에서 지도자가 될 수 있다. 우리는 UN보다도, 국제 엠네스티보다도, 그 어떤 이념 단체보다도 그런 일에 더 적합하다. 어떤 상황에서도 인내심을 강조하기 때문이다. 그것은 프리메이슨만이 맡을 수 있는 역할일 것이다.

미국 프리메이슨은 인터넷을 적극 활용하고 있다. 수많은 총지부들이 웹사이트를 개설해 활동 상황을 알리고 가입 방법을 안내한다. 온라인 잡지도 발간된다. 예를 들어 〈캘리포니아 프리메이슨 온라인〉 〈코네티컷 자와 컴퍼스Connecticut Square & Compasses〉 〈플로리다 프리메이슨〉 〈일리노이 프리메이슨〉 〈루이지애나 프리메이슨 매거진〉 〈뉴욕의 엠파이어 스테이트 프리메이슨 온라인〉 〈오하이오의 비컨The Beacon〉 〈펜실베이니아 프리메이슨〉 등이 있다. 프리메이슨 음악을 위한 전문 사이트들도 있다.

미래를 내다보면서 미국 프리메이슨은 도서관, 북클럽, 전문 출판사 등을 통해서도 정보를 제공하고 있다. 프리메이슨 회원 작가들의 모임인 '푸른 수사 모임Society of Blue Friars'은 1932년에 결성된 유서 깊은 협력 조직이다. 역사가 월리스 맥레오드Wallace McLeod에 따르면 그 모임 이름에서 '수사'란 '형제'를 의미하는 프랑스어에서 따왔다고 한다. 매년 새로운 수사가 한 명씩 가입되도록 하는 것이 규칙이다. 사망하거나 자격을 포기하는 회원이 있을 경우 결원을 채우기 위해 수사를 뽑기도 하지만 총원이 20명을 넘을 수는 없다. 매년 한 번씩 모임을 갖는데 프리메이슨 회원이라면 참관 가능하다. 모임은 프리메이슨 연합 등급Allied Masonic Degrees이 지원하는 연례 프리메이슨 주말 행사의 일부로 매년 2월 워싱턴에서 개최된다. 신입 수사 가입은 바로 이 모임에서 이루어진다. 신입 수사 지원자는 연구 보고서를 제출해야 하며 이 보고서는 전에는 〈미셀라니아Miscelanea〉라는 연합 등급 회보에 게재되었고 몇 해 전부터는 〈필라레티스Philalethes〉 잡지에 실린다. 푸른 수사 모임의 의장은 '대수도원장'이라 불린다. 의장은 종신 혹은 원하는 때까지 그 직을 수행한다. 또한 대수도원장은 부수도원장(이는 곧 자신의 후계자이다)과 총무를 임명한다. 대수도원장은 새로운 수사 지원자 명단을 받아 최종 결정을 내리기도 한다.

미국의 프리메이슨 회원 수 감소 현상, 그리고 19세기 중반의 반프리메이슨 운동 재현 가능성에 대해 역사가인 재스퍼 리들리는 《프리메이슨: 세계에서 가장 강력한 단체의 역사 Freemasons: A History of the World's Most Powerful Society》라는 책에서 다음과 같이 쓰고 있다.

> 미국 고유의 생활 방식에 뿌리를 두고 국민들에게 광범위한 영향을 미치고 있는 미국 프리메이슨은 70년 전에 비해 인구 대비 회원 비율이 줄어들까봐, 혹은 20세기 전반기에 비해 미국 대통령이 되는 회원 수가 적을까봐 염려할 필요가 없다. 미국에서 프리메이슨의 위치는 다른 어느 나라보다도 공고하다. 미국의 연방이나 주 정부가 (프랑스나 영국이 그랬듯) 프리메이슨 회원들에게 신분을 공개하도록 요구하는 일은 일어나기 어렵다. 그것이 헌법이 보장하는 프리메이슨 회원의 권리 침해라는 점을 모른다 해도 말이다. 미국에서 프리메이슨은 미움이나 두려움이 아닌 존경의 대상이다.

최근 몇 가지 우려할 만한 일이 발생하기는 했지만 전체적으로 미국의 프리메이슨은 사설 골프클럽 등 다른 어떤 모임과도 다르지 않은 대접을 받는다. 프리메이슨이 새로운 세계 질서를 이루려는 거대한 음모의 중심이라는 의혹이 제기되는 상황에서도 미국인들은 프리메이슨이 '비밀 게임'을 벌이는 이들의 모임 이상이라고는 보지 않는다. 게다가 그 비밀은 수많은 책과 기사를 통해, 과거 회원들의 진술이나 텔레비전 다큐멘터리를 통해 많은 부분 드러난 형편이다.

세계에서 가장 오래된 비밀 형제애 결사는 더이상 수수께끼에 싸여 있지 않다. 이와 함께 프리메이슨이 무언가 음모를 획책하고 있다는 걱정도 누그러들었다. 하지만 '드라마 의식에서 표현되는 철학적·종교적 체계'를 통해 삶의 의미를 이해하고자 하는 시도는 여전하다.

프리메이슨 회원 중 아무나 붙잡고 위의 설명에 동의하느냐고 물어보라. 그는 아마 '그렇게 되리라 So mote it be'라는 인사말로 대답할 것이다.

부록

프리메이슨의 노래

물을 건너 찰리로(로버트 번스, 1786)

그대, 늙은 킬리Killi의 아들들이여, 윌리의 소집에 따라 신성한 직무를 따르기 위해 모인 이들이여.
여러분의 늙은 어미에게는
그 영광스러운 지위에 앉힐 자식이 더는 없네.
나는 말할 것이 없네, 그저 기도할 뿐. 여러분의 방식에 따른
기도를.
여러분이 읊는 기도문 앞에서라면
뮤즈의 열정도 무색해질 것.

바람도, 파도도 뛰어넘고
경계를 넘어서며
선한 뜻으로 체계를 만들고
그 장엄한 형상이 곧 질서가 되는, 그 힘이여.
그 안으로는 고집스러운 싸움도,
볼품없는 시기심도 들어가지 못하기를.
이 신비로운 결속을 비밀의 장막이 둘러싸고
한가운데에는 형제애가 자리하기를!

축제의 식탁을 위한 노래

영원하신 아버지, 우리를 구원하시고
쉴새없이 다가오는 파도를 막으시며
대양이 정해진 깊이를 넘지 않도록 하시는 분이여.
바다에서 비탄에 잠긴 우리가

당신을 향해 울며 기도하는 소리를 들으소서.
사랑과 권력의 삼위일체여,
고난의 때에 우리 형제들을 감싸소서.
바위와 폭풍으로부터, 화염과 적수로부터
우리를 보호하소서.
그리하여 당신을 향한 기쁜 찬양이
땅과 바다에서 영원히 울리게 하소서.
진정 그렇게 되리라.

결석한 형제를 위해
신성한 아버지여, 자애로움으로
우리의 간절한 기도를 들으소서.
지금은 멀리 있는 우리 사랑하는 형제를 지키소서.
슬플 때나 위험할 때나
고독할 때나
보살피소서.
형제의 곤란과 걱정을
당신의 사랑으로 굽어 살피소서.
아버지, 성스러운 건축가인 당신의 사랑과 권력으로
그들에게 축복을 주시고 인도하며 보호하소서.
그들은 당신의 것이니
그렇게 지켜 주소서.

환영의 노래

동쪽과 서쪽에서 온 형제들
문지기의 시험을 통과한 이들
여기서 환영받게 되리
밝음과 믿음, 형제들의 사랑이 있는 곳에서

합창)
프리메이슨의 따뜻한 가슴이 당신을 만나네.
동료의 손길이 당신을 맞네.
오늘 우리의 환영이
모든 형제의 앞길을 독려하기를.
우리는 가치 있는 이에게 경의를 표하네.
신분 고하를 막론하고
어떤 운명을 타고났든
재산이 많든 적든 문제 되지 않지.
우리가 이별 인사를 나눌 때는
우리 사랑이 당신 곁에 머물 것.
저 위의 더 큰 지부에서
우리 사랑은 새롭게 되리.

신입 도제의 노래

독창)
어서 오라, 우리가 준비할 수 있도록.
이 즐거운 행사에서 함께 만난 우리는 한 형제.
마시고 웃고 노래하세. 포도주가 샘솟네
프리메이슨 회원에게 건강을 주는 포도주라네.
합창)
마시고 웃고 노래하세. 포도주가 샘솟네
프리메이슨 회원에게 건강을 주는 포도주라네.
독창)
세상은 우리 비밀을 밝히려 애쓰네.
저들이 계속 경탄과 경이를 느끼도록 하세,
저들에게도 빛이 비춰지기까지는.
프리메이슨 회원만의 권리나 신호는 절대 알 수 없겠지만 말일세.

합창)
저들에게도 빛이 비춰지기까지는.
프리메이슨 회원만의 권리나 신호는 절대 알 수 없겠지만 말일세.
독창)
그것은 이것이고 또 그것은 저것이기도. 저들은 말하지 못하네.
어째서 그 많은 위대한 인물들이
앞치마를 두르고 하나가 되는지.
다 함께 프리메이슨 회원으로.
합창)
앞치마를 두르고 하나가 되는지.
다 함께 프리메이슨 회원으로.
독창)
위대한 왕과 주군들이 검을 내려놓네.
위대한 수수께끼는 바로 여기 있지.
그 중 누구도 프리메이슨 회원으로 불리기를
부끄러워 않으니.
합창)
그 중 누구도 프리메이슨 회원으로 불리기를
부끄러워 않으니.
독창)
고대의 자부심이 우리 편이네.
그 자부심으로 우리는 모두 각자의 자리에서 당당하네.
프리메이슨 회원이 이해하면 좋은 것이
바로 거기 있네.
합창)
프리메이슨 회원이 이해하면 좋은 것이
바로 거기 있네.
독창)
우리는 진실하고 공정한 존재,
그들은 어떤 경우에든 우리를 신뢰할 것.

프리메이슨 회원만큼
숙녀들을 숭배하는 사람은 없을 것.
합창)
프리메이슨 회원만큼
숙녀들을 숭배하는 사람은 없을 것.
(모두 자리에서 일어나 오른손을 왼손 위에 포갠다)
독창)
이제 두 손을 마주 잡으세.
즐겁고 밝은 표정을 지어보세.
프리메이슨 회원만큼
멋지게 건배할 수 있는 사람은 달리 없을 것.
합창)
프리메이슨 회원만큼
멋지게 건배할 수 있는 사람은 달리 없을 것.

장인의 노래

독창)
세상은 고달프고 무자비해.
이런 세상을 뚫고 나아가자면
넬슨의 용기,
그리고 욥의 인내가 필요하지.
하지만 남에게 친절하고
기꺼이 돕는 사람은
신의 축복을 받네.
여기 그의 건강을 비는 노래가 있네.
그의 건강을, 그의 건강을
그의 건강을 비는 노래가 있네.
합창)

그의 건강을, 그의 건강을
그의 건강을 비는 노래가 있네.
독창)
마음이 차가운 이에게
이 삶은 겨울처럼 침울해.
하지만 본성이 따뜻한 이는
겨울에 영원한 작별을 고할 수 있네.
그가 지나간 대지에서는 싹이 트고
그 주위에는 아름다움이 꽃피네.
신은 그런 형제를 축복하시지.
여기 그의 건강을 비는 노래가 있네.
그의 건강을, 그의 건강을
그의 건강을 비는 노래가 있네.
합창)
그의 건강을, 그의 건강을
그의 건강을 비는 노래가 있네.
독창)
구름이 하늘을 덮고
햇살 때문에 은빛을 띠게 될 때
영혼이 자애로운 이들은
선한 행동으로 인해 축복받으리.
자신을 젖혀두고
남을 돕는 것보다 더 큰 선행은 없네.
이렇게 하는 이는 진정한 형제.
여기 그의 건강을 비는 노래가 있네.
그의 건강을, 그의 건강을
그의 건강을 비는 노래가 있네.
(모두 일어나 합창한다.)

지부 개회의 시

모든 창조물을 만드신 이여,
만세!
하늘과 대지를 지으신 분,
성스러운 건축가여, 우리 소리를 들으소서!
우리 일이 당신 안에서 시작되고
축복받게 하소서.
노동이 끝나면
조화와 평화를 이루게 하소서.
당신의 영광 속에서,
당신에 대한 믿음 속에서
신비로운 상징과 기호를 통해서,
성스러운 건축가여, 우리 소리를 들으소서!
진정 그렇게 되리라.

지부 폐회의 시

저녁 그림자가 내렸네.
고단함을 떠나 평화로운 휴식으로 갈 시간.
신비로운 재능과 권리도
각자의 신실한 마음속에서 휴식하네.
빛의 신이여,
당신을 위한 우리 작업에 끊임없는 애정을 주시고
우리 조직에 축복을 내리시며
우리를 끝까지 지켜 주소서.
이제 당신 앞에 겸손히 고개를 숙이고
성스러운 도움에 감사합니다.
영원한 권능과 영광이

전능한 건축가에 있기를.
진정 그렇게 되리라.

세 번째 등급

날들이, 순간들이 휙휙 날아가고
산 것이 죽은 것과 섞이네.
곧 너와 나도 좁은 관 안에
몸을 누이겠지.
곧 우리 영혼은 빠르게 날아간 끝에
출발점이었던 신에게 돌아가겠지.
오, 우리는 그렇게 되리.
기울어지는 나무는 결국 쓰러지고
살아가는 사람은 결국 죽으며
죽고 난 사람은 결국
영원의 날들을 헤쳐 나가야 하리.
진정 그렇게 되리.

지부의 식탁

음식과 음료가 준비된 지부의 식탁은 말발굽 모양으로 배치되며 양쪽 끝에는 감독관이 앉는다. 식탁은 '그림판racing boards' (이는 사람과 사물이 위치할 곳을 보여주는 그림이라는 의미이다), 접시는 '타일tile', 숟가락은 '흙손trowels', 술잔은 '대포cannon', 포도주는 '화약powder'라 불린다. 술잔을 채우는 것은 '대포 장전하기'로, 술을 마시는 것은 '발사하기'라 표현하기도 한다. 건배가 끝나 대포(술잔)가 비는 것과 동시에 박수를 '3·3회' 친다. 대포를 발사한 후(즉, 포도주를 마신 후), 형제들은 지부장의 인도에 따라 다음과 같은 행동을 한다.

오른손에 '대포'를 쥐고 팔을 한껏 앞으로 뻗은 다음 왼쪽으로, 다음에는 오른쪽으로 흔든다. 이를 세 차례 반복하면서 '한 번, 두 번, 세 번'이라고 헤아린다. 세 번째에 모두들 대포를 그림판(식탁) 위에 놓는다. 그리고 다시 건배 제의가 나오면 박수(3·3회)로 맞는다.

팔을 왼쪽으로 움직이는 것은 인류의 선량함을 퍼뜨린다는 의미이고 오른쪽으로 움직이는 것은 지부를 형제애로 굳건히 한다는 의미이다.

연회의 마지막에 지부 문지기 담당이 건배를 제안한다.

여러분의 잔이 서쪽과 동쪽에 채워지기를, 지부장이 소리치네.
잔이 서쪽에서 채워지고, 남쪽에서 채워지면 감독관의 답변이 나오네.
오늘밤의 마지막 건배에서 잔을 완전히 비우세.
만나서 행복하고 헤어져서 슬프지만 다시 만나게 될 테니 기쁘네.
오, 다시 만날 수 있으니 얼마나 행복한지.

합창)
만나서 행복하고 헤어져서 슬프지만 다시 만나게 될 테니 기쁘네.
오, 다시 만날 수 있으니 얼마나 행복한지.
식탁을 둘러싼 프리메이슨의 사회적 형제애는
이기적인 구두쇠의 식탁보다 훨씬 값지고 부유하네.

형제들은 너그러운 마음속의 귀한 것들을 자유롭게 나누네.
만나서 행복하고 헤어져서 슬프지만 다시 만나게 될 테니 기쁘네.
우리는 자유롭고 진실하게 일하고 일이 끝나면
즐거운 노래와 유쾌한 술잔을 얻지.
이 즐거움이 고통과 만나는 것은 작별의 의식 때뿐이야.
만나서 행복하고 헤어져서 슬프지만 다시 만나게 될 테니 기쁘네.
유쾌한 자리에서 우리는 '세상의 모든 가난한 프리메이슨 회원을
위해' 마시네.
어느 해안에서나 우리 사랑의 깃발이 영광스럽게 나부끼네.
우리는 피부가 검거나 흰 형제들 모두를 존중하지.
만나서 행복하고 헤어져서 슬프지만 다시 만나게 될 테니 기쁘네.
프리메이슨은 스코틀랜드 농부들이 말했던 진리를 느끼네.
신분이란 의미 없는 낙인일 뿐, 인간이야말로 보물이라는 것을.
우리 안에서 부자와 빈자는 하나가 되고 같은 권리를 누리지.
만나서 행복하고 헤어져서 슬프지만 다시 만나게 될 테니 기쁘네.
신비로운 유대의 형제여, 밤이 빠르게 흘러가고 있네.
우리의 시간은 끝났네. 이 노래가 마지막일 되어야 하네.
잘 가게, 잘 자게. 다시 한 번, 다시 한 번 작별 노래를 나누세.
만나서 행복하고 헤어져서 슬프지만 다시 만나게 될 테니 기쁘네.

프리메이슨 시인, 러디어드 키플링

1865년 12월 30일, 인도 봄베이에서 출생한 조지프 러디어드 키플링Rudyard Kipling은 19세기 말과 20세기 초의 프리메이슨 회원 중 가장 유명한 인물이다. 〈나 자신에 대해Something of Myself〉라는 글에서 그는 자신의 프리메이슨 활동을 다음과 같이 기록했다.

1885년, 나는 제한 연령에 못 미친 나이로 프리메이슨에 가입했다. 내가 가입한 '희망과 인내의 지부'가 훌륭한 비서를 필요로 했던 덕분이었다. 훌륭한 비서까지는 못 되더라도 나는 도움이 되고자 했다. 그리고 조언을 받아 프리메이슨 홀의 빈 벽에 휘장을 달아 솔로몬 왕의 신전처럼 꾸몄다. 그곳에서 나는 이슬람교도, 힌두교도, 시크교도, 아라야와 브라모 사마이Araya and Brahmo Samaj파 교도들을 만났다. 사제이자 푸주한인 유대인과도 친해졌다. 내가 원했던 또 다른 세상이 내 앞에 열렸던 것이다.

런던의 〈타임스〉에 보낸 편지(1935년 3월 28일)에서는 다음과 같이 썼다.

나는 782번 '희망과 인내의 지부'에서 수년 간 비서로 일했습니다. 이 지부에는 최소 네 개 이상의 종파에 속한 형제들이 가입되어 있습니다. 처음 가입할 때에는 힌두교도(브라모 사마이파)의 도움을 받았고 승급할 때에는 이슬람교도와 영국인이 의식을 주관했습니다. 집회 때 문지기를 맡은 이는 인도 출신 유대인이었습니다. 물론 우리는 모두 평등한 관계였습니다. 눈에 띄는 차이라고는 연회 때 나름의 절차에 따라 준비된 음식 이외에는 먹지 못하게 되어 있는 힌두 교도들이 빈 접시를 앞에 두고 앉은 모습 정도였습니다.

키플링은 인도 벵갈 주 알라하바드의 '라호르 마크Lahore Mark' 지부에서 장인 등급을 받았다. 이후 영국에서는 런던의 3861번 '마더랜드Motherland' 지부의 명예회원이 되었고 3456번 '작가Authors' 지부의 회원이자 4948번 '고요한 도시의 건설자Builders of the Silent Cities' 지부의 창립 회원이 되기도 하였다. 에딘버러 2번 '캐논게이트 킬위닝Canongate Kilwinning' 지부에서 상을 받으면서 로버트 번즈가 활동했던 그 지부와 인연을 맺었다. 나중에는 필라레티스 협회(1928년에 창립된 미국의 프리메이슨 작가 단체)에서 특별회원 자격을 받았다. 1932년, 이 협회가 선정한 1차 특별회원 40명 중 40번째 회원이었다고 한다. 〈어머니 지부The Mother Lodge〉〈왕이 되고 싶은 사나이The Man Who Would Be King〉 등 프리메이슨과 관련된 작품들을 쓴 덕분이었다.

키플링의 전기 작가는 '공통적인 행동에 대한 숭배, 남성 중심 체계, 상징적 언어, 비밀 등급의 위계 제도 등 프리메이슨의 여러 특징이 키플링에게 사회적 이상향을 제시했다.'라고 기록하고 있다.

1889년, 처음으로 미국을 여행했을 때 키플링은 프리메이슨의 소개서를 활용해 당시 연방 인사위원회Civil Service Commission에서 일하고 있던 시어도어 루즈벨트와 만나 친구가 되기도 하였다.

프리메이슨에 대한 키플링의 관심은 〈어머니 지부〉〈연회의 밤Banquet Night〉 그리고 〈형제들을 위해 In the Interests of the Brethren〉라는 시에 잘 나타나 있다. 〈왕이 되고 싶은 사나이〉라는 이야기에 보면 아프가니스탄을 여행하다가 그곳 원주민들에게서 프리메이슨 의식을 발견하는 두 방랑자 대니얼 드래봇과 피치 카니건이 나온다. 이들은 권력을 잡기 위해 프리메이슨을 이용하다가 결국 재난을 당해 카니건은 죽고 드래봇은 불구에다가 정신착란이 된 채 동료의 잘린 머리를 들고 그곳을 빠져나온다. 근처를 헤매던 중 드래봇은 신입 도제와 숙련공 등급은 있지만 장인 등급에 대해서는 알지 못하는 궁벽한 산촌 마을로 들어간다. 그는 최고 등급을 만들어 권력을 잡을 간계를 꾸미고 결국 스스로 카피리스탄의 왕이자 그랜드 마스터라고 선포하게 된다.

키플링의 가르침을 받았던 프리메이슨 회원은 그가 '프리메이슨의 의식, 용어, 상징을 언제든 작품 속에 집어넣으려 했으며 관심과 끈기를 가진 독자라면 얼마든지 그런 인유引喩를 찾아낼 수 있을 것'이라고 하였다. 조지 맥먼 George MacMunn 경은 키플링이 작품의 아름다움을 위해, 인용의 신뢰성을 위해, 문장과 표현의 권위를 위해 프리메이슨을 성경만큼 자주 인용했다고 하였다.

The Mother Lodge*

There was Rundle, Station Master,
An' Beazeley of the Rail,
An' 'Ackman, Commissariat,
An' Donkin' o' the Jail;
An' Blake, Conductor-Sergeant,
Our Master twice was 'e,
With 'im that kept the Europe-shop,
Old Framjee Eduljee.

Outside— "Sergeant! Sir! Salute! Salaam!"
Inside — "Brother", an' it doesn't do no 'arm.
We met upon the Level an' we parted on the Square,
An' I was Junior Deacon in my Mother-Lodge out there!
We'd Bola Nath, Accountant,
An' Saul the Aden Jew,
An' Din Mohammed, draughtsman
Of the Survey Office too;

There was Babu Chuckerbutty,
An' Amir Singh the Sikh,
An' Castro from the fittin'-sheds,
The Roman Catholick!
We'adn't good regalia,

* 키플링의 시는 한국어로 번역하지 않고 원문 그대로 실었다. 여러 방향으로 애썼으나 오래전에 사라진 고어와 축약, 여러 개의 암호로 이루어진 시를 우리말로 옮기는 것이 사실상 가능하지 않다는 판단에 따른 것이다. 향후 믿을 만한 번역원고가 입수되는 대로 개정판 원고에 수용할 것을 약속드린다.

An' our Lodge was old an' bare,
But we knew the Ancient Landmarks,
An' we kep' 'em to a hair;

An' lookin' on it backwards
It often strikes me thus,
There ain't such things as infidels,
Excep', per'aps, it's us.
For monthly, after Labour,
We'd all sit down and smoke
(We dursn't give no banquits,
Lest a Brother's caste were broke).

An' man on man got talkin'
Religion an' the rest,
An' every man comparin'
Of the God 'e knew the best.
So man on man got talkin',
An' not a Brother stirred
Till mornin' waked he parrots
An' that dam' brain-fever-bird;

We'd say 'twas 'ighly curious,
An' we'd all ride 'ome to bed,
With Mo'ammed, God, an' Shiva
Changin' pickets in our 'ead.
Full oft on Guv'ment service
This rovin' foot 'ath pressed,
An' bore fraternal greetin's
To the Lodges east an' west,

Accordin' as commanded
From Kohat to Singapore,
But I wish that I might see them
In my Mother-Lodge once more!
I wish that I might see them,
My brethren black an' brown,
With the trichies smellin' pleasant
An' the hog-darn passin' down; [Cigar-lighter.]

An' the old khansamah snorin' [Butler.]
On the bottle-khana floor, [Pantry.]
Like a Master in good standing
With my Mother-Lodge once more!
Outside — "Sergeant! Sir! Salute! Salaam!"
Inside — "Brother", an' it doesn't do no 'arm.
We met upon the Level an' we parted on the Square,
An' I as Junior Deacon in my Mother-Lodge out there!

L' Envoi to "Life's Handicap"

My new-cut ashlar [stone] takes the light
Where crimson-blank the windows flare;
By my own work, before the night,
Great Overseer I make my prayer.
If there be good in that I wrought,
Thy hand compelled it, Master, Thine;
Where I have failed to meet Thy thought
I know, through Thee, the blame is mine.

One instant's toil to Thee denied
Stands all Eternity's offense,
Of that I did with Thee to guide
To Thee, through Thee, be exellence.

Who, lest all thought of Eden fade,
Bring'st Eden to the craftman's brain,
Godlike to muse o'er his own trade
And Manlike stand with God again.

The depth and dream of my desire,
The bitter paths werein I stray,
Thou knowest Who hast made the Fire,
Thou Knowest Who hast made the Clay!

One stone the more swings to her place
In that dread Temple of Thy Worth—
It is enough that through Thy grace
I saw naught common on Thy earth.

Take not that vision from my ken;
Oh whatsoe'er may spoil or speed,
Help me to need no aid from men
That I may help such men as need!

The Palace

When I was a King and a Mason— a Master proven and skilled—
I cleared me ground for a Palace such as a King should build.

I decreed and dug down to my levels. Presently, under the silt,
I came on the wreck of a Palace such as a King had built.

There was no worth in the fashion— there was no wit in the plan—
Hither and thither, aimless, the ruined footings ran—
Masonry, brute, mishandled, but carven on every stone:
"After me cometh a Builder. Tell him, I too have known."

Swift to my use in my trenches, where my well-planned ground-works grew,
I tumbled his quoins and his ashlars, and cut and reset them anew.
Lime I milled of his marbles; burned it, slacked it, and spread;
Taking and leaving at pleasure the gifts of the humble dead.

Yet I despised not nor gloried; yet, as we wrenched them apart,
I read in the razed foundations the heart of that builder's heart.
As he had risen and pleaded, so did I understand
The form of the dream he had followed in the face of the thing he had planned.

When I was a King and a Mason—in the open noon of my pride,
They sent me a Word from the Darkness. They whispered and called me aside.
They said— "The end is forbidden." They said— "Thy use is fulfilled,
Thy Palace shall stand as that other's— the spoil of a King who shall build."

I called my men from my trenches, my quarries, my wharves, and my sheers.
All I had wrought I abandoned to the faith of the faithless years.

Only I cut on the timber— only I carved on the stone:
"After me cometh a Builder: Tell him, I too have known!"

Banquet Night

"Once in so often," King Solomon said,
Watching his quarrymen drill the stone,
"We will club our garlic and wine and bread
And banquet together beneath my throne,
And all the Brethren shall come to that mess
As Fellow Craftsmen— no more and no less."

"Send a swift shallop to Hiram of Tyre,
Felling and Floating our beautiful trees,
Say that the brethren and I desire
Talk with our Brethren who use the seas.
And we shall be happy to meet them at mess
As Fellows Craftsmen— no more and no less."

"Carry this message to Hiram Abiff—
Excellent Master of forge and mine:
I and the Brethren would like it if
He and the Brethren will come to dine
(Garments from Bozrah or morning-dress)
As Fellow Craftsmen— no more and no less."

"God gave the Hyssop and Cedar their place—
Also the Bramble, the Fig and the Thorn—
But that is no reason to black a man's face

Because he is not what he hasn't been born.
And, as touching the Temple, I hold and profess
We are Fellow Craftsmen—no more no less."

So it was ordered and so it was done,
And the hewers of wood and the Masons of Mark
With foc'sle hands of the Sidon run
And Navy Lords from the Royal Ark,
Came and sat down and were merry at mess
As Fellow Craftsmen— no more and no less.

The Quarries are hotter than Hiram's forge,
No one is safe from the dog-whips' reach.
It's mostly snowing up Lebanon gorge,
And it's always blowing off Joppa beach;
But once in so often, the messenger brings
Solomon's mandate: "Forget these things!
Brother to Beggars and Fellow to Kings,
Companion of Princes— forget these things!
Fellow Craftsmen, forget these things!"

제임스 앤더슨의 규약

《프리메이슨의 규약The constitutions of the Freemasons》은 프리메이슨 규약으로 가장 유서 깊고 마땅한 숭배를 받는 조직의 역사, 규율, 의무 등을 포함하며 각 지부들에서 사용하도록 하기 위해 만들어졌다. 현 그랜드 마스터인 워튼Wharton 공작의 명에 따라 전前 그랜드 마스터 몬태규 공작에게 바쳐지고 장인과 감독관들이 참여하는 분기회의에서 승인된 규약이다. 그랜드 마스터는 이를 인쇄해 형제들에게 권고하도록 결정하였다. 프리메이슨력 5723년, 서기 1723년에 인쇄하였고 플리츠 거리 성 던스턴 교회 맞은편의 세넥스와 후크가 판매하였다. 프리메이슨의 고대 규약은 바다 건너 지부들의 고대 기록, 그리고 영국, 스코틀랜드, 아일랜드의 고대 기록에서 발췌해 런던 지부들이 사용하도록 정리하였다. 신입회원이 가입할 때, 혹은 장인이 명령할 때 낭독하게 될 용도이다.

목차는 다음과 같다.

I. 신과 종교에 대해

II. 시민의 권리에 대해

III. 지부에 대해

IV. 장인master, 감독관warden, 숙련공fellow, 도제apprentice에 대해

V. 작업장에서의 관리에 대해

VI. 행동에 대해

  1. 회의 중인 지부 안에서

  2. 지부 모임이 파했으나 형제들이 흩어지지 않았을 때

  3. 지부 바깥에서 형제들끼리 만날 때

  4. 외부의 낯선 이가 있을 때

  5. 자기 집이나 이웃집에 있을 때

  6. 낯선 형제를 만났을 때

I. 신과 종교에 대해

프리메이슨 회원은 가입 기간 동안 도덕적 규범을 지켜야 할 의무가 있다. 또한 조직의 이념을 제대로 이해한다면 우둔한 무신론자나 종교를 부정하는 자유사상가는 되지 않을 것이다. 비록 과거에는 프리메이슨 회원이 자신의 국가가 정한 종교를 가지도록 되어 있었지만 이제는 모든 사람이 동의하는 종교, 즉 그저 선량하고 진실한 인간, 그리고 영예롭고 정직한 인간이 되기 위한 종교를 가진다면 그것으로 충분하다고 여겨진다. 이로써 공동체의 중심이 바로 서고 서로 간에 거리를 두고 존재하는 이들 사이에 진정한 우정이 생겨날 수 있을 것이다.

II. 시민의 권리에 대해

프리메이슨 회원은 어디서 거주 혹은 노동하든 간에 시민 권력에 평화롭게 복종하며 국가의 평화 안녕에 반하는 음모나 책략에 관여하지 않고 행정적인 요구에 대해 불성실하게 답하지 않는다. 프리메이슨은 전쟁, 유혈사태, 혼란과 소요로 늘 상처를 입어왔다. 고대의 왕과 귀족들은 평화를 사랑하고 충성하는 장인들의 특성을 높이 사 그들의 형제애를 존중하고 장려하였다. 이로 인해 평화 시기에는 조직이 융성하였다. 형제 중 누군가가 국가에 대항하는 역적이 되어야 한다면 제아무리 불행한 인간이라 해도 이해나 지지를 얻지 못할 것이다. 그러나 반역죄 혐의를 받는 이라 해도 자신의 결백을 증명해내고 또한 왕실로부터 별다른 노여움이나 미움을 사지 않았다면 지부에서 쫓겨나지 않고 인간 관계도 그대로 유지된다.

III. 지부에 대해

지부는 프리메이슨 회원들이 모이고 일하는 곳이다. 회원들이 모인 조직, 그 집단이 하나의 지부가 되며 모든 형제는 한 지부에 소속되어 규정과 원칙을 따라야 한다. 지부는 특별 지부일 수도, 일반 지부일 수도 있는데 이는 직접 출석해보거나 규정을 살펴봄으로써 알 수 있다. 과거에는 장인이나 숙련공 모두 지부 모임에 빠질 수 없었다. 특별한 사유를 인정받지 못하는 한 결석자는 준엄한 질책을 받아야 했다. 자유로운 신분으로 태어나 충분한 나이에 이른, 성숙하고 훌륭한 남성만이 지부 회원의 자격을 가진다. 노예나 여성, 비도덕적이거나 추문을 달고 다니는 남성은 가입할 수 없다.

IV. 장인, 감독관, 숙련공, 도제에 대해

프리메이슨 조직 내의 등급 상승은 진실한 가치와 개인의 덕에 의해서만 결정된다. 그래야 왕들이 제대로 된 서비스를 제공받을 것이고 형제들이 부끄럽지 않을 것이며 우리의 능력이 비웃음을 사지 않을 것이다. 따라서 어떤 장인이나 지부 대표든 나이가 많다고 선발되는 일은 없다. 개인의 덕을 글로 설명하기란 불가능하다. 모든 형제들은 자기 자리를 지키며 우리 형제애 조직의 독특한 방식으로 이를 배우게 된다. 승급 지원자들은 주인을 위해 맡은 일을 성실히 해내고 정해진 규칙에 따라 일정 기간 이후 숙련공, 감독관, 지부장, 그랜드 마스터 등으로 올라가기에 충분한 젊음과 흠 없는 신체를 가진 자가 아니라면 도제로 받아들여지지 못한다는 점을 알게 된다. 숙련공을 거치지 않은 형제는 감독관이 될 수 없고 감독관으로 활동하지 않았다면 장인이 될 수 없으며 지부장을 지내지 않았다면 대감독관이 될 수 없다. 학자, 건축가, 예술가 등으로 나름의 역할을 해냄과 동시에 지부에서 기대하는 덕성을 갖춰야 한다. 그랜드 마스터는 향후 더 쉽고 영광스럽게 그 직을 떠날 수 있도록 부翩 그랜드 마스터를 임명할 권한을 가진다. 부 그랜드 마스터는 지부의 마스터를 지냈던 이라야 하며 그랜드 마스터가 부재중이거나 권한 행사를 못할 때 그를 대신할 권리를 갖는다. 고대 지부를 통제, 관할하는 이들은 고대의 책무가 규정하는 바와 같이 모든 형제들로부터 진심에서 우러난 사랑과 존경을 받아야 한다.

V. 작업장에서의 관리에 대해

모든 프리메이슨은 노동하는 날에는 성실히 일해야 하고 성스러운 날에는 모범적으로 생활한다. 토지 규칙이나 관례에 따라 정해진 노동 시간은 준수되어야 한다. 장인 중 가장 숙련된 이를 뽑아 장인이나 감독관으로 선출 혹은 임명해야 한다. 그렇게 뽑힌 사람은 아래 소속된 이들로부터 마스터라 불린다. 프리메이슨 회원은 나쁜 말을 하지 않고 서로를 이름으로 혹은 형제로 호칭하며 지부 안팎에서 예의바르게 행동해야 한다. 장인은 속임수를 쓰지 않고 최대한 이성적으로 맡은 일을 처리하며 장비 및 재료를 자기 것처럼 아끼도록 한다. 형제나 도제들에게 합당한 수준 이상의 임금을 주지 않는다. 약속한 임금을 받은 장인과 석공은 모두 주인에게 복종하고 성실하게 맡은 노동 혹은 출장을 완수해야 한다. 출장에 익숙한 이에게 노동을 부과해서는 안 된다. 형제의 부에 시기심을 가지지 말아야 하고 그가 맡은 일을 제대로 해낼 수 있는 한 섣불리 그의 자리를 넘보거나 그를 몰아내지도 않아야 한다. 주인의 이익에 맞춰 그만큼 일을 해낼 수 있는 사람은 아무도 없기 때문이다. 감독관에게 뽑힌 숙련공은 장인과 동료 숙련공에게 모두 진실해야 하고 장인 부재 시 주인의 이익에 맞게 일이 진행되도록 해야 한다. 다른 형제들은 그에게 복종해야 한다. 고용된 프리메이슨 회원은 투덜거리거나 반항하지 말고 임금을 받으며 작업이 종결될 때까지 장인을 떠나서는 안 된다. 젊은 형제는 작업 지도를 받아 재료를 낭비하는 일이 없도록 하는 동시에 형제애를 키운다. 작업에 사용되는 모든 연장은 총지부의 승인을 받아야 한다. 프리메이슨이 맡아야 할 작업에 다른 일꾼이 고용되어 형제가 배워 익히는 일을 대신하도록 놔두어서는 안 된다.

VI. 행동에 대해

1. 회의 중인 지부 안에서

사적인 모임을 만들지 말고 장인이 있는 자리에서 별도의 대화를 하지 말라. 건방지거나 적절치 못한 내용을 이야기하지 말고 장인이나 감독관, 혹은 다른 형제가 하는 말을 가로막지 말라. 지부가 심각하고 중요한 일을 다루고 있을 때 우스꽝스럽거나 익살맞은 행동을 하지 말라. 어떤 이유로든 점잖지 못한 언어를 사용해서는 안 된다. 장인과 감독관, 숙련공에게 마땅한 존경을 표하고 숭배하라. 불만 사항이 생겨났을 때 책임이 있는 형제는 지부의 판단과 결정에 따라야 한다. 지부는 그러한 갈등을 적절하게 중재하는 존재이므로(총지부에 문제가 탄원되지 않는 한 그렇다) 지부에 문제 해결을 요청하도록 한다. 이 문제로 인해 주인이 맡긴 일이 방해를 받게 된다면 특별한 방법이 강구될 수 있다. 하지만 석공 조합에 관련된 일로 법의 중재를 요청하지는 말라. 이런 결정은 꼭 필요한 경우에 한해 지부가 내리게 될 것이다.

2. 지부 모임이 파했으나 형제들이 흩어지지 않았을 때

능력에 맞춰 유쾌하게 즐기는 것은 좋다. 하지만 도를 넘지 않도록 하고 다른 형제가 원하는 것 이상으로 먹거나 마시도록 강요하지 말며 다른 일이 있어 먼저 자리를 떠야 하는 경우 붙잡지 말고 공격적인 말을 하지 말라. 이는 자유롭고 편안한 대화를 방해하고 조화를 깨뜨리며 우리의 훌륭한 목표에 위협이 될 수 있기 때문이다. 지부의 문 안쪽에서 그 어떤 사적인 분노나 언쟁도 일어나지 않도록 하라. 특히 종교, 국가, 정치에 대한 언쟁은 안 된다. 우리는 프리메이슨일 뿐이며 어떤 국가, 언어, 민족에도 소속될 수 있다. 다만 지부의 안녕에 역행하는 정책에는 반대해야 한다.

3. 지부 바깥에서 형제들끼리 만날 때

배운 대로 예의바르게 인사를 나누고 서로를 형제라 부르며 필요한 가르침을 서로 나누라. 서로에게 피해를 입히거나 마땅히 형제에게 보여야 할 존경을 보이지 않는 일이 없어야 한다. 모든 회원들은 형제로서 동등하지만 특히 조직에 기여한 사람이라면 마땅한 존중을 더해야 하며 무례한 행동을 삼가라.

4. 외부의 낯선 이가 있을 때

말과 행동을 조심하여 아무리 날카로운 외부인이라도 필요 이상의 것을 눈치채지 못하도록 하라. 때로는 화제를 돌릴 줄도 알아야 한다. 우리 형제애 조직의 명예를 손상시키지 않도록 만전을 기하라.

5. 자기 집이나 이웃집에 있을 때

도덕적이고 현명한 사람으로 처신하라. 가족, 친구, 이웃 등이 지부의 비밀을 알지 못하도록 특히 주의하라. 너 자신과 조직의 명예를 항상 생각하라. 또한 건강을 생각해 지부 모임이 끝난 후 너무 늦게까지 즐기는 일이 없도록 하라. 이로써 폭음이나 폭식을 피하고 또한 가족에게 소홀하거나 해야 할 일을 망치지 않도록 해야 한다.

6. 낯선 형제를 만났을 때

주도면밀하게 상대를 살펴 회원인 척하는 이에게 속지 않도록 한다. 이런 이를 만나면 경멸과 조소로 대해야 하며 그 어떤 지식에 대해서도 암시하는 일이 없어야 한다. 하지만 진정한 형제로 판명될 때에는 합당한 존중을 해주어

라. 그가 필요로 하는 것이 있거든 힘닿는 대로 필요를 해결해주거나 도움받을 수 있는 곳으로 안내해야 한다. 일자리가 필요하다면 직접 고용하든지 다른 고용주에게 추천하라. 하지만 자기 능력을 넘어서 무언가 해주어야 할 의무는 없다. 다만 같은 조건이라면 다른 불쌍한 사람보다는 형제 회원을 우선적으로 돕도록 하라.

이상의 모든 것이 네가 지켜야 할 책무이다. 하지만 이밖에 권고해야 할 책무도 있다. 이 유서 깊은 조직의 영광을 크게 하고 기초를 튼튼히 하며 형제애를 기르도록 하라. 싸움이나 논쟁, 뒷공론이나 중상을 피하라. 남이 고결한 다른 형제를 헐뜯지 못하게 하며 그 형제를 변호하라. 네 명예와 안전이 위협받지 않는 한 그 형제를 도와야 한다. 회원 중 누가 손해를 입었을 때에는 네 지부, 혹은 가해자 지부에 진정하고 이를 통해 총지부의 분기 모임에 알리거나 연례 총지부 회의까지 올릴 수 있다. 이것이 고대로부터 내려오는 방법이다. 하지만 이런 방법으로 문제가 해결될 수 없다면 우선 장인과 숙련공들의 솔직하고 다정한 조언을 귀담아 듣도록 하라. 이들은 네가 법에 호소하는 것을 막을 수도 있고 법을 통해 신속하고 명쾌한 해결책을 찾도록 할 수도 있다. 장인은 우선 형제들을 존중하는 마음으로 중재를 시도해야 한다. 이 중재는 감사한 마음으로 받아들여야 한다. 이 중재가 현실적으로 어렵다면 법 절차에 의지해야 한다. 하지만 그렇게 된다 해도 격분과 원한을 드러내어 형제애를 깨뜨려서는 안 되고 서로를 배려해야 한다. 모두가 프리메이슨의 미덕을 보고 느끼도록, 진정한 프리메이슨 회원은 세상 처음부터 끝까지 고결하게 행동한다는 것을 알도록 해야 한다.

아멘, 그렇게 되리라.

프리메이슨 연보

BC 970~931년 예루살렘에 솔로몬 신전 건축.
936년 영국 요크에서 역사적인 모임이 열림. 애설스탄 왕의 아들인 에드윈이 주재한 회의에서 형제애 단체 관리를 위한 규약이 합의됨.
1095년 교황 우르바누스 2세가 성지 예루살렘 수복을 외치며 십자군 전쟁을 시작함.
1118년 부르군디 기사 위그 드 파엥Hugues d Payens과 남프랑스의 고드프루아 드 생 오메르Godefroid de St. Omer가 청빈을 서약하고 '그리스도와 솔로몬 신전의 가난한 기사들'이라는 기사단을 조직함. 1128년의 트로예 공의회에서 교회의 인정을 받고, 이후 '성전 기사단'으로 유명해짐.
1147년 스코틀랜드 데이비드 1세가 시작한 캠비 케네스Cambies Kenneth 대성당 공사 현장에서 고대 스털링Ancient Stirling 지부가 석공들을 대표함.
1244년 훗날 성전 기사단장이 될 자크 드 몰레Jacques de Molay 출생.
1307년 자크 드 몰레가 화형당하고 성전 기사단 활동이 금지됨. 기사들은 스코틀랜드로 피신함.
1349~1350년 영국 석공들의 임금이 일정 수준으로 통제됨.
1356년 석공들의 임금 수준이 시장, 시의회, 행정관에 의해 결정되었다는 소문이 돔.
1375년 영국 석공 단체가 런던 시의회의 평민원에 소속됨. 당시 석공들은 'Ffreemason'으로 불렸음(F가 두 개).
1377년 석공 마스터가 관리자Magister Operis라는 명칭을 부여받고 옥스퍼드 머튼 칼리지에 고용됨.
1381년 단체 결성과 회합을 금지하는 왕실 명령이 떨어짐.
1390년 프리메이슨 결성에 관한 내용을 포함한 '왕의 시Regius poem'가 씌어졌을 것으로 추정됨.

1425년	단체 결성과 회합이 또다시 금지되고 어기는 자는 중죄인으로 취급됨.
1450년	독일 석공 조직에 관한 내용이 포함된 쿠크 문서Cooke manuscript가 작성되었으리라 추정됨.
1472년	'숙련석공총회'라는 이름으로 런던의 석공 조직이 왕실 인증서를 수여함.
1495년	국가 법령(헨리 7세)에 최초로 '프리메이슨'이라는 단어가 등장함.
1537년	런던의 석공 조직이 프리메이슨 조직으로 개명함.
1539년	프랑스의 프랜시스 1세가 숙련공 길드 금지를 시도함.
1578년	옥스퍼드 코르푸스 크리스티 칼리지Corpus Christi College의 회계 장부에서 단단한 돌을 다루는 'rough mason'과 무른 돌을 다루는 'free mason'이 구분됨.
1598년	윌리엄 쇼William Shaw의 법령이 발표되어 킬위닝 지부에 규범을 세움. 이로써 킬위닝 지부는 1599년에 출범한 스코틀랜드 에딘버러의 메리 지부보다 앞서게 되어 'Head Lodge'라 불리게 됨.
1600년	요크 문서에 '프리메이슨'이라는 단어가 등장함. 1월, 스코틀랜드 성 앤드류스에서 프리메이슨 의식이 치러짐.
1604년	영국 옥스퍼드 시에서 프리메이슨, 목수, 가구장이 등이 연합 조직을 결성함.
1646년	엘리아스 애쉬몰Elias Ashmole을 비롯한 몇몇 후보자들이 영국 랭카셔에서 석공이 아닌 이들의 회원 가입을 허용하고 조직의 성격을 바꿈.
1655~1656년	프리메이슨 조직이 '런던 석공들의 존경받는 조직Worshipful Company of Masons of London'으로 바뀜.
1691년	런던 성 베드로 성당 근처에서 구스 앤 그리디론Goose and Gridiron 지부가 만들어짐.
1705년	고대 요크 지부에 최초의 석공 회원들이 가입한 때로 추정됨.
1717년	총지부를 만들기 위한 런던 지부들의 모임이 애플트리 술집에서 열림. 현재 프리메이슨이 시작된 때로 간주됨.
1718년	여러 규약이 수집되고 정리됨. 프랑스에 프리메이슨이 전해짐.
1720년	런던의 그랜드 마스터인 존 페인John Payne이 '일반 규정'을 편집함.
1721년	존 몬태규 공작이 영국 프리메이슨의 그랜드 마스터로 선출됨.

1721년	런던 총지부가 제임스 앤더슨에게 기존의 규약을 정리 편집할 것을 지시함. 몬태규 공작은 형제 열네 명으로 위원회를 조직해 '앤더슨 규약'을 정리함.
1722년	앤더슨 규약의 인쇄 지시가 내려짐.
1723년	런던 총지부가 신입 도제, 숙련공, 장인으로 이루어진 프리메이슨 등급을 인정함.
1724년	《프리메이슨의 비밀 역사》가 출간됨.
1725년	요크에서 전 영국 관할 총지부가 세워짐.
1729년	54개 지부 목록이 돌판에 새겨짐.
1730년	〈프리메이슨 분열되다〉라는 제목의 소책자가 나옴. 이를 반박하기 위해 〈프리메이슨 측의 방어〉라는 글이 씌어짐.
1731년	펜실베이니아 필라델피아에 지부가 생겨남. 벤저민 프랭클린이 여기 가입함.
1733년	매사추세츠 보스턴에 성 요한 지부가 설립됨. 헨리 프라이스Henry Price가 공식 승인을 받음.
1735년	앤더슨 규약의 두 번째 판이 나옴. 사우스캐롤라이나 찰스턴에서 솔로몬 지부가 설립됨.
1736년	스코틀랜드 총지부와 프랑스 제1총지부가 설립됨.
1737년	슈발리에 램지Chevalier Ramsay가 파리에서 역사적인 연설을 함.
1738년	보스턴에 마스터 지부가 세워짐. 앤더슨 규약의 두 번째 판이 영국 총지부의 승인을 받음. 교황 클레멘트 12세가 프리메이슨을 금지함.
1739년	제임스 앤더슨 사망함.
1740년	프랑스에 '스코틀랜드 등급'이 등장함. 스페인의 필립 5세가 반프리메이슨 칙령을 발표함. 스코틀랜드 총지부가 설립됨.
1741년	코르넬리우스 하트넷Cornelius Hartnett이 노포크에 버지니아 최초의 지부를 세움.
1743년	스코틀랜드 총지부 산하에 최초의 군軍 지부가 만들어짐.
1749년	벤저민 프랭클린이 펜실베이니아의 지역 그랜드 마스터로 임명됨.
1751년	영국에 분리파 총지부가 세워짐.
1752년	조지 워싱턴이 버지니아 프레데릭스버그 지부에서 회원 가입함(11월

4일).

1758년　고대 관습에 순종하는 지부들이 필라델피아에서 번성하면서 '현대파'를 대체함.

1760년　성 앤드류 지부(고대파)가 스코틀랜드의 승인을 받음.

1764년　《히람, 혹은 그랜드 마스터-키 Hiram, or the Grand Master-key》라는 책이 런던에서 출판됨.

1766년　보스턴 바깥의 '미국 지방'에서 서른 개의 영국 지부들이 활동함.

1769년　스코틀랜드 성 앤드류 로열 아치 지부에서 위대한 장인 excellent master, 더욱 위대한 장인 super excellent master, 성전 기사 knight templar 등급이 수여됨.

1770년　스티븐 모린 Stephen Morin이 자메이카 킹스턴에서 '비밀의 왕자 위원회 Council of Princes of the Royal Secret'를 세움

1772년　조지프 워렌 박사가 '미 대륙'의 그랜드 마스터로 임명됨.

1773년　프리메이슨 회원들이 보스턴 차 사건에 참여함. 프랑스 총본부가 세워짐.

1775년　조지프 워렌이 벙커힐 전투에서 전사함.

1776년　프리메이슨 회원 15명이 독립선언에 서명함.

1776~1781년　미국 독립전쟁이 벌어짐. 조지 워싱턴 군대의 장군 절반 가량, 그리고 수많은 병사가 프리메이슨 회원이었음. 대표적인 인물로 마르퀴 드 라파예트 Marquis de Lafayette와 폰 슈토이벤 von Steuben 남작이 있음.

1780년　프리메이슨 회원인 베네딕트 아놀드가 영국군과 음모를 꾸며 웨스트 포인트를 항복시킴.

1781년　뉴욕시에 총지부가 세워짐.

1789년　조지 워싱턴이 뉴욕 지부가 제공한 성서에 손을 얹고 미합중국 초대 대통령 취임 선서를 함. 벤저민 프랭클린 사망함.

1790년　영국 총지부(고대 요크 의식)의 권한이 소멸함. 미국에서 열세 개 지부가 활동함.

1791년　볼프강 아마데우스 모차르트의 오페라 〈마술피리〉가 초연됨. 모차르트 죽음에 프리메이슨이 관여되었다는 혐의가 제기됨. 노예 출신인

	프린스 홀이 그랜드 마스터를 맡아 북미 흑인 지부가 탄생함.
1793년	조지 워싱턴이 프리메이슨 의식에 따라 미합중국 수도 건설을 시작함.
1799년	영국 의회가 프리메이슨을 제외한 비밀 결사를 금지함. 조지 워싱턴이 프리메이슨 장례 절차에 따라 묻힘.
1801년	사우스캐롤라이나의 찰스턴에 '고대의, 그리고 현재 받아들여진 스코틀랜드 의식Ancient and Accepted Scottish Rite' 최고위원회가 설립됨.
1809년	앨버트 파이크 출생함.
1813년	미국 북부 관할 최고위원회가 설립됨. 영국의 프리메이슨은 고대파와 현대파의 분열을 극복하고 단일한 조직을 형성함.
1814년	교황 피오 7세가 클레멘트 12세의 프리메이슨 금지 칙령을 다시 확인함.
1816년	성전 기사단 대진영Grand Encampment이 미국에 설립됨.
1826년	뉴욕 바타비아에서 윌리엄 모건 납치 살해사건이 일어남. 조직의 비밀을 누설하지 못하게 하려는 프리메이슨 회원들의 소행이라 추측되면서 반프리메이슨 운동이 거세게 일어나고 반프리메이슨 정당까지 생겨남.
1843년	전국 프리메이슨 총회가 볼티모어에서 개최됨.
1849년	교황 피오 9세가 프리메이슨을 포함한 비밀 결사를 금지하는 회칙을 발표함.
1853년	미국 지부 총회가 켄터키 렉싱턴에서 개최됨.
1859년	앨버트 파이크가 남부 관할 최고위원회의 대사령관으로 선출됨. 앨버트 파이크가 고대 규약들을 정리하고 《고대의, 그리고 현재 받아들여진 스코틀랜드 의식의 규범과 주의》라는 책을 출간함.
1861~1865년	미국 남북전쟁이 일어남. 참전한 프리메이슨 회원들이 피아를 가리지 않고 부상 혹은 전사한 형제들을 보살핌.
1896년	네덜란드 헤이크에서 프리메이슨 학회가 개최됨. 이탈리아 트렌토에서는 반프리메이슨 학회가 열림.
1917년	영국 총지부가 프리메이슨 탄생 200주년을 기념함.
1975년	스티븐 나이트가 《살인마 잭: 최종 해결 Jack the Ripper: The Final Solution》이라는 책을 쓰면서 1888년, 런던에서 발생한 창부 연쇄 살

인 사건의 배후를 프리메이슨으로 지목함. 스티븐 나이트는 1985년에도 《형제애 단체 프리메이슨의 비밀 세계》라는 책을 쓰며 프리메이슨 공격을 계속함.

1991년 TV 전도사 팻 로버트슨Pat Robertson 등이 프리메이슨을 적그리스도라 비난하며 세계 질서를 재편하려는 음모를 가졌다고 주장함.

1999년 영국의회 일부 의원들이 공직에서 일하는 프리메이슨 회원들의 회원 가입 사실을 공개해야 한다고 주장함.

2004년 미국 프리메이슨이 지속적인 회원 감소에 대해 우려를 표명함. 로마 가톨릭은 여전히 교인들의 프리메이슨 가입을 금지하고 있음.

| 더 읽어볼 책 |

- Ankerberg, John, and John Weldon. *The Facts of the Masonic Lodge*. Eugene, OR: Harvest House, 1958.
- Armitage, Frederick. *A Short Masonic History Being an Account of the Growth of Freemasonry and Some of the Earlier Secret Societies*. 1909. Reprint: Whitefish, MT: Kessinger, 2003.
- Baigent, Michael, and Richard Leigh. *Holy Blood, Holy Grail*. London: Jonathan Cape, 1982.
- ———*The Temple and the Lodge*. London: Jonathan Cape, 1989.
- Bennett, John. *Origin of Freemasonry and Knight Templar*. 1907. Reprint, Whitefish, MT: Kessinger, 1997.
- Bullock, Steven C. *Revolutionary Brotherhood: Freemasonry and the Transformation of the American Social Order, 1730-1840*. Chapel Hill: University of North Carolina Press, 1988.
- Cartwright, E. H. *Masonic Ritual : A Commentary of the Freemasonic Ritual*. London: Lewis Masonic, 1947.
- Castells, F. De P. *Antiquity of the Holy Royal Arch*. 1927. Reprint, Whitefish, MT: Kessinger, 2003.
- Dayenes, Gilbert W. *Birth and Growth of the Grand Lodge of England 1717 to 1926*. Reprint, Whitefish, MT: Kessinger, 2003.
- Duncan, Malcolm C. *Duncan's Masonic Ritual and Monitor*. 3rd ed. Newyork: Mckay, 1976.
- Gould, Robert Freke. *History of Freemasonry: Is Antiquities, Symbols, Constitutions, Customs, etc*. New York: John C. Yorston, 1886.
- ———*Military Lodges: The Apron and the Sword of Freemasonry under Arms*. 1899. Reprint, Whitefish, MT: Kessinger, 2003.
- Hannah, Walton. *Darkness Visible*. Devon, England: Augustine, 1952.

- Harris, Jack. *Freemasonry: The Invisible Cult in Our Midst*. Chattanooga, TN: Global, 1987.
- Haywood, H. L. *A History of Freemasonry*. 1927. Reprint, Whitefish, MT: Kessinger, 2003.
- Higgins, Frank C. *Apron: Its Traditions, History and Secret Significances*. 1914. Reprint, Whitefish, MT: Kessinger, 1997.
- Johnson, Melvin M. *Beginnings of Freemasonry in America*. 1924. Reprint, Whitefish, MT: Kessinger, 1999.
- Knight, Stephen. *The Brotherhood: The Secret World of the Freemasons*. London: Panther, 1985.
- ———. *Jack the Ripper: The Final Solution*. Chicago: Academy Chicago, 1986.
- Leadbeater, C. W. *Freemasonry and Its Ancient Mystic Rites*. New York: Gramercy, 1986.
- Lester, Ralph P. *Look to the East!: A Ritual of the First Three Degrees of Freemasonry*. Whitefish, MT: Kessinger, 1998.
- Macbride, A. S. *Speculative Masonry*. 1924. Reprint, Whitefish, MT: Kessinger, 2003.
- Mackay, Albert G. *An Encyclopedia of Freemasonry*. Chicago: The Masoninc History Company, 1966.
- Macnulty, W. Kirk. *Freemasonry: A Journey through Ritual and Symbol*. London: Thames and Hudson, 1991.
- Macoy, Robert. *A Dictionary of Freemasonry*. New York: Gramercy, 1989.
- Morgan, William. *Illustrations of Masonry by One of the Fraternity Who Has devoted Thirty Years to the Subject*. Batavia, NY: David C. Miller, 1827.
- Morse, Sidney. *Freemasonry in the American Revolution*. Reprint, Whitefish, MT: Kessinger, 1992.
- Munn, Sheldon A. *Freemasons at Gettysburg*. Gettysburg, PA: Thomas, 1993.

- Newton, Joseph F. *The Degrees and Great Symbols of Masonry.* Whitefish, MT: Kessinger, 1992.
- Oliver, George. *Discrepancies of Freemasonry.* 1875. Reprint, Whitefish, MT: Kessinger, 2003.
- Peake, T. DeWitt. *Symbolism of King Solomon's Temple.* 1895. Reprint, Whitefish, MT: Kessinger, 2003.
- Piatigorsky, Alexander. *Freemasonry: The Phenomenon of Freemasonry.* London: Harill, 2000.
- Pike, Albert. *Morals and Dogmas of the Ancient and Accepted Scottish Rite of Freemasonry.* Whitefish, MT: Kessinger, 2002.
- ———*What Masonry Is and Its Object: Ancient Ideals in Modern Masonry.* 1919. Reprint, Whitefish, MT: Kessinger, 2003.
- Read, Piers Paul. *Templars: The Dramatic History of the Knights Templar, the Most Powerful Military Order of the Crusades.* New York: DaCapo, 2001.
- Ridley, Jasper. *The Freemasons: A History of the World's Most Powerful Secret Society.* New York: Arcade, 2001.
- Roberts, Allen E. *House Undivided: The Story of Freemasonry and the Civil War.* Fulton, MO: Ovid Bell, 1961.
- Robinson, John J. *Born in Blood: The Lost Secrets of Freemasonry.* New York: M. Evans, 1989.
- Rumbelow, Donald. *The Complete Jack the Ripper.* London: W. H. Allen, 1975.
- Scott, Leader. *Cathedral Builders: The Story of a Great Masonic Guild.* 1899. Reprint, Whitefish, MT: Kessinger, 2003.
- Tatsch, J. Hugo. *Facts about George Washington As a Freemason.* 1931. Reprint, Whitefish, MT: Kessinger, 1942.
- Waite, Arthur Edward. *A New Encyclopedia of Freemasonry.* New Hyde Park, NY: University, 1970.
- Wilmshurst, W. L. *The Meaning of Masonry.* London: Rider, 1927.

| 찾아보기 |

| ㄱ |

가톨릭교회 12, 32, 48, 54, 144, 160, 202, 278
감독관 66, 68, 84, 226, 266, 290, 326
결핍의 의식 234
고대 요크 프리메이슨 104, 177
고대 프리메이슨을 연구하는 그랜드 칼리지 280
고대의 책무 56, 65, 105, 225, 341
괴벨스 290
구부러진 계단 242, 250
국제 하이 투엘브 278
그랜드 마스터 40, 220, 222, 224, 242, 266, 288, 298, 300
그레인지 198
그로토 152, 276
그리스도교 20, 24, 30, 38, 48, 64, 108, 152, 158, 234, 270, 281, 306
그리스도주의 8
기름 114, 118, 242, 245
기사 회원 조직 282
기하학 24, 32, 64, 244, 271
길드 30, 54, 280, 344

| ㄴ |

나이아가라 성채 166
나일의 딸들 276
남북전쟁 162, 170, 176, 186, 196, 200, 202, 300, 348
내셔널 소저너스 276, 280
노동의 기사단 200
노동조합 8, 32, 52, 54

| ㄷ |

대니얼 리즈 85, 86, 87
덕행의 지부 137, 139, 142
데숌 조직 282
도제 18, 68, 140, 142, 226, 232
독립선언 82, 92, 110, 130, 298, 348
동방의 별 278, 282, 305
두로 17, 19, 21, 118, 226, 254
드몰레 조직 276, 278, 302

| ㄹ |

레바논의 키 큰 삼목 276
레브렌드 프레데릭 달코 175, 176
로널드 레이건 300
로버트 매코이 56, 78, 126, 220

로열 아치 162, 166, 192, 210, 266, 272, 280, 346
로지 30, 220, 221, 224
루반트 문서 44
루이스 애디슨 아미스티드 188, 190
리드비터 22, 24, 42, 56, 118
린든 존슨 302

|ㅁ|

마르퀴 드 라파예트 90, 97, 295, 348
마리 앙투아네트 144, 152
마리아 테레지아 136, 140, 144, 150
마술피리 144, 148, 150, 152, 348
마틴 루터 52
매리 켈리 206, 208, 210
모차르트 12, 137, 139, 141, 142, 144, 148, 152, 154, 160, 348
모카나의 딸들 280
무솔리니 290, 292
무지개 소녀 조직 282
무하마드 36
미국 장인들의 연구 지부 278
미국 프리메이슨 등급 연합 대위원회 280
미국 프리메이슨 서비스협회 278
미국 프리메이슨 원조협회 280
미국 헌법 86, 94, 100, 101

|ㅂ|

반프리메이슨 162, 166, 171, 180, 194, 198, 287, 290, 314, 346, 348
밧줄 끌기 232, 244
백인 우월주의 194
벙커힐 90, 92, 108, 130, 272, 348
베네딕트 14세 130, 136, 158
베네딕트 아놀드 96, 100, 106, 348
벤저민 프랭클린 80, 82, 84, 90, 94, 98, 102, 105, 110, 347, 348
보편구제설 9
북미 여성 슈라이너 279
북미 흑인 총지부 131, 132
비밀 결사 12, 54, 125, 152, 168, 202, 306, 347, 349
비밀 악수 12
비밀서약 10
비밀주의 12, 168
비잔틴 36, 38, 50

|ㅅ|

사이어츠 고대 이집트 모임 278
사탄주의 9
살리에리 148, 150, 152, 154
살인마 잭 208, 210, 213, 216, 348
상징주의 13, 150, 178, 180
상호 길드 280
샤렘쿠 공주들의 고대 이집트 모임 278
석공 16, 30, 44, 52, 56, 64, 69, 80,

찾아보기 355

104, 114, 221, 225, 245, 342
성 앤드류 지부 80, 88, 108, 346
성스러운 도시를 지키는 기사단 279
성전 기사단 38, 42, 44, 80, 126, 272, 278, 313, 345, 349
솔로몬 16, 18, 20, 22, 24, 30, 37, 65
솔로몬 신전 8, 18, 20, 30, 36, 64, 210, 244, 254, 270, 342
수준기 10, 244, 304
숙련공 18, 55, 66, 142, 200, 226, 242, 252, 264, 272, 330, 338, 342
슈라이너 7, 274, 278, 280, 300
슈라인 회관 7, 274
슈타인메첸 51
스코틀랜드 왕립 조직 280
스코틀랜드 의식 44, 104, 108, 118, 126, 174, 180, 192, 198, 202, 224, 264, 268, 270, 300, 302, 304
스티븐 나이트 208, 212, 214, 348
승급 의식 226, 248, 258, 272, 300
시어도어 루즈벨트 300, 330
신비주의 8, 224, 286
신입 도제 224, 228, 232, 234, 244, 248, 250, 252, 264, 272, 282, 302, 322
십자군 13, 39, 42, 266, 272, 306, 313, 345

|ㅇ|

아돌프 아이히만 290

아마라스 모임 282
아카시아 258, 279
아칸소 23, 178, 184, 199, 269
알렉산드리아 지부 96, 118, 119
앞치마 20, 209, 238, 249, 257, 258, 323
애니 크룩 213, 216
애설스탄 33, 271, 345
앤더슨 규약 72, 73, 75, 105, 109, 129, 347
앤드류 벨처 79
앤드류 잭슨 171, 299
앤드류 존슨 194, 300, 303
앨버트 매키 228, 233, 262
앨버트 왕자 213, 216
앨버트 파이크 22, 23, 177, 184, 196, 197, 199, 224, 349
에드거 후버 302
에드워드 기딘스 166, 169
에리히 폰 루덴도르프 287
에마누엘 시카네더 145, 155
에반 존스 86, 87
에이브러험 링컨 182, 192, 193, 194
엘리아스 애쉬몰 55, 346
엘크스 자선보호회 201
연추 10, 223, 244
영예의 군단 281
예루살렘 17, 19, 20, 30, 37, 38, 39, 41, 42, 93, 118, 180, 210, 267, 269, 278, 345
오드펠로우즈 172
오시리스 146, 148, 149, 150, 254

옥수수 114, 115, 117, 244, 245, 246
온라인 잡지 316
올버니 83, 107, 117, 165, 175
완성의 지부 175, 267, 269, 270
왕립 어릿광대 조직 283
왕의 시 33, 74, 271, 345
요크 의식 194, 227, 265, 271, 272, 273, 279, 283, 348
욥바 19, 20, 118
워렌 하딩 112, 301
월터 시커트 214, 217
웨스트민스터 대성당 34
윌름서스트 13, 14, 21, 22, 224, 250, 307
윌리엄 걸 213, 216
윌리엄 맥킨리 300
윌리엄 모건 162, 165, 168, 194, 349
윌리엄 하워드 태프트 301
유대교 25, 109, 238, 270
유스티니아누스 1세 49, 50
유클리드 34, 247, 259
이교 의식 24
이스라엘 푸트넘 91, 106
이슬람교 37, 38, 274, 306, 330
이시스 146, 148, 149, 150, 254
이신론 9, 66, 109, 160, 200
1달러 12, 297

|ㅈ|

자유 석공 31, 52, 53,
자유의 여신상 298
자크 드 몰레 43, 45, 345
장미 십자가의 지부 267
장인 17, 19, 22, 32, 66, 67, 68, 90, 112, 117, 143, 254, 256, 257, 273, 280, 281, 282, 283, 301, 304, 324, 330, 331, 339
절제의 자식들 172
제럴드 포드 302, 304
제임스 가필드 300
제임스 먼로 299
제임스 부캐넌 300
제임스 앤더슨 63, 66, 72, 374
제임스 폭 299
제임스 핼리웰 32, 73
조제프 2세 143, 144, 150
조지 워싱턴 12, 96, 98, 101, 102, 108, 110, 112, 114, 115, 117, 130, 162, 227, 280, 297, 299, 347, 348
조지 워싱턴 프리메이슨 국가기념회 280
조지 페인 74
조지프 워렌 81, 90, 108, 272, 348
존 몬태규 59, 346
존 스킨 79
존 앙드레 99
존 애덤스 101
존 퀸시 애덤스 171
존 핸콕 81, 92
주벨라·주벨로·주벨룸 18, 19, 20, 21, 211, 214
지부 9, 10, 11, 13, 21, 25, 52, 55

찾아보기 357

직각자 19, 233, 236, 244, 305
진혼미사곡 151, 152

|ㅊ|

찰스 워렌 209, 210, 303
총지부 56, 58, 59, 65, 66, 70, 72, 75, 76, 80, 81, 86, 92, 105, 106, 108, 109, 110, 115, 116, 117

|ㅋ|

컴퍼스 10, 221, 236, 247, 248, 279, 305, 316
콘스탄티노플 대제 49
콘스탄티누스 24, 30
콘스탄틴 적십자위원회 282
콘월리스 100
콜럼버스의 기사들 202
콩파뇽 53
큐클럭스클랜(KKK) 194, 195, 196, 197, 198, 199
크리스토퍼 렌 57
큰사슴단 201
클레멘트 12세 124, 127, 133, 159, 203, 347, 349
킹 제임스 판 성경 112

|ㅌ|

테오도시우스 24
토머스 제퍼슨 92, 93, 101, 120

투표권 132, 227, 239

|ㅍ|

파시스트 292, 294
페더럴 홀 102, 113
펜실베이니아 가제트 82, 83, 84
포도주 114, 115, 117, 244, 245, 246, 328
폰 슈토이벤 97, 348
폴 베셀 130, 192, 214, 215, 315
푸른 수사 모임 316, 317
푸른 지부 223, 253, 262, 265
프랭클린 루즈벨트 301
프레데릭스버그 지부 121, 272, 347
프로테스탄티즘 56
프롬헬 214
프리메이슨 백과사전 204, 233, 262
프리메이슨 오페라 145
프리메이슨 전당 86, 184, 188, 192, 301
프리메이슨 클럽 281
프린스 홀 130, 131, 132, 133, 349
플라비우스 요세푸스 18
피타고라스 247, 249
피티아스의 기사들 172, 200
필라레테스 279
필로 25

|ㅎ|

하이든 138, 139, 140, 141

한 바퀴 돌기 235, 244
해리 트루먼 302, 303
헤이우드 29, 30, 55, 56, 73, 74, 225
헨리 8세 54, 56
헬레니즘 24
현대 프리메이슨 106, 308
형제애 9, 11, 14, 53, 55, 56, 65, 67, 68, 71, 72, 73, 84, 101, 133, 141, 188, 189, 192, 200, 201, 202, 204, 213, 224, 225, 227, 243, 249, 254, 277
화이트채플 207, 209, 211
흑사병 56
히람 아비프 10, 18, 21, 22, 30, 66, 211, 214, 215, 225, 244, 249, 253, 254, 255, 258
히틀러 288, 290, 294, 295

프리메이슨

첫판 1쇄 펴낸날 2007년 1월 31일
첫판 6쇄 펴낸날 2020년 3월 3일

지은이 | 폴 제퍼스
옮긴이 | 이상원
펴낸이 | 지평님
본문 조판 | 성인기획 010-2569-9606
종이 공급 | 화인페이퍼 (031)955-0136
인쇄 | 중앙P&L (031)904-3600
제본 | 서정바인텍 (031) 942-6006

펴낸곳 | 황소자리 출판사
출판등록 | 2003년 7월 4일 제2003-123호
주소 | 서울시 종로구 송월길 155 경희궁자이 오피스텔 4425
대표전화 | (02)720-7542 팩시밀리 | (02)723-5467
E-mail | candide1968@daum.net

ⓒ 황소자리, 2007

ISBN 978-89-91508-28-6 03900

*잘못된 책은 구입처에서 교환하세요.